〈教育の自由〉と学校評価

現代オランダの模索

奥村好美

若い知性が拓く未来

　今西錦司が『生物の世界』を著して，すべての生物に社会があると宣言したのは，39歳のことでした。以来，ヒト以外の生物に社会などあるはずがないという欧米の古い世界観に見られた批判を乗り越えて，今西の生物観は，動物の行動や生態，特に霊長類の研究において，日本が世界をリードする礎になりました。

　若手研究者のポスト問題等，様々な課題を抱えつつも，大学院重点化によって多くの優秀な人材を学界に迎えたことで，学術研究は新しい活況を呈しています。これまで資料として注目されなかった非言語の事柄を扱うことで斬新な歴史的視点を拓く研究，あるいは語学的才能を駆使し多言語の資料を比較することで既存の社会観を覆そうとするものなど，これまでの研究には見られなかった溌剌とした視点や方法が，若い人々によってもたらされています。

　京都大学では，常にフロンティアに挑戦してきた百有余年の歴史の上に立ち，こうした若手研究者の優れた業績を世に出すための支援制度を設けています。プリミエ・コレクションの各巻は，いずれもこの制度のもとに刊行されるモノグラフです。「プリミエ」とは，初演を意味するフランス語「première」に由来した「初めて主役を演じる」を意味する英語ですが，本コレクションのタイトルには，初々しい若い知性のデビュー作という意味が込められています。

　地球規模の大きさ，あるいは生命史・人類史の長さを考慮して解決すべき問題に私たちが直面する今日，若き日の今西錦司が，それまでの自然科学と人文科学の強固な垣根を越えたように，本コレクションでデビューした研究が，我が国のみならず，国際的な学界において新しい学問の形を拓くことを願ってやみません。

第26代　京都大学総長　山極壽一

目次

序章　今，求められる学校評価とは　1

　第1節　オランダの「教育の自由」と学校評価の特徴
　　　　　——本書の課題と対象 …………………………………………… 4
　第2節　学校評価はどう論じられてきたか——研究史上の問題群 …… 12
　　　1．教育評価の一種としての学校評価　12
　　　2．新自由主義的な教育改革と日本における学校評価　14
　　　3．オランダの学校評価研究の問題群　21
　第3節　学校評価の主体，評価される質の中身，評価結果の活用
　　　　　——論点整理と分析の視点 ………………………………………… 28
　第4節　「教育の自由」と学校評価の関係性を問う
　　　　　——研究の課題と方法 ……………………………………………… 30
　　　1．本書の課題　30
　　　2．ミクロな視点をくぐった全体像と具体像——検討の方法　31
　第5節　本書の構成 ………………………………………………………… 32

第Ⅰ部　学校の自己評価を重視した学校評価政策
　　　　——2002年教育監督法

第1章　学校の自己評価を重視した教育監督法の成立　37

　第1節　オランダの教育の背景 …………………………………………… 39
　　　1．自由な宗教教育を求めて——「教育の自由」の獲得　39
　　　2．個に応じた指導の推進へ向けて
　　　　　——「教育の自由」獲得後の展開　43
　　　3．「質の管理」
　　　　　——新自由主義的政策の影響と学校の自己評価の重視　47

i

第2節　学校の自己評価を重視した教育監督法の成立
　　　　──2002年教育監督法 …………………………………………… 53
　第3節　整合性・完全性・現実性の問題
　　　　──2002年教育監督法に対する評価 ………………………… 60
「教育の自由」との矛盾と学校の自己評価への期待──小さなまとめ
　　　　………………………………………………………………………… 68
　コラム1　ピースフル・スクール ………………………………………… 70

第2章　学校内のコミュニケーションを促す学校の自己評価
　　　　──自己評価ツール ZEBO　73

　第1節　妥当性・信頼性のあるツールを目指して
　　　　──ZEBO の開発過程とその背景 …………………………… 76
　第2節　学校効果研究やコンティンジェンシー理論にもとづく
　　　　評価指標の設定 ……………………………………………… 80
　第3節　学校内のコミュニケーションを促すツール
　　　　──自己評価ツール ZEBO の概要 …………………………… 85
　　　1. 二重チェックの仕組み──ZEBO 全体の構成　85
　　　2. 「教授行為」の評価──具体的な質問例　87
　　　3. 意見の相違やバラつきを示す報告書　91
　第4節　評価指標を活かす途──ZEBO の使用状況 …………………… 94
　　　1. 改善のための必要条件への効果
　　　　──ZEBO に対する評価　94
　　　2. 共働的な質の管理──E校の取り組み　98
ZEBO から得られる示唆と限界──小さなまとめ ……………………… 101

第3章 教育監査に対応できる自己評価ツールの流行
──自己評価ツールWMK　105

第1節　教育監査に対応できるツールの普及
　　　──自己評価ツールをめぐる状況 ………………………………… 108
第2節　教育監査のポイントと学校のヴィジョンの明示化
　　　──WMKの概要 ……………………………………………………… 110
第3節　「個に応じた指導」の評価──WMKの評価指標例 ………… 117
第4節　共働的な質の管理──A校での取り組み ……………………… 120
WMKから得られる示唆と危惧, オランダの方向性
　　　──小さなまとめ …………………………………………………… 126
コラム2　モンテッソーリ ……………………………………………… 130

第Ⅱ部　学校評価の今日的展開と新たな模索

第4章　学力テストの結果を重視したリスク分析
──教育ガバナンス政策の導入　135

第1節　規制の効果を生み出すために
　　　──応答的規制の強制ピラミッド ………………………………… 139
第2節　内部コントロールを基礎とするピラミッド
　　　──オランダの「教育ガバナンス」 ……………………………… 143
第3節　教育の質が矮小化される危険性
　　　──「教育ガバナンス」の特徴とその影響 ……………………… 148
第4節　「教育の自由」のもとでの質の保証の難しさ
　　　──教育監督法の改訂 ……………………………………………… 151
「教育ガバナンス」の問題と全国最終試験の導入──小さなまとめ … 157

第5章　中央最終試験の導入と問題点　161

第1節　「現実的な数学教育」——オランダで目指される教育像 …… 163
　　　1. 「人間の活動としての数学」
　　　　——「現実的な数学教育」の理論　163
　　　2. 割り算をどう教えるか——「現実的な数学教育」の実践　167
第2節　「現実的な数学教育」の影響——中核目標と Cito テスト … 172
　　　1. 中核目標にみられる「現実的な数学教育」の影響　172
　　　2. 対策可能な多肢選択式問題——Cito テスト　174
　　　3. 成果志向を求めて——Cito テストの義務化　177
第3節　法案に対するオランダ国内での評価 ……………………… 181
　　　1. 一般の人々による肯定的な評価と副次的弊害への指摘
　　　　——インターネット協議　181
　　　2. 法案をめぐる批判——国政審議会からの勧告　184
　　　3. 特別なニーズを要する子どもに学力テストが与える影響　189
「教育の自由」のもとでのジレンマと乗り越える方途の模索
　　　——小さなまとめ ………………………………………… 191
コラム3　イエナプラン ……………………………………………… 194

第6章　オルタナティブ教育連盟による学力テスト偏重批判　197

第1節　学校の自律性や多様性の尊重——2005 年版『監督枠組』の概要
　　　………………………………………………………………… 200
第2節　副次的弊害への懸念——2005 年版『監督枠組』への批判 … 207
　　　1. 共に生きる社会——イエナプラン教育の特徴　207
　　　2. 「違いから始める」ことの不徹底
　　　　——2005 年版『監督枠組』への批判　211

第3節 「全ての学校は1つ」
　　　──オルタナティブ教育連盟による学校評価の構想 ……… 216
オルタナティブ教育連盟による提案の限界と「訪問視察」の可能性
　　　──小さなまとめ ………………………………………… 220

第7章　ダルトン・プランの訪問視察　223

第1節　実験室のないダルトン・プラン
　　　──オランダにおけるダルトン・プラン ……………… 226
　　1．自立的批判的に考える人を育てる教育
　　　　──ダルトン・プランの受容と展開　226
　　2．「制限のある自由」「自立」「共働」
　　　　──ダルトン・プランの原理と実践　231
第2節　オランダダルトン協会による訪問視察 ………………… 242
　　1．「説明責任を与え，説明責任を実行する」
　　　　──訪問視察の背景と原理　242
　　2．教育監査との関係を探る──訪問視察の行程と評価指標　244
相互評価的な学校評価の仕組みの構築──小さなまとめ ……… 253
コラム4　ダルトン・プラン ……………………………………… 254

終章　259

第1節　本書の結論 ………………………………………………… 261
第2節　今後の課題 ………………………………………………… 266

あとがき ……………………………………………………………… 271
引用・参考文献一覧 ………………………………………………… 276
索引 …………………………………………………………………… 293

略語一覧

Cito　　Centraal Instituut voor Toetsontwikkeling
　　　　教育評価研究所。中央最終試験やその前身であるCitoテスト，モニタリングシステムなどを開発している。

COTAN　De Commissie Testaangelegenheden Nederland
　　　　NIP (Het Nederlands Instituut van Psychologen) というオランダにおける最大の心理学者の職業協会のテスト事項委員会のことである。様々な評価ツールの信頼性や妥当性などの質について評価を行っている。

DIS　　 DiagnoseInstrument Schoolverbetering
　　　　学校改善診断ツールの意。2000年ごろ最も高いシェアを誇っていた学校の自己評価ツール。

KMPO　 Kwaliteitsmeter Primair Onderwij
　　　　初等教育の質の測定器の意。INKモデルと教育監査局の『監督枠組』にもとづいて設計されている学校の自己評価ツール。

NDV　　Nederlandse Dalton Vereniging
　　　　オランダダルトン協会のこと。ダルトンスクールとしての質を保つために訪問視察と呼ばれる評価制度などを有する。

OCTO　 Onderzoek Centrum Toegepaste Onderwijskunde
　　　　応用教育学研究センター。トゥベンテ (Twente) 大学教育学部の研究機関。

RME　　Realistic Mathematics Education
　　　　現実的な数学教育のこと。

SLO　　 Stichting Leerplanontwikkeling Nederland
　　　　国立カリキュラム開発研究所のこと。

SOVO　 Samenwerkingsverband van Organisaties voor Onderwijsvernieuwing
　　　　オルタナティブ教育連盟のこと。

SVO　　Stichting voor Onderzoek van het Onderwijs
　　　　教育調査機関のこと。

WMK　 Werken Met Kwaliteitskaarten
　　　　質のカードとともに働くの意。監査されるポイントが組み込まれた学校の自己評価ツール。

WSNS　Weer Samen Naar School
　　　　もう一度一緒に学校への意。特別支援教育の政策。発達障害をもつ子どもを隔離するのではなく普通学校で健常児と一緒に教育しようとするもの。

ZEBO　 Zelfevaluatie Basisonderwijs
　　　　初等教育の自己評価の意。OCTOを中心に開発された学校の自己評価ツール。

序章

今，求められる学校評価とは

序章　今，求められる学校評価とは

　学校評価は何のために行うのだろう。日本においては，2007年より学校の自己評価の実施等が義務化されている。こうした学校評価の実施を求める背景には，1990年代末以降の教育におけるPDCAサイクル（plan-do-check-action cycle）の強調などがある。PDCAサイクルとは，もともとは企業経営における生産管理や品質管理のための手法であり，P（Plan：計画），D（Do：実行），C（Check：評価），A（Action：改善）のサイクルを繰り返すことに特徴がある。これが教育に適応されるということは，学校教育においても，経営やカリキュラムなどにおいて特定の目的が遂行されたかどうかを管理することが求められるようになってきたということである。そうしたなかで，学校評価は全国学力・学習状況調査とともに教育の結果を検証するための仕組みとして位置づけられている。そして，そこでの目標設定においては，国の責任が強調されている[1]。こうした動きは，しばしば成果至上主義・競争主義の改革と称されるいわゆる新自由主義的な教育改革の一端であると捉えられる。

　こうした改革の在り方については，しばしば次のような問題点が指摘されてきた。すなわち国家が定めた特定の教育目的，目標が学校現場に強制される，教育目標が経済を支える人材養成に偏りがちである，全国学力・学習状況調査で把握できる限定的な部分しか評価対象とならない，数値目標に学校現場の実践が拘束されるといった事柄である[2]。このような問題点が，学校評価にも表れてきているのは確かであろう。

　しかし，ここで思い起こすべきは，そもそも学校評価とは教育評価の一種であるということだ。そして，本来の教育評価の目的とは，教育実践それ自体に反省を加えて，修正・改善することである。とするならば，学校評価も，当然，授業レベルを超えた視点を含み込みながら，教育実践の修正・改善を目指して行われるべきである。その際には，決して他者に強制された一面的

---

1) 2005年中央教育審議会答申「新しい時代の義務教育を創造する」
2) 大橋基博「教育目標が強制されるシステム」『教育』No.809, 2013年, pp.53-60。

な教育成果を高めるためではなく，子どもたちに質の高い学力を保障し，教育実践への参加を促すために評価が行われるべきであろう。どのようにすれば，学校評価が点検や査定へと矮小化されることなく，本来の目的を果たすために実施されうるのだろうか。筆者の問題意識はここにある。

　ここから，本書においては，オランダを事例とすることで，成果至上主義・競争主義に対抗しうるような学校評価の在り方を探ることを目的としている。なぜオランダなのか？　その最も大きな理由は，オランダでは，憲法で「教育の自由（vrijheid van onderwijs）」が保障されていることにある。オランダでは，歴史的に各学校に多くの裁量や自律性が認められている。そのため，子どもたちの豊かな学びを実現する多彩な教育実践が数多く行われている。しかしながら，こうしたオランダも，実のところ新自由主義的な教育改革とは無縁ではいられなくなっている。そうしたなかで，オランダでは，多様な教育実践をどのように守りながら，一定水準の教育の質を保証しようとしているのか。本書ではこうした事柄を探ることで，日本の学校評価に対しての示唆を得ることを目的とする。ただし，オランダの制度をそのまま紹介して日本に適用することはできない。そこで，本書のなかでオランダの学校評価を検討しながら，そこに通底する，教育を巡る社会的な合意，価値についても，読者とともに考えてみたいと筆者は願っている。

第1節　オランダの「教育の自由」と学校評価の特徴
　　　　　──本書の課題と対象

　まず，オランダの教育の特徴を記してみよう。オランダの学校は，どこもカラフルで可愛い作りの建物となっている。学校は1校1校特色をもっている。いくつか例をあげてみよう。子どもたち相互の共働性を重視して異年齢で学級編成を行う学校，子どもたちが自習を通じて学んでいけるよう工夫されたカラフルな教具がたくさんある学校，子どもたちが自分で立てた計画に

序章　今,求められる学校評価とは

写真 0.1　ある学校における低学年児童の教室の一角
子どもたちがリラックスしながら遊べる環境が整っている。

5

もとづいて先生と決めた約束の期日までに課題を行うという学び方を取る学校，民主社会で生きていくために必要な市民性を育むことに力をいれている学校など多様な学校が存在する。そうした学校から，自分に合う学校を選んで子どもたちは通うことができる。その際には，進学実績といった一面的な見方や，学校に関する噂などの印象のみで学校が選ばれることはあまりないといえよう[3]。

　こうした多様な学校が公教育の枠内に存在しうる根拠を求めると，それは，1848年改正憲法で「教育の自由」が基本的人権として保障されたことにまでさかのぼることができる。これに続き，1917年改正憲法で公立学校と私立学校の「財政平等の原則」が確立したことで，多様な学校が存在する基盤ができた。

　「教育の自由」は，現行憲法第23条においても示されている（資料0.1）。この条文にもとづき，「教育の自由」とは，学校を自由に設立することができる学校設立の自由，学校における指導を組織する教育組織の自由，どんな原理にもとづくのかを決定する教育理念の自由であると整理されている[4]。すなわち，オランダでは，一定水準を満たせば[5]，公立学校と同様の補助金を得て私立学校を設立し，宗教的，観念的，教育的信条にもとづいて指導を

---

3) 白人の子どもが通う学校と移民の子どもが通う学校との二極化といった課題は指摘されている。黒川は，そうした課題にともなう，アムステルダム市での新入学方針の導入を紹介し，分析している（黒川直秀「オランダの教育と学校選択制」『レファレンス』No.768，2015年，pp.79-99）。
4) van der Ree, R. (Eds.), *The Education System in the Netherlands 2007*, Dutch Eurydice Unit: The Hague, 2007, p.8.
5) オランダにおける学校設置要件においては（当該地域の人口密度により），250〜350人程度の生徒が就学することを署名によって証明することが求められ，これを満たせば，校舎なども市町村当局によって提供される（リヒテルズ直子「オランダの学校に認められた『高い自由裁量権』」『週刊教育資料』No.1021，2008年，p.14）。なお，公立・私立学校共通に求められる条件として，必修教科，中核目標／試験プログラムやナショナルテスト，1年あたりの授業時間，教員養成や教員資格，親や子どもが学校のことに発言する権利（De medezeggenschap），計画や報告の義務（De plan- en verslagleggingverplichtingen）などがあげられている（オランダ教育文化科学省のホームページ「http://www.minocw.nl/onderwijs/389/Openbaar-en-bijzonder-onderwijs.html」（2009年12月30日最終確認））。

資料 0.1　オランダ憲法第 23 条

1. 教育は政府の持続的責務の対象である。
2. 教育の供与は，法が定める官庁の監督および教育の供与者の技量と職業的規範についての検査の条件を満たす限り，自由である。
3. 公立教育は，各人の信仰ないしは信条を尊重して，法が定める。
4. 各地方自治体においては，当局により，十分な数の学校において十分な公立普通初等教育が供与される。法が定める規則に準じて，教育機会の供与が十分認められる限りにおいて，この規定の逸脱が認められる。
5. 教育に対して国庫から全額または一部の費用を拠出する健全性の要件は，私立教育に関する限り，理念の自由を考慮して，法が定める。
6. この要件は，普通初等教育については，国庫から全額負担を受ける私立教育および公立教育ともに，健全性が十分に保障されるように定められる。その際，教材の選択と教員の任命に関して，特に私立教育の自由は尊重される。
7. 法が定める要件を満たす私立普通初等教育は，公立教育と同一の基準に従って国庫から費用を拠出される。私立普通中等教育および予備高等教育に対する国庫からの補助が与えられるための要件については，法が定める。
8. 政府は国会に対して，毎年，教育の状態についての報告を行う。

出典：オランダ憲法第 23 条。翻訳にあたっては，リヒテルズ直子『オランダの教育』(p.56) の訳を参照した。

提供する権利が認められている[6]。また，憲法に明記されてはいないものの，学校選択の自由も認められている。一般に，学校選択といえば，近年は新自由主義的な教育改革の一環と捉えられがちである。しかしながら，オランダの場合，それとは違う背景により古くから学校選択制が導入されていた[7]。

詳しくは後述する（第 1 章第 1 節）が，この「教育の自由」は，もともと

---

[6] ここで現在のオランダの公立と私立の違いを述べておくならば，公立学校が宗教や思想に関わらず，全ての子ども達を受け入れなくてはならないのに対し，私立学校は，子どもの親が，その学校の指導の基盤となる信念やイデオロギーに同意しない場合，その子どもの入学を拒否することができるという点である (Ministerie van Onderwijs, Cultuur en Wetenschap, "*The education system in the Netherlands 2007*", 2007, p.8. [http://www.minocw.nl/documenten/en_2006_2007.pdf]（2009 年 12 月 30 日最終確認))。

[7] 太田和敬「オランダの教育の自由の構造—国民の教育権論の再検討のために—」2005 年 [http://wakei-education.sakura.ne.jp/asahi-net/homepage/nedelandsonderwijsrecht-5.pdf]（2015 年 11 月 22 日確認）

自由な宗派的私学教育を求めて獲得された自由である。しかしながら，「教育の自由」についての条文が多様な教育を受容する素地をもつことから，オランダでは1970年代以降，多くのオルタナティブスクールが設立されることになる。オルタナティブスクールとは，伝統的な従来型の教育に対する批判意識から生まれた独自性をもつ学校のことである。それぞれについては，本書のなかで詳しく紹介するが，現在「教育の自由」のもとで，宗派的私学教育だけではなく，イエナプラン（第6章第2節およびコラム3参照），ダルトン・プラン（第7章およびコラム4参照），モンテッソーリ（第3章4節およびコラム2参照）といったオルタナティブ教育の実践が，国民教育の枠組のなかで実施されている[8]。こうした多様な教育を認める「教育の自由」については，憲法の条文解釈再考などの議論もみられるものの[9]，現在においてもオランダの教育の重要な特徴となっている。なお，日本においても「教育の自由」については歴史的に議論されてきた[10]。ただし，それは，オランダの「教育の自由」の歴史的文脈とは異なっている。

　こうした「教育の自由」を掲げるオランダも，1980年代以降，いわゆる新自由主義的な政策の影響下におかれることとなる[11]。すなわち，学校のさらなる自律性の向上・規制緩和が強調される一方で，国家による学校評価等を通じた質のコントロールが強化されていくのである。

　もともとオランダには，1801年から教育監査局が存在する[12]。この教育監

---

8) オルタナティブ教育を行うのは，私立学校に限らない。オルタナティブ教育を行う公立学校もある。一方で，私立学校のなかには，政府から予算を受けとらずに，保護者からの寄付金などのみで運営する学校もある。
9) 詳しくは見原礼子「オランダにおける『教育の自由』原理の特徴と変容」（『日本教育政策学会年報』第13号，2006年，pp.108-121）などを参照されたい。
10) 太田和敬「オランダ教育制度における自由権と社会権の結合」文教大学人間科学部『人間科学研究』第31号，2009年，pp.5-31。
11) Karsten, S., "Neoliberal education reform in the Netherlands", *Comparative Education*, Vol.35, No.3, 1999, pp.303-317.
12) 教育監査局の歴史的展開やその法的位置づけに関しては吉田重和「オランダにおける教育監査局の史的展開と法的位置付け―教育監査局の機能と役割に着目して―」（『関東教育学会紀要』第36巻，2009年，pp.49-60）に詳しい。

査局は 1990 年代後半以降，全ての学校に対して一定水準の教育を行っているかどうかを評価するようになる。教育監査局は，教育文化科学省（Ministerie van Onderwijs, Cultuur en Wetenschap）[13]の管轄に属しているが，独立した地位をもつ機関とされている[14]。こうした学校外の機関による評価とともに，各学校自らも自己評価の実施を求められることとなる[15]。オルタナティブスクールもその例外ではない。こうした動きは，2002 年教育監督法（Wet op het Onderwijstoezicht）に結実する。

このように，オランダでは「教育の自由」があるにも関わらず，各学校における教育の質が一定の基準によって評価され，場合によっては改善が求められることとなった。このことは，当然オランダで議論を引き起こした。なぜならば本来，「教育の自由」のもとでは，各学校は授業時間などの定められた法的要求さえ守っていれば，教育の質について「改善」する必要はないからである。

その結果，オランダが取った選択は，必要最低限の学力を保障することを法的要求に加えることであった。2010 年に制定された「良い教育良いガバナンス法（Wet goed onderwijs goed bestuur）」には，学校が制裁を避けるために満たす必要がある法的要求として，子どものオランダ語と算数・数学の学習結果が規定されている。これをふまえて，教育監督法が 2012 年に改訂されている。このように，オランダであっても，成果至上主義的な考え方とは無関係ではいられなくなっている。しかしながら，オランダでは，それをただ無批判に受容するのではなく，それによる危険性を認識し，いかに弊害を減じられるかについての議論を重ねた上で，受容しているように思われる。

---

13) 教育文化科学省（Ministerie van Onderwijs, Cultuur en Wetenschap）が現行の標記となったのは 2003 年のことである。
14) Ministerie van Onderwijs, Cultuur en Wetenschap, *The education system in the Netherlands 2007*, 2007, p.8.［http://www.minocw.nl/documenten/en_2006_2007.pdf］（2009 年 12 月 30 日最終確認）
15) 学校の自己評価については，拙稿「オランダにおける学校評価―初等教育の自己評価ツールを中心に―」（『教育目標・評価学会紀要』第 21 巻, pp.47-56）を参照されたい。

また，学校現場からも，学力テストの結果を過度に重視する政策に対しては批判が行われている。例えば，「教育の自由」の恩恵を享受してきたオルタナティブ教育連盟(Samenwerkingsverband van Organisaties voor Onderwijsvernieuwing)等を中心に批判が行われており，新たな学校評価を模索する動きもみられる。

　以上のようなオランダでの学校評価をめぐる動向や議論は，まさしく「教育の自由」にもとづく多くの裁量を各学校に認めながら，いかに成果至上主義・競争主義のみに解消されない形で一定水準の教育の質を保証しうるのかという問題を正面から取り上げているものであるといえる。そこには，学校評価の在り方が「教育の自由」に与える様々な影響の様相をみてとれる。

　こうした状況のなか，オランダでは学校の自己評価ツールや学校協会レベルでの学校評価に，一定水準の教育の質を保ちながら独自な教育を維持・改善するための模索の動きをみることができる。学校の自己評価ツールに関しては，特に，2002年に定められた教育監督法のもとで学校の自己評価が重視されていたことから，オランダには様々な学校の自己評価ツールが存在する。自己評価ツールとは，学校が自らの教育を評価するにあたって利用できるツールのことである。オランダでは，学校が自己評価を行う際には，多くの場合，自分の学校に合った自己評価ツールを購入し，利用している。自己評価ツールには，2つのタイプがある。1つは，学力テストであり，もう1つはアンケートなどの実施を通じて学校の自己評価を行うものである。本書では，日本へ示唆を得ることを考慮して，特に後者のタイプのツールに着目して，具体的にいくつかのツールを取り上げることとする。学校の自己評価については，日本でも各学校が実施することが求められている。しかしながら，日本では，評価項目の細分化によって，学校評価がチェックリストにあげられた評価項目の点検と化してしまう問題や，学校評価を実施する教職員に「やらされ感」が蔓延してしまう問題，学校評価から子どもの成長の視点

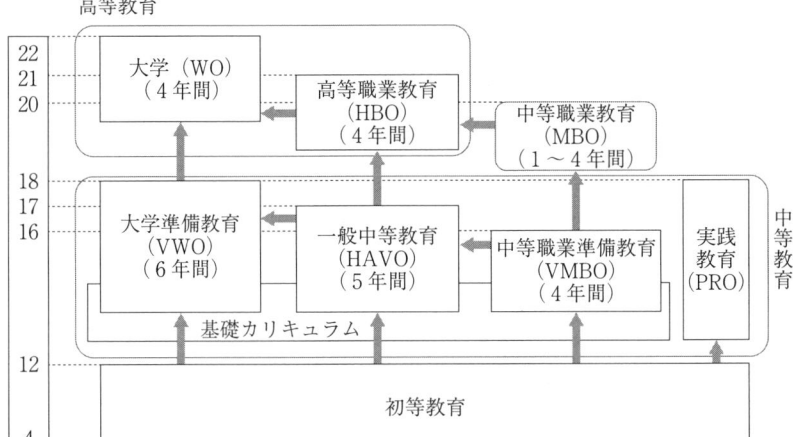

図 0.1　オランダの学校階梯図
出典：オランダの教育システム[17]などを参照し筆者が作成。

が抜け落ちがちになるといった問題などがあることが指摘されている[16]。さらに，自己評価を行った後の集計や処理が負担過重になることもしばしば指摘される。そこで，自己評価ツールを取り上げる際には，こうした問題について，オランダではどのようになっているのかについてもみていきたい。学校協会レベルでの学校評価としては，オルタナティブ教育連盟が提案する学校評価や，オランダダルトン協会（Nederlandse Dalton Vereniging）が実施している学校評価を具体的に取り上げる。

　以上の特質をふまえて，本書ではオランダで全ての学校に学校評価が求められるようになっていった1980年代以降を中心に，オランダの学校評価の動向やそれをめぐる議論，さらには具体的な評価の在り方を取り上げて検討していく。なお，本書では，初等教育段階を対象とすることとする。オランダでは，図 0.1 のように中等教育は複線型となっている。そのため，全ての

16）　赤沢早人「学校評価」西岡加名恵・石井英真・田中耕治編『新しい教育評価入門―人を育てる評価のために―』有斐閣，2015 年，pp.182-185。

学校への質保証という問題を考える際には，初等教育段階の方が適当であると考えるためである。

第 2 節　学校評価はどう論じられてきたか
　　　　――研究史上の問題群

1. 教育評価の一種としての学校評価

　ここでは，まず，教育評価における学校評価の位置づけや，学校評価が担うべき役割を確認しておこう。

　一般に，教育評価というと授業レベルで子どもたちの学力を評価するものとしてイメージされるだろう（図 0.2 における下段）。しかしながら，学校レベルを念頭において教育評価を考えてみると，実は図 0.2 のように多岐にわたっている。ここで，特に注意したいのが，カリキュラム評価を基本軸にして，それぞれの評価が矢印でつながっていることである。これは，学力評価・授業評価も教科外教育の評価も，さらには学校評価も教員評価も，カリキュラム評価と切断されると，そこでの評価行為は矮小化され，形骸化の道を歩むことを意味しているという[18]。

　これら教育評価の目的とは，子どもたちを値踏みして序列・選別することではなく，教育実践それ自体に反省を加えて，修正・改善することであるとされている。しかしながら，もし図 0.2 の矢印が切り離され，この目的が，例えば，授業レベルでの学力評価のみ，つまり授業を担当する教師 1 人の責任に帰せられてしまうならば，それは時に教師にとって非情な無限責任を生むものとなるであろう。子どもたちの学力不振の原因が担当教師の資質・能

17）　オランダの教育システム［http://www.nlnrp.nl/current-educational-system.html］（2015 年 11 月 22 日確認）
18）　田中耕治『教育評価』岩波書店，2008 年。

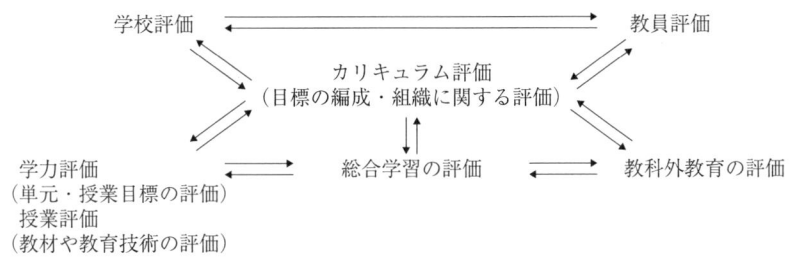

図 0.2 教育評価の対象と構造
出典：田中耕治『教育評価』岩波書店，2008 年，p.85。

力，授業力不足のみに帰せられてしまうからである。説明責任が求められるようになっている近年では，こうした事態は一層深刻となる。

　しかしながら，実際には，教育実践は1人の担当教師のみによって担われる訳ではない。確かに担当教師の授業力等に負うところも大きいかもしれないが，教育実践を修正・改善するにあたっては，1つの教室を超えて，物的環境・人的環境といった教育環境，目標設定やカリキュラムといった学校の教育計画，教師集団の同僚性など様々な要因を考える必要がある。担当する教師だけの責任では決してないのである。

　ここに学校評価を実施する意味が生まれる。学校評価は，カリキュラム評価，学力評価など矢印でつながっている他の評価をある種包摂している。学力評価・授業評価だけではみえてこない課題を評価対象とし，改善する途を拓くといえる。むろん，教育環境などについては，学校では改善しえない，教育委員会等が関わってくるものもあるだろう。そうした側面を自覚しておくことは大切であるにしても，学校評価は，授業レベルを超えた視点を含み込みながら，教師たちが共働することで，子どもたちに質の高い学力を保障し，教育実践への参加を促す途を拓きうる。そして，そのためにこそ，学校評価は実施されなくてはならないといえるだろう。

　しかしながら，近年日本で学校評価の実施が求められるようになったのは，必ずしもこうした理由からではない。以下に，詳しくみていこう。

2. 新自由主義的な教育改革と日本における学校評価

　日本において学校評価に関心が集まった契機としては，1998年中央教育審議会答申「今後の地方教育行政の在り方について」[19]（以下，1998年答申）があげられる[20]。しかしながら，それまでは，戦後初期の一時期を除いて，ながらく学校評価は一般に定着してきたとは言い難い。

　この理由については，次のような問題点が指摘されている[21]。少し長くなるが以下に9つ紹介してみよう。まず，日本の学校がおかれた状況についてである。①学校の満たすべき諸基準が細かに定められ，②しかしそれに反して財政的制約は厳しく，多くの条件が不十分におかれていた。そのため，③各地域，各学校独自の教育や経営を展開しうる余地が少なく，学校は行政依存，前例踏襲の体質に陥り，民主的で合理的な組織体制の確立が困難であったという。

　続いて，学校評価の方法や推進態勢についてである。④評価基準の開発が学習指導要領の定着・浸透と関連づけた教育課程行政の一貫として教育委員会主導で進められ，⑤しかも総花的に評価項目が盛り込まれ，学校による実際的改善に有効で実施可能な評価基準が開発されてこなかったために，⑥教

---

19) 中央教育審議会答申「今後の地方教育行政の在り方について」（1998年9月1日答申）。
20) 1998年答申までの日本における学校評価については，次のような先行研究において整理されている。例えば，秋山陽太郎は，戦後文部省をはじめとして各地方教育委員会や研究機関によって開発された学校評価基準を整理することで，その変遷を明らかにしている（秋山陽太郎「学校評価基準の変遷とその考察」『学校経営』第15巻第6号，1970年，pp.85-91。秋山陽太郎「学校評価基準の変遷とその考察（2）」『学校経営』第15巻第7号，1970年，pp.70-78）。また，高野桂一は「学校経営評価」に着目して，学校評価の戦後史を整理している（高野桂一「学校評価の戦後史と学校経営評価」『教職研修』第4巻第37号，1975年，pp.53-56）。さらに，木岡一明は秋山・高野両氏の研究をふまえた上で，戦後の学校評価論を時期区分し，各期の学校評価の特質を述べている（木岡一明「戦後日本における学校評価論の系譜論的検討」『学校経営研究』第6号，1981年，pp.39-60）。加えて，木岡によるレビュー以後の，つまり1980年代後半から90年代前半の学校評価の論考や研究・開発については勝野正章によって検討がなされている（勝野正章「学校評価論の予備的考察」『東京大学教育行政学研究室紀要』第13号，1993年，pp.37-49）。
21) 木岡一明「第13章　自己改善を促す学校評価　総論」金子照基，中留武昭編『教育経営の改善研究事典』学校運営研究会，1994年，pp.263-264。

職員の間に学校評価が合理的・民主的に成立する基盤を欠いているという認識を生んだ。

　さらに，学校評価に対する学校の対応の問題についてである。学校内部改善に焦点化した評価基準でなかったがゆえに，⑦解決不能な問題の噴出や過重な責任の追求を恐れる思惑も絡んで，多くの学校において「評価拒否」の意識を払拭できず，⑧形式的な学校評価でお茶を濁し，表面化した問題に対しては対症療法的な対応に終始して問題の徹底的な追求を避け，⑨その結果，むしろ責任回避の姿勢や問題を表沙汰にしない閉鎖的な学校の仕組みが強化されたとされている。

　付言しておくと，こうした状況のなかにあっても，日本では全く学校評価が行われてこなかった訳ではない。一般にはなかなか定着し難くとも，学校経営等の立場から自己評価を中心として学校評価が実施されていた。この間の日本における学校評価論の考え方については，そこで用いられていた主要な概念を取り出すことによって次のように整理されている。主要な概念とは，「誰が評価するか」（自己評価（診断）―他者評価），「何を評価するか」（学校経営評価―学校教育評価），「何のために評価するのか」（改善のための評価―基準に合わせる評価）という対概念である。この3組の対概念については，「それぞれの前者は理論的にも実践的にも深く結びついており，この組み合わせから成る考え方が戦後日本における学校評価論の主流をなしてきたといえよう」[22]とされている。学校自らが，学校経営を評価し改善するという在り方が主流とされてきたことがわかる[23]。

　さらに，このような日本における学校評価論の理論枠組の問題点としては，次の2つがあげられている。1つは，評価は本質的に政治的な過程であるに

22）勝野，前掲論文，p.39。
23）勝野は，1980年代後半以降，学校評価に外部評価を志向する動向が出てきたことを指摘しつつも，分析の結果，それらは，概念的には自己評価のカテゴリーから逸脱するものではないとしている。

も関わらず，政治性の視点が薄弱であることである。もう1つは，学校改善の論理が計画―施行―評価の合理的・循環的マネジメントサイクルに強く依存しており，学校評価と改善との関係が教師一人ひとりの専門家としての成長という観点から基本的に問われることがないことである。こうした問題点に対しては，学校評価から教師の成長を経由して学校組織の改善へとつないでいく論理である「改善としての評価」が，今後最も発展を必要としているものであろうということが，すでに1993年に指摘されている。こうした指摘は，現在においても示唆に富むと思われる。

　しかしながら，こうした指摘とは裏腹に，この頃から，学校評価は説明責任という観点から求められるようになってくる。その後，先述した1998年答申を契機に，学校評価が政策的に整えられていくこととなった。ここで，これまでの各学校独自の教育や経営を展開しうる余地が少ないという状況に変化が生じる。すなわち，学校の自主性・自律性を確立し，学校が家庭や地域と連携協力して教育活動を展開することを目指して，学校の自己評価の実施や学校評議員の設置をすること等が提言されたのである。その後，学校評価は一層求められることとなり，現在では，2007年学校教育法及び学校教育法施行規則の改正において，学校の自己評価の実施・公表の義務化や学校関係者評価の努力義務化，評価結果の設置者への報告の義務化がなされるに至っている。また，実施義務や努力義務は課されていないものの，文部科学省初等中等教育局におかれた「学校の第三者評価のガイドラインの策定等に関する調査研究協力者会議」の議論をふまえ，2010年には第三者評価の在り方に関する記述を充実させた「学校評価ガイドライン」の改訂も行われている[24]。

　本書冒頭でも述べたように，このように日本で学校評価が求められるようになった動向は，いわゆる新自由主義的な教育改革の一環として捉えられる。ここで，新自由主義について，簡単に確認しておこう[25]。新自由主義は，もともと戦後の福祉国家を批判して，1950年代にミルトン・フリードマンら

によって提唱された。一般に，社会保障を充実させる「大きな国家」ではなく，国家の役割を最低限度に抑える「小さな国家」を目指す立場だと理解される。国家の介入をできるだけおさえて規制緩和を行い，医療や教育・福祉などの公共的サービスを市場に委ねることで競争を促し，経済を活性化し安定させることが目指されている。そこでは，自由と引き換えに，自己責任が強調され，成果をあげることが求められる。

　イギリスのサッチャー政権やアメリカでのレーガン政権が，こうした考え方を取り入れた代表的な例としてしばしば紹介される。日本では，中曽根元総理大臣のもとで1984年に設置された臨時教育審議会が最初に新自由主義的な考え方にもとづく教育改革についての提案を行ったとされる。当時は，「教育の自由化」が主張されたものの，それが全面的に採用されることはなく，個性重視という考え方に落ち着いた。しかしながら，その後結局，いわゆる新自由主義的な教育改革が断行されるようになるなかで，本書がテーマ

24）　近年の日本の学校評価の経緯や動向については，福本みちよ「学校評価に関する研究動向―教育改革を背景とした学校評価論の展開―」（『教育制度学研究』第9号，2002年，pp.255-258），青木栄一「法改正と今後の学校評価推進上の課題」（『教職研修』第36巻第4号，2007年，pp.115-119）などを参照されたい。
　　また，近年，学校評価が求められるようになるにあたり，様々な学校評価論が展開されている。例えば，木岡一明『学校評価の「問題」を読み解く―学校の潜在力の解発―』（教育出版，2004年），小島宏『学校の外部評価と説明責任―担任，主幹・主任，管理職必携―』（明治図書，2004年），長尾彰夫・大脇康弘・和佐真宏『学校評価を共に創る―学校・教委・大学のコラボレーション―』（学事出版，2004年），西村文男，天笠茂，堀井啓幸『新・学校評価の論理と実践―外部評価の活用と内部評価の充実―』（教育出版，2004年），八尾坂修『現代の教育改革と学校の自己評価』（ぎょうせい，2001年）などを参照されたい。
　　各地での学校評価の事例にもとづく分析・研究としては，木岡一明他「日本における学校評価の展開状況と課題」（『学校評価の促進条件に関する開発的研究（最終報告書）』平成11～14年度科学研究費補助金基盤研究（B）（2），2003年，pp.29-75）などを参照されたい。
　　諸外国の学校評価に学ぶ研究としては，窪田眞二・木岡一明編著『学校評価のしくみをどう創るか―先進5カ国に学ぶ自律性の育て方―』（学陽書房，2004年）など，各国を対象として行われている。例えば，アメリカでは中留武昭『アメリカの学校評価に関する理論的・実証的研究』（第一法規，1994年）や，山下晃一「アメリカにおける州の教育アカウンタビリティ制度と学校認証評価―初等中等学校のアクレディテーション：ミシガン州の事例―」（『教育科学論集』第15巻，2012年，pp.1-8）など。
25）　佐貫浩・世取山洋介編『新自由主義教育改革―その理論・実態と対抗軸―』（大月書店，2008年）や斎藤貴男『教育改革と新自由主義』（子どもの未来社，2004年）などを参照されたい。

とする学校評価はもちろんのこと，国立大学の法人化，教員評価制度，全国一斉学力・学習状況調査の実施といった改革が行われていったのはよく知られるところであろう。

　学校評価に関しては，特に2005年中央教育審議会答申「新しい時代の義務教育を創造する」において，全国学力・学習状況調査とともに，教育の結果を検証するための仕組みとして位置づけられた。学校評価は，国の責任で目標設定やその基盤整備を行った上で，市区町村・学校の権限と責任を拡大するに際して，教育の質を保証できているかを検証するための仕組みの1つとされたのである。

　新自由主義教育理論にもとづく教育改革がその十全な形で展開した場合には，大きくわけて次の2つのインパクトを公教育に与えることになるという指摘がある[26]。1つめは，学校体系の多様化である。「学校は，市民的共通教養と読み・書き・算のための教育，エリート教育，および職業教育に区分され，かつ，公費教育の及ぶ範囲は，前二者に限定される」[27]という。2つめは，公教育管理方式の徹底したトップダウン化と，公教育管理の基本原理のインプットのコントロールからアウトプットのコントロールへの移行である。「〈中央教育行政―地方教育行政―学校組織―教師〉という関係が，中央教育行政から教師に至るまで，徹底的に階層的に再構成される」[28]という。そこでは，「中央政府の設定したスタンダードを実現する結果責任（「アカウンタビリティ」）を代理人に課し，代理人間の競争を組織し，結果に応じた報償と罰を代理人に与えるというPA関係（筆者注：「主人―代理人」関係）が，末端に位置付く教師にまで連鎖して，貫徹する」[29]とされる。

　このように，教育の成果に関する基準を国が設定する一方でその達成方法

---

26)　世取山洋介「新自由主義教育政策を基礎づける理論の展開とその全体像」佐貫浩・世取山洋介編『新自由主義教育改革―その理論・実態と対抗軸―』pp.36-52。
27)　同上書，p.44。
28)　同上書，p.44-45。
29)　同上書，p.45。

を学校の裁量に委ねるとともに，市場原理の中で学校を競わせ，その到達度に応じて賞罰を与えて管理するという在り方を目指して，学校評価を導入しようとする考え方が新自由主義的な政策の特徴といえる。

こうした教育政策に対しては，本書冒頭でも述べたように，多数の問題点が指摘されている。例えば，新自由主義政策に対しては，「学力格差を広げ，子どもの学習意欲を衰微させ，とくに底辺に押しやられた子どもたちを一層打ちのめす政策を推進している」[30]という指摘がある。また，新自由主義のもとで推し進められるPDCA目標管理システムの問題性を指摘する声もある。そこでは，国は地方分権的教育行政や自律的学校運営の推進を唱えているが，その実態はナショナル・スタンダードを達成する責務と，そのための過剰負担を「自発的」に引き受けさせることに他ならないとされている[31]。

ところで，この新自由主義的な教育改革においては，コミュニティ・スクールの導入等により，保護者・地域住民を学校運営へ参加させようとする視点が，一方で内在している。実際，日本においても，学校評議員制度や学校運営協議会制度が導入されている。この点については，コミュニティ・スクールの導入は，結局は，保護者や地域住民の経営参加を認めることを通して，アカウンタビリティを実現しようとする学校ガバナンスという仕組みとして理解できることが指摘されている[32]。つまり，保護者や地域住民は，決して教師や子どもと手を取り合ってともに学校を作り支えようとする仲間ではなく，あくまでも市場原理における消費者的位置づけであり，アカウンタビリティの対象なのである。

ただし，こうしたものとは異なる形で，保護者や地域住民，ひいては子どもを学校作りに参加させ，学校評価とつなげようとする取り組みもみられる。

---

30) 佐貫浩「『学力』と『人間像』―新しい学力管理システムとどうたたかうか―」佐貫・世取山編『新自由主義教育改革―その理論・実態と対抗軸―』pp.264-265。
31) 中嶋哲彦「教育基本法『改正』後の新自由主義教育―PDCAサイクルに包摂される教育現場―」『教育』第57巻第8号，2007年，pp.27-32。

例えば、浦野東洋一らによる「開かれた学校づくり」があげられよう。これは、学校の当事者である教職員、子ども、保護者が、学校に関わる諸問題について自由に話し合う場である「三者協議会」と、さらに地域の人々が学校の当事者として加わる「学校フォーラム」での話し合いを軸にして、学校改革を進めるというものである。こうした取り組みからは、保護者や地域住民の参加は、必ずしも市場原理と結びつく訳ではなく、共働的な学校作りにつながる可能性も秘めていることがみてとれる。

　以上、近年の学校評価研究のいくつかを新自由主義的な教育改革とそれへの対抗軸という構図のなかに位置づけてきた。実際には、近年の諸外国および日本国内の学校評価研究は、教育制度[33]、教育法[34]、教育行政[35]、学校運営[36]・学校経営[37]、カリキュラム・マネジメント[38]、ツール・システム・手法の開発[39]などと多岐にわたる。しかしながら、日本で学校評価が求められるようになった動向を新自由主義的な教育改革の一環であると捉えれば、これらの研究は、いずれも先述したような構図のいずれかに位置づけられよう。

　これらの研究では、新自由主義的な教育改革について多くの批判がなされているにも関わらず、その問題性を克服できるような学校評価の在り方につ

---

32)　佐藤博志「学校ガバナンスの理念と課題」小島弘道編『時代の転換と学校経営改革―学校のガバナンスとマネジメント―』学文社、2007年、pp.188-198。佐藤博志「コミュニティ・スクールの現在と未来―学校ガバナンス空間のグローバリゼーション―」『学校経営研究』第35巻、2010年、pp.1-9。
33)　高妻紳二郎「学校評価システムの展開過程に関する研究〈英国の場合〉」他（学校評価システムの展開過程に関する研究―日本・英国・NZ での学校評価システムの運用における支援とその特質に着目して―）『教育制度学研究』第17号、2010年、pp.67-80）など。
34)　勝野正章「教員評価・学校評価のポリティクスと教育法学」(『日本教育法学会年報』第37巻、2008年、pp.19-30）など。
35)　磯村篤範「教育行政の改革と学校評価の導入」(『行財政研究』第49巻、2002年、pp.16-26）など。
36)　寺崎千秋「学校評価を活用した学校運営の改善」他（第1分科会　経営部会　学校評価を活用した学校運営の改善）(『教育展望』第56巻第6号、2010年、pp.40-67) など。
37)　加藤崇英「これまでの学校評価研究の成果・課題と外部評価・第三者評価」他（課題研究Ⅱ　外部評価・第三者評価の導入と教育経営研究）『日本教育経営学会紀要』(第50巻、2008年、pp.170-191）など。

いてはまだ模索段階にあるといえるだろう[40]。この点で，先述したように，本書では，オランダに着目することによって，新自由主義的な教育改革下での学校評価とは異なる形で，「教育の自由」を守りながら一定水準の教育の質を保証しうる学校評価の在り方を探りたい。

3. オランダの学校評価研究の問題群

ここでは，第1節で簡単に紹介したオランダの学校評価をめぐって，どのような研究がなされてきたかについて，述べていきたい。実は，オランダの学校評価は，これまでにも日本に紹介され，分析されてきている。日本で行われてきた研究の多くは，学校外の機関である教育監査局が実施する学校評価（特に2002年教育監督法下での学校評価）に焦点をあてている。しかしながら，それらの研究では，教育監査において「教育の自由」にもとづく多様な教育が認められているかどうかという点で見解がわかれているといってよい。

まず，オランダの教育監査は，「教育の自由」にもとづく多様な教育を損ないかねないと捉える研究がある。そこでは，2002年教育監督法を前にして2001年から監査官が全ての学校へ行くことを義務づけられたことで，無認可の学校が改善を命じられ，訴訟にまで発展した事例が取り上げられている。当時の監査の強化体制については必ずしも全ての学校に歓迎されている

---

38) グラント・ウィギンズ（Wiggins, G.），ジェイ・マクタイ（McTighe, J.）著，西岡加名恵訳『理解をもたらすカリキュラム設計―「逆向き設計」の理論と方法―』（日本標準，2012年），田中統治編『"信頼される学校づくり"に向けたカリキュラム・マネジメント 第1巻 カリキュラム評価の考え方・進め方（教職研修12月号増刊号）』（教育開発研究所，2006年），田村知子「カリキュラムマネジメント・モデルを利用した自校分析の提案」『日本教育工学会研究報告集』第1巻，2012年，pp.325-332），村川雅弘，野口徹，田村知子，西留安雄『「カリマネ」で学校はここまで変わる！―続・学びを起こす授業改革―』（ぎょうせい，2013年）など。

39) 金子郁容編著『学校評価―情報共有のデザインとツール―』（ちくま新書，2005年）など。

40) こうした模索は学校評価以外の文脈でも行われている。例えば，石井英真は新自由主義的な教育改革とパラレルに展開している「エビデンスに基づく教育」に着目して論述することで，「スタンダードに基づく教育改革」を再定義し直し，民主的な教育ガバナンスへつなげる可能性を提案している（石井英真「教育実践の論理から『エビデンスに基づく教育』を問い直す―教育の標準化・市場化の中で―」『教育学研究』第82巻第2号，2015年，pp.216-228）。

訳ではなく，とくに，オルタナティブ教育実践者にとっては，この監査法は各校のユニークさを損ないかねないとして反対する向きが強いと報告されている[41]。この研究では，教育監査は，教育の質の維持・向上を目的とした中央政府によるコントロール・メカニズムの機能の1つとして説明される[42]。

これに対して，教育監査において多様な教育が認められていることを示す研究もある。例えば，オルタナティブスクールの管理職に対してインタビューを行い，オルタナティブスクールと教育監査制度の関係性を検討したものがある。その結果としては，「オランダの教育監査制度のあり方は，監査を受ける側のオルタナティブスクール側が肯定的に評価しているという点から考えれば，多様な教育実践の保障と教育水準の質の維持という課題を両立しうる監査制度であるとまとめることが可能ではないだろうか」[43]と，オランダの教育監査制度が評価されている。

また，これまで二十数校の小学校を訪れたが，大半の学校が教育監査の診断書が学校自身にとって，とても役立つものである，という感想をもったという報告もある[44]。そうした2002年教育監督法は，「国が支持する教育方針に従っているか否かではなく，それぞれの学校にそれぞれの教育理念を自覚させ，これに基づいて来る年間の教育活動を計画させ，広報している自校の理念に照らしてその成果を自己評価させる，という方法」[45]だったとされている。

さらに，2002年教育監督法を考える上で，自由と規制，統制のバランス

---

41) 同上書，p.124。
42) 永田佳之「標準化政策の中で揺らぐオルタナティブ教育」『オルタナティブ教育—国際比較に見る21世紀の学校づくり—』新評論，2005年，pp.105-126。
43) 吉田重和「オランダにおける『教育の質の維持』のメカニズム—オルタナティブスクールから見た教育監査と全国共通学力テスト—」『比較教育学研究』通号35号，2007年，p.159。他にも，吉田重和「オランダの初等教育における教育監査報告書の検討—都市部のある小学校を事例として—」（『早稲田大学大学院教育学研究科紀要別冊』別冊第14号-1，2006年，pp.111-120）なども参照されたい。
44) リヒテルズ直子『オランダの教育』p.203。

を保つ上で重要となっているのは，「自律性（autonomy）」の確保と「自己評価（self-evaluation）」の要求というメカニズムではないかとの考察もある[46]。

こうしてみると，オランダの教育監査において「教育の自由」にもとづく多様な教育が認められているかという問いに対しては，見解がわかれているとはいえ，多様な教育が認められていると捉えるものが多い。そして，認められていると捉える先行研究は，その多くが，教育監査における学校の自己評価の活用に注目している。これは，2002 年教育監督法が学校の自己評価を重視していたためであろう。しかしながら，これらの研究では，学校の自己評価の内実については検討されていない。そのため，本書では，学校の自己評価に着目してオランダの学校評価を検討していく。

また，先にも少しふれたが，オランダの教育監査制度は 2002 年教育監督法以降も様変わりしており，2012 年には教育監督法自体が改訂されている。2012 年改訂教育監督法では，リスク分析を通じた「リスクにもとづいた教育監査」が導入されている。リスク分析とは，子どもの学習達成度（achievement），離職率などの学校データについての「年次報告」，親やメディアを通した苦情などの「失敗のシグナル」を通じて，学校がもつリスクを分析しようとするものである。こうした動向については，「リスク分析が現在の監査プロセスにおいて重要な役割を果たしており，各学校の自己評価が積極的に活用されている」[47]と捉える考え方もある。これは，従来の監査では，主に監査官が各学校を訪問することで収集されていた情報が，学校によって提

---

45) 同上書，pp.192-193。他にも，リヒテルズ直子「オランダにおける第三者評価制度」（株式会社三菱総合研究所『学校の第三者評価の評価手法に関する調査研究―最終報告書―』2007 年）なども参照されたい。
46) 梶間みどり「オランダにおけるオルタナティブな教育の取り組みと行政の関わりについて―教育監査制度の視点から―」国際オルタナティブ教育研究会『オルタナティブな教育実践と行政の在り方に関する国際比較研究（最終報告書）』平成 12～14 年度科学研究費補助基盤研究（B）(2)，2002 年，pp.137-148。
47) 吉田重和「オランダの教育監査制度における重点実施の原則」『国際教育評論』第 10 号，2013 年，p.42。

出される情報で代替されるようになっているからであるという[48]。

　しかしながら，筆者は，こうした動向に対しては，自己評価よりもむしろ学力テストの結果を重視するようになった動きであると捉えている[49]。というのも，リスク分析では，特に子どもの学習達成度が重視されるためである。こうした見解の相違をふまえて，オランダの学校評価について検討する際には，近年の動向について詳細に検討をしていくことが重要であるといえるだろう。

　それでは，こうしたオランダの学校評価に対して，オランダ国内，さらに国際的にはどのような研究・議論があるのだろうか。大きくわけてみると，①オランダで全ての学校が教育監査を受けることを規定した教育監督法が2002年に施行されたことを受けて，そうした政策を分析しようとする研究や，②では実際にどのように学校評価を実施したらよいのかを検討する研究，③2000年代後半以降の学校評価政策研究などがみられる。

　まず，①については，オランダの学校評価の特徴として，オランダほどの学校の自己評価の重視は国際的にも珍しい特徴であることが指摘されている。というのは，2002年教育監督法下においては，学校によって適切に評価された質の側面については監査で再び調査するべきではないと考えられているほどに，学校の自己評価が重視されている点で，オランダは国際的にも異色な立場を取っていると指摘されているのである[50]。

　また，オランダのアプローチが効果的な学校の自己評価や質の管理を生むのかを明らかにするために，ヨーロッパの7ヶ国から8つの教育監査制度（オランダ，ベルギー，デンマーク，イングランド，スコットランド，北アイルランド，ドイツのヘッセン州，ドイツのニーダーザクセン州）を取り上げ，教育監査

---

48) 同上論文, pp.35-46。
49) 拙稿「オランダの初等教育における学校評価政策の動向」『京都大学大学院教育学研究科紀要』第59号，2013年，pp.583-595。
50) A'melsvoort, G. (et al.), "The supervision of education in the Netherlands", *SICI Newsletter*, No. 32, 2006, pp. 3-12.

における自己評価の使用状況や，それらの国々における自己評価の効果を比較した研究もある[51]。

この研究では，8つの教育監査制度は大きくわけて次の2つに整理されている。1つは，自己評価が教育監査に強く組み込まれているものである。そこでは自己評価に対してアカウンタビリティの要求が強くなり，自己評価の形式や内容も教育監査によって影響されやすくなる。もう1つは，教育監査において自己評価の位置づけが弱いものである。そこでの自己評価が教育監査によって影響される程度は様々であるが，全体的に改善を志向する傾向があるという。オランダは前者に位置づけられている。オランダの学校の自己評価はアカウンタビリティと改善の両方を志向していること，ただし自己評価を通して行われていた外部へのアカウンタビリティ機能は，今や急速にガバナンスの考え方が入ってきていることで水平的アカウンタビリティに置き換えられつつあること，オランダでは自己評価の内容や形式を定めていないにも関わらず学校が自己評価のために監督枠組を利用する傾向があることなどが指摘されている。その上で，監査において自己評価を重視することや監督枠組を開かれたものにしておくこと，改善を志向するよう学校をサポートすることなどが効果的な自己評価を生むための重要な組み合わせであると考えられている。

こうした研究からは学校評価を検討する上で，次のような視点が鍵となることがわかる。1つめは，内部評価である自己評価と外部評価である教育監査とはどのような関係にあるのかという点，2つめは，学校評価の評価規準・基準は外部によって定められるのかそれとも学校自らが設定するのかという点，3つめは，学校評価の目的は改善を志向するのかアカウンタビリティを志向するのかという点である。

---

51) Janssens, F.J.G., & van Amelsvoort, G.H.W.C.H., School self-evaluation and school inspections in Europe : An exploratory study, *Studies in Educational Evaluation*, Vol.34, 2008, pp.15-23.

さらに，オランダ国内で2002年教育監督法のもとでの教育監査の効果や教育監査が効果をもちうる条件について探る研究などもある[52]。こうした2002年教育監督法に対しては，実はオランダにおいても「教育の自由」との関係で議論が生じている。まず，監督法と「教育の自由」とに矛盾があると捉えるものとしては，2002年教育監督法のもとでは，学校が法を守っていれば，それ以外の質に関して政府や教育監査局が学校を「改善」する責任はないはずであるという指摘がある[53]。これに対して，2002年教育監督法は，教育を提供する自由の根底にある本来の意図とは衝突しないという考え方もある。この本来の意図とは，学校は教育の内容と質を自身で決定するためにできる限り自由をもつべきであるというものである[54]。こうしてみると，オランダにおいても，教育監査と「教育の自由」との関係性については，解釈がわかれていることがわかる。加えて，2002年教育監督法そのものに対しても，オランダでは，肯定的見解と否定的見解の両方が存在する。この議論については，詳しくは第1章で紹介するが，このように2002年教育監督法をめぐっては，様々に分析が行われ，その解釈がわかれているのである。

　次に，②については，多くの学校が自己評価ツールを利用していることから，ツールに着目した研究が数多く行われている。そこには，多くのツールの妥当性・信頼性が低いという調査結果を受けて，新たなツールの開発に取り組んだ研究[55]や，初等教育の質の管理を扱うために設置された国のプロジェクトグループQ*Primairによる研究などがある。そこでは，自己評価ツー

---

52) Ehren, M.C.M., *Toezicht en Schoolverbetering*, Delft : Uitgeverij Eburon, 2006. De Jonge, J., "Evaluatie van de Wet op het Onderwijstoezicht", *Nederlandse Tijdscrift voor Onderwijsrecht en Onderwijsbeleid*, Jrg. 20, Nr. 1, 2008, pp.3–17.
53) Ehren M.C.M., Leeuw, F.L., & Scheerens, J., "On the Impact of the Dutch Educational Supervision Act : Analyzing Assumptions Concerning the Inspection of Primary Education", *American Journal of Evaluation*, Vol.26, No.2, 2005, pp.60–76.
54) Janssens, F.J.G., "Supervising the quality of education", Böttcher, W., & Kotthoff, H.G. (Eds) *Schulinspektion : Evaluation, Rechenschaftsleging und Qualitätsentwicklung*. Münster : Waxman, 2007.（Janssens, F.J.G.に提供を受けた資料（2009年4月13日）であるためページ数未定）

ルの比較調査研究[56]や，2001年から2006年にかけて初等学校での質の管理が進歩したかを調査する研究[57]などがなされている。

最後に③については，質が悪いとされた学校への制裁を規定した「良い教育良いガバナンス法」によって進められる教育ガバナンス政策[58]や2012年に改訂された教育監督法[59]に関して，その政策評価を行うものなどがある。これらの先行研究では，政策で目指された本来の意図が実現するのは難しいと結論づけられているものが多い。ただし，教育監査局で勤める研究者らによれば以前の監督方法より効果的・効率的であるとの主張がなされている[60]。また，実際にこうした教育監査が実施されるようになったことを受けて行われた研究においては，学校理事会が監査訪問を受けた結果，ガバナンスを変化させたことを示す研究も存在する[61]。ここから，オランダの学校評価について検討を進める際には，何がどのように転換し，それによってどのような影響がもたらされているのかについて，留意しておくことが重要であるといえよう。

---

55) Engelen, R., Frowijn, R., Hendriks, M., Moelands, H.A., Ouborg, M.J., & Scheerens, J., (Scheerens, J. (Ed.)), *Schoolzelfevaluatie in het basisonderwijs : interimrapportage van het gezamenlijk project van Cito*, SLO en OCTO (periode maart 1995-december 1996), Enschede, Netherlands: Universiteit Twente, OCTO, 1997)など。
56) Dijkstra, N., van der Linde A., & Majoor, D., *Kiezen voor Kwaliteit : tweede versie 2005. Instrumenten de maat genomen* (Q*Primair, 2005, p.72)など。
57) Hofman, R.H., de Boom, J., & Hofman W.H.A., "Quality control in primary schools : progress from 2001-2006", *School Leadership and Management*, Vol.30, No.4, 2010, pp.335-350.
58) Janssens, F. J. G., & de Wolf, I.F., "Analyzing the Assumptions of a Policy Program : An Ex-Ante Evaluation of "Educational Governance" in the Netherlands", *American Journal of Evaluation*, Vol.30, No.3, 2009, pp.411-425.
59) Ehren, M.C.M., & Honingh, M.E., "Risk-based inspections in the Netherlands : A critical reflection on intended effects and causal mechanisms", *Studies in Educational Evaluation*, Vol.37, 2011, pp.239-248.
60) De Wolf, I.F., & Verkroost, J.J.H., "Summary evaluation of theory and practice of risk-based school inspections in the Netherlands", Utrecht : The Netherlands Inspectorate of Education, 2011.
61) Ehren, M.C.M., Honingh, M.E., Hooge, E.H., & O'Hara, J., "Changing school board governance in primary education through school inspections", *Educational Management Administration & Leadership*, In Press.

以上のように，オランダにおいても，「教育の自由」と学校評価との関係について，議論が生じていることがわかる。しかしながら，オランダにおいては，学校評価をどのように行っていくべきかという問題関心から，学校評価政策をマクロな視点から分析するような研究や，学校評価の方法に焦点をあてた研究が多い。「教育の自由」のもとで実現されている具体的な教育実践を射程にいれて，それと学校評価の関係を論じているものは管見の限りみられない。先行研究からは，学校評価制度の特徴や論点，意義や課題，具体的な学校評価の方法などを学ぶことができる。しかしながら，「教育の自由」と学校評価との関係を理解する際には，評価指標が教育実践に与える影響などを含めて，ミクロな視点から検討することが重要である。それによって，学校現場のレベルで「教育の自由」と学校評価の関係を問い直すことができるようになるといえよう。
　本書では，具体的にオランダで行われている学校評価や，そこで使用されている学校評価の指標が，それぞれの学校で行われている教育実践とどのような関係にあるのかというミクロな視点を取り入れて検討を行いたい。

第3節　学校評価の主体，評価される質の中身，評価結果の活用——論点整理と分析の視点

　前節での先行研究をふまえて，学校評価をめぐる論点を次の3点に整理してみたい。
　第1は，学校の内部評価と外部評価をどのように関係づけるのかという点である。オランダの学校評価についての先行研究では，「教育の自由」を守りながら教育の質を保つ上で重要なものとして，内部評価である学校の自己評価の重視がしばしば言及されていた。特に2002年教育監督法の頃のオランダは，学校によって適切に評価された質の側面については監査で再び調査するべきではないと考えられているほどに学校の自己評価を重視している点

について，国際的に異色な立場であったことが指摘されていた。本書では，ここでの内部評価と外部評価の関係について詳述することで，これがいかに「教育の自由」を守りながら質を保つことに寄与しえたのか否かを検討したい。また，その後，2012年教育監督法の体制へと移行するなかで，学校評価における自己評価の位置づけは変化している。これにより，内部評価と外部評価の関係はどのように変化したのかについても，意識して論述していきたい。

第2は，学校評価を通じて，どのような教育の質を評価するのかという点である。2002年教育監督法に関しては，そもそも法律に規定されていない教育の質が教育監査で評価されることの是非をめぐる議論が存在した。また，学校の独自性を活かして実施できるはずの学校の自己評価が，監督枠組を参照して実施されることが多いことも指摘されていた。

一般に，学校評価で評価される質の中身としては，大きくわけて，教育プロセスと教育成果とがある。こうした評価される質の中身が学校教育に与える影響は日本においても言及されている。例えば，教育プロセスには干渉しない代わりに一面的な学力テストの結果という教育成果のみに重点をおくような学校評価が実施される場合，学校教育がゆがめられる危険性が指摘されている[62]。このように，評価される質の中身については関心が集められている。しかしながら，心理学的に評価基準の信頼性や妥当性が検討されることはあっても，学校評価の文脈で，評価基準が具体的に学校現場でどのように機能するのかといった点にまでふみこんで検討している研究は管見の限りみられない。本書では，教育方法学的アプローチを採用することで，評価されようとしている教育プロセスや学力といった質の中身を分析の視点に据え，具体的に評価基準の妥当性やそれらが教育活動に与える影響といった点にまでふみこんで検討を行いたい。

---

62) 勝野正章「学校評価は学校教育の何を評価するのか（特集　学校評価）」『学校運営』（第52巻第5号，2010年，pp.6-11）など。

第3は，学校評価の目的として改善に重きをおくのか，アカウンタビリティを志向するのかという点である。先行研究では，オランダの学校の自己評価はアカウンタビリティと改善の両方を志向しているとされていた。先述したように，学校評価が教育評価の1つであることをふまえれば，学校評価の目的も第一義的には教育の修正・改善ということになる。しかしながら，新自由主義的な教育改革のもとで，アカウンタビリティとして一面的な教育成果があまりに強く求められると，学校が外部から求められる教育の質ばかりを意識してしまい，その学校が本来子どもたちのために独自に重視していた教育の質の維持・改善が軽視されるという状況が生じかねない。その場合，学校が「改善」を行ったとしても，それはアカウンタビリティを満たすための「改善」となる。時に教育目標をも問い直すような改善は行われなくなる恐れがあるといえる。本書では，オランダの学校評価では，評価結果がどのように活用されるのかについても着目することとする。
　先述のような3つの論点にもとづき課題にせまるために，本書では，次の3つの視点をふまえることとする。それは，学校評価の主体，評価される質の中身，評価結果の活用である。本書では，こうした3つの視点を基盤にすえて論述を行っていきたい。

第4節　「教育の自由」と学校評価の関係性を問う
　　　　　——研究の課題と方法

1. 本書の課題

　前節までに述べてきた先行研究や分析の視点をふまえて，繰り返しにはなるが，改めて本書の研究課題を次のように整理しておこう。
　それは，オランダで実施されている学校評価は，どのように「教育の自由」のもとで各学校に多くの裁量を認めながら，一定水準の教育の質を保証しようとしているのか，そしてオランダでは学校評価をめぐってどのような議論

が生まれているのかという課題である。それにより、成果至上主義・競争主義に対抗しうるような学校評価の在り方を探り、日本への示唆を得ることを目的としている。この課題にアプローチするために、先にあげた学校評価の主体、評価される質の中身、評価結果の活用という3つの視点を用いる。具体的には、学校の内部評価と外部評価はどのように関係づけられているのか、学校評価を通じてどのような教育の質を評価しているのか、学校評価の目的として改善とアカウンタビリティのどちらを志向しているのかという論点がオランダの学校評価ではどのようにあらわれているのかという視点をもって論述していく。その際には、評価指標が教育実践に与える影響などを含め、学校で実施されている教育実践を考慮しつつ検討する。

2. ミクロな視点をくぐった全体像と具体像──検討の方法

先述の課題にせまるために、本書では1990年代以降のオランダにおける学校評価をめぐる模索を検討する。具体的には、教育監査局が実施する教育監査を中心として政策動向をおさえた上で、各学校が自己評価を実施する際に用いる自己評価ツールや、オルタナティブ教育連盟が提案する学校評価の在り方、オランダダルトン協会が実施する訪問視察と呼ばれる学校評価等を取り上げる。その際には、できるだけそれぞれの学校評価が立脚する理念や理論も取り上げていく。ただし、単なる紹介とならないように、政策動向に対してどのような議論が生まれているのかや、教育監査とその他の学校評価はどのような関係にあるのかなどについてもみていく。また、評価指標の中身を取り上げ、それが各学校の教育実践に与える影響なども検討する。このようにミクロな視点を取り入れて、複数の学校評価を取り上げることで、オランダの学校評価の全体像と具体像の両方をつかむことができよう。

一方で、このような方法を取ることの限界としては、それぞれはオランダで実施される学校評価の一側面でしかないという点、またツールや制度に焦点をあてるために、1つ1つの学校で実施される学校評価の内実を十分に記

すことができない点があげられる。前者については，それぞれの学校評価の位置づけを示すことで，どの側面を描いているのかを明示する。また，後者については，可能な範囲で，学校における聞き取り調査の結果などから内実についても記すこととする。

第5節　本書の構成

　本書は，2部構成となっている。第Ⅰ部「学校の自己評価を重視した学校評価政策―2002年教育監督法―」では，歴史的社会的背景をふまえながら，1980年代から2000年代半ばまでのオランダの学校評価について政策的展開を整理するとともに，そこで行われた議論や実施された学校評価についてその特質を明らかにする。

　第1章では，まず，オランダの学校教育の特徴である「教育の自由」がいかにして確立されたか，そして教育監査局がどのような機能を担ってきたのかを確認する。次に，1980年代から2000年代半ばまでのオランダの学校評価の政策的展開について整理を行う。そして，2002年教育監督法のもとでどのような学校評価の仕組みが考案されていたのかを示す。最後に，2002年教育監督法に対して，オランダではどのように評価がなされていたのかを明らかにする。

　第2章では，学校の自己評価を重視する2002年教育監督法に向けて，より良い自己評価ツールを開発するために，ZEBOプロジェクトというプロジェクトを通じて開発された自己評価ツールZEBOを検討する。これにより，2002年教育監督法が抱えているとされた課題への示唆を得たい。

　第3章では，2002年教育監督法のもと，多くの学校では実際にはどのような自己評価が行われていたのかについて，その内実を明らかにする。そのために，オランダで最も高いシェアをほこるWMKというツールに着目する。これにより，2002年教育監督法のもとで行われる多くの学校の自己評

価の実態を明らかにする。第Ⅰ部では，以上の検討を通じて，2002年教育監督法の本来の意図に立ち返ることの重要性を指摘する。

第Ⅱ部「学校評価の今日的展開と新たな模索」では，2010年に制定された「良い教育良いガバナンス法」を機に，オランダの学校評価がどのように転換したのかとそこで生じた議論を明らかにする。さらに，この転換への批判を明らかにするとともに，批判を乗り越えうる学校評価の在り方を探ることを目指す。

第4章では，「応答的規制（Responsive Regulation）」に着目し，「良い教育良いガバナンス法」の背景にある「教育ガバナンス」と呼ばれる政策プログラムがもたらす影響を考察する。その上で，2012年教育監督法の特徴を詳述する。それにより，2002年教育監督法では重視されていた学校の自己評価の位置づけがどのように変化したのかを明らかにする。

第5章では，学校評価政策の転換にともない，児童の学習達成度がますます重視されるようになったことを受けて，2014／2015年度より導入された中央最終試験とその前身であるCitoテストに焦点をあてる。まず，中央最終試験の前身であるCitoテストが，どのような試験であったのかを明らかにする。その上で，中央最終試験の導入に際して「教育の自由」への影響を視点にどのような議論が行われたのかを検討する。

第6章では，オランダの学校評価が学力テストを重視するようになっていった動きに対して，オルタナティブ教育連盟が，早くから行っていた批判とそれに代わる学校評価の在り方を示す提案を検討する。

第7章では，オランダにおけるダルトン・プランの位置づけや教育実践をふまえ，オランダダルトン協会が行う訪問視察という学校評価について検討する。それによって，多様な教育を尊重しながら，教育の質を評価し，保証する具体的な学校評価の在り方について，示唆を得ることを目指したい。

以上をふまえて，終章では，本書で明らかになった点と今後の課題を示す。本書全体を振り返ることで，オランダにおける学校評価の特質や議論を確認

し,「教育の自由」のもとで各学校に多くの裁量を認めながら,一定水準の教育の質を保証するための学校評価の在り方を考察する。

なお,日本の学校評価の文脈においては,児童生徒・保護者等を対象に行うアンケート等による評価を「外部アンケート等」と呼び,自己評価プロセスに位置づけている。オランダにおいても,これらは自己評価の一部に位置づくことから,児童生徒・保護者へのアンケート等を含めて「自己評価」という用語を用いることとする。

第Ⅰ部
学校の自己評価を重視した学校評価政策
―― 2002 年教育監督法

第1章

学校の自己評価を重視した教育監督法の成立

第_1_章　学校の自己評価を重視した教育監督法の成立

　オランダの教育監査局は，1801年から存在する。しかしながら，オランダで，各学校に自己評価の実施が求められるようになり，全ての学校が教育監査の対象となったのは，1990年代後半以降のことである。

　本章では，まず，オランダの学校教育の特徴である「教育の自由」がいかにして確立されたか，そして教育監査局がどのような機能を担ってきたのかを歴史をさかのぼって確認する。その上で，近年どのような経緯を経て，全ての学校に学校の自己評価や教育監査が必要であると認識されるようになったのかについて整理を行う。さらに，2002年に施行された学校の自己評価を重視する教育監督法（Wet op het Onderwijstoezicht）のもとでどのような学校評価の仕組みが考えられていたのかを確認するとともに，2002年教育監督法に対してオランダではどのように評価がなされていたのかを明らかにしたい。

第1節　オランダの教育の背景

1. 自由な宗教教育を求めて——「教育の自由」の獲得

　本項では，そもそもオランダにおいて，どのように「教育の自由」が獲得されたのかについて確認しておきたい[1]。

　まず，もともと中世のオランダにおいては，他のヨーロッパ諸国と同様に，教会を中心としてキリスト教に立脚した教育が行われていた。オランダで公教育制度が樹立するのは，18世紀末から19世紀初頭にかけてのことである。

---

1)　太田和敬「オランダ教育制度における自由権と社会権の結合」（文教大学人間科学部『人間科学研究』第31号，2009年，pp.5-31），見原礼子『オランダとベルギーのイスラーム教育』（明石書店，2009年），結城忠「オランダにおける教育の自由と学校の自律性の法的構造」（『教育の自治・分権と学校法制』東信堂，2009年，pp.330-365），リヒテルズ直子『オランダの教育』（平凡社，2004年）等に詳しくまとめられている。本項の執筆においては，これらの文献やオランダ憲法に関するウェブサイト［http://www.denederlandsegrondwet.nl/9353000/1/j9vvihlf299q0sr/vi9fk3zv7nq4］（2015年11月22日）等を参考にした。

39

当時，オランダはナポレオンとの戦いに負け，1795年にバタヴィア共和国が建設される。そうしたなかで，ナポレオン支配下のフランスの影響を強く受け，中央集権的な教育制度が整備されていく。このバタヴィア共和国は，1806年にはオランダ王国となっているが，事実上フランスの支配下におかれたままであった。

　こうしたなかで，1801年に教育監査局，1806年に最初の学校法が制定されている[2]。1806年に制定された学校法では，子どもたちに社会的美徳やキリスト教的美徳を育むことを目指しながらも，公立学校での宗教教育は禁止された。教育の在り方としては，18世紀後半から導入されていたクラス全体に対する一斉授業での教育（klassikaal onderwijs）を行うことが原則とされた。さらには，教員の資格や時間割が規定されるなど，国による学校へのコントロールが加えられている。当時の教育監査は，こうした中央集権的な公教育の普及と発展のために位置づけられていたといえよう。このような体制に対して，自由な宗教教育を求めて，カトリック教徒や厳格なカルヴァン派のプロテスタントの人々が反発を強めたのである。

　ナポレオン帝国が崩壊し，1830年にベルギーが分離独立すると，それを契機として[3]，中央集権的な教育に対する反発は一層大きくなる。こうした各信仰にもとづく自由な宗教教育を求める国家との対立は，いわゆる学校闘争（schoolstrijd）と呼ばれる。闘争に1つの転機が訪れたのは，1848年の憲法改正といえる。ここで，「教育の自由」がはじめて憲法に明記され，基本的人権として保障されることとなる。教育に関しては，194条で資料1.1のように定められた。

　資料1.1をみると，「教育の供与は，中等・初等教育に関しては，法が定める官庁の監督および教育の供与者の技量と職業的規範についての検査の条

---

[2] 最初の学校法は，1801年とされることもある。ただし，これは立案されたものの実際には導入されなかったとされている。
[3] 最終的にオランダ独立が承認されたのは，1839年のこととされる。

資料 1.1　オランダ憲法（1848 年版）

（194 条）教育
・公立教育は政府の持続的責務の対象である。
・公立教育の組織は，各人の信仰を尊重して，法が定める。
・王国どこにおいても当局により十分な公立初等教育が供与される。
・教育の供与は，中等・初等教育に関しては，法が定める官庁の監督および教育の供与者の技量と職業的規範についての検査の条件を満たす限り，自由である。
・国王は，国会に対して，毎年，高等・中等・初等学校の状態について十分な報告を行う。

出典：オランダ憲法（1848 年版）〔http://www.denederlandsegrondwet.nl/9353000/1/j9vvihlf299q0sr/vi7aawbne4zr〕（2015 年 11 月 22 日）。

件を満たす限り，自由である」とされており，ここに「教育の自由」が明記されたことがわかる。1848 年版憲法においては，「中等・初等教育に関しては」という限定がかかっているものの，この条文は，序章の資料 0.1 で示した現行憲法における条文とほぼ同様である。これにより，一見，宗教教育が全面的に認められたかのようにみえる。

しかしながら，現行憲法とは異なり，1848 年版憲法では，私立教育に関する記述がなく，私立教育に対して国の助成が認められていない。それにも関わらず，1857 年[4]・1878 年初等教育法では，教員の資質・施設設備・学級規模などの教育条件を整備して，教育の質ないし水準を高めることが法律上義務づけられたため，多くの私立学校が深刻な経営上の危機に陥ることとなったとされている。こうして学校闘争は，引き続き展開されていく。それは，憲法で「教育の自由」が明記されたことを受け，特に財政的に厳しい状況におかれた私立学校に対する公的助成を目指しての展開となった。

なお，こうした闘争はオランダにおける政党の結成とも深く結びついてい

---

[4]　1857 年に成立した初等教育法では，教育に関する具体的な規定だけでなく，私立学校に対して宗教的に強く傾斜しないことが求められていたとの指摘もある（澤田裕之「19 世紀中葉のオランダ公教育における私立学校の位置づけ―『初等教育法』（1857 年）の制定に着目して―」『教育制度研究紀要』第 6 巻，2011 年，pp.23-34）。

る。先述した1878年初等教育法で、自由主義勢力が学校への規制を強めようとするのに対して、プロテスタントのアブラハム・カイペル（Abraham Kuyper）らを中心としてキリスト教教育を求める請願運動が行われた。彼はまた、日刊紙の発行を行うなど精力的に活動を行い、プロテスタントの反革命党（ARP）の結成に至るのである。そして、この頃から異なる宗派であるにも関わらず、プロテスタントとカトリックは共に手を組み始める。カトリック教徒はすぐに政党発足には至らなかったものの[5]、政治的団体としてプロテスタントと手を組み、闘争を続けていくのである。

その後、ヘームスケルク（Heemskerk）内閣のもと、1887年には、1848年改正憲法修正への要求が一層強くなっていったことに応じ、憲法が改正される。しかしながら、そこでは、選挙権の拡大等は実現されたものの、教育条項が修正されることはなかった。

さらに1900年に義務教育法（leerplichtwet）が制定されたことで、学校闘争は激化したとされる。1901年から義務教育が実施され、公立学校における授業料がなくなり、私立学校にとって大きな痛手となったためであるという。

結果的に、学校闘争は、1917年版憲法に結実する。そこでようやく、第192条において「法が定める要件を満たす私立普通初等教育は、公立教育と同一の基準に従って国庫から費用を拠出される。私立普通中等教育および予備高等教育に対する国庫からの補助が与えられるための要件については、法が定める」[6]と、私立学校に対しても公立学校と同様の公的助成が保障されたのである。第192条は、現行憲法第23条にもほぼ変更なく引き継がれている。

こうして、オランダでは「教育の自由」のもとで、学校設立の自由や、教

---

5) カトリック党（Rooms Katholieke Staats Partij; RKSP）の結成は、1926年とされる。
6) 1917年改正憲法［http://www.denederlandsegrondwet.nl/9353000/1/j9vvihlf299q0sr/vi7hh3915sze］（2015年11月22日確認）。

育組織の自由，教育理念の自由などが保障され，一定水準を満たせば公立学校も私立学校も同様に国庫から補助金を得ることができるようになった。この 1917 年版憲法によって，人々は，自身の信仰に従って異なる学校へと通うようになる。以後，私立学校は自由を勝ち得たプロテスタントやカトリックなどの宗教集団によって主に運営されてきた。一方で，公立学校には，自由主義や無宗教の人々が通うようになる。

さらにいえば，これを機に，オランダでは，学校だけではなく生活の多くの領域が，宗教的な組織によって担われる柱社会が進んでいったとされる。柱社会においては，極端にいえば，カトリックの病院で生まれ，カトリックの学校に通い，カトリックの放送を聞いて，カトリックの新聞を読み，カトリック色の強い職場でカトリック系の労働組合に入り，カトリック教会を中心に地域活動を行うといった生活を送ることも可能である[7]。

以上みてきたように，オランダの「教育の自由」やそれにともなう学校選択制は，決していわゆる新自由主義的な教育改革によってもたらされた訳ではなく，もともと自由な宗教教育を求めて獲得されたものである。それでは，続いて「教育の自由」獲得後のオランダの教育および教育監査の展開をみてみよう。

2. 個に応じた指導の推進へ向けて──「教育の自由」獲得後の展開

1917 年版憲法で，公立学校と私立学校の財政平等の原則が認められて学校闘争が終結するやいなや，すぐに現在のように多様な学校が数多く設立された訳ではない。矛盾するようだが，当時，公立学校でも私立学校でも同等水準の教育が提供されることを保障するために，実は詳細な規定が定められた。それは，建物，施設設備，必修科目，教科書やその他の学習教材の費用，教師の質的要件等に関する規定であった。そのため，これらの基準が遵守さ

---

[7] 太田和敬「オランダにおけるイスラム問題」『人間科学研究』第 27 号，2005 年，p.67。

れているかを検査することが必要となり，教育監査局がその職務を担うこととなった[8]。

こうして教育監査局は，「教育の自由」が獲得された後，1920～1940年の間に急速に発展する[9]。当時の機能は，主に次の3つの職務からなっていたとされる。1つめは，規範や法を学校が遵守するようコントロールする機能，2つめは，地方・中央当局と交渉する奉仕 (service) 機能，3つめは，教育における全てのステイクホルダーを刺激し助言する機能である。このうち，特に3つめの刺激・助言機能が強化された。これは，「教育の自由」があることで，政府がカリキュラムに関する法を発効することに非常に慎重な姿勢を取っていたためであるとされている。法で教育内容を定めることで自由を侵害するのではなく，教育監査を通じて，教育活動に対して具体的に刺激・助言を行うことで，教育の質を保証しようとしていたといえる。

その後，1960年代頃まで，基本的にこうした体制は続く。ところが，1970年代以降，世俗化やベビーブーム後の子どもの減少，多くの移民の流入などによって，学校の掲げる宗教とそこへ通う子どもの宗教が必ずしも一致しなくなってきた。これにともない，社会階級的な分離が増加していった[10]。実は，それまで人々は，柱社会のなかで，（カトリックなど）自身が属する柱以外の人々とは分離されていても，社会階級的には統合されていた。なぜなら，低い階級の子どもたちもエリートの子どもたちも同じ宗教であれば，同じ学校に通ったからである[11]。しかしながら，世俗化などによって，宗教によら

---

8) Van der Ree, R. (Eds.), *The Education System in the Netherlands 2007*, Dutch Eurydice Unit: The Hague, 2007, p.2.
9) 教育監査局の歴史的展開やその法的位置づけに関しては，吉田重和「オランダにおける教育監査局の史的展開と法的位置づけ―教育監査局の機能と役割に着目して―」(『関東教育学会紀要』第36巻，2009年，pp.49-60) に詳しい。
10) Van der Ree, R. (Eds.), *op. cit.*, p.3.
11) De Vijlder, F.J. "Dutch Education: a closed or an open system?", Undated government report, Ministry of Education, Culture and Science, The Netherlands, pp.2-3. [http://www.oecd.org/education/innovation-education/1917370.pdf] (2015年11月22日確認)

ない学校選択が行われるようになったことで，それが崩壊していく。この時期は，こうした社会のなかで，市民の自我の「個別化」が進んだとされ，多様な価値意識を受容する姿勢が一層顕著になっていったという[12]。

　そうしたなか，後に詳しく紹介するように，1970年代には，イエナプラン（第6章第2節およびコラム3参照）などのオルタナティブスクールが増えたことも指摘されている[13]。1970年代は，教育の目的，目標，内容，方法に関する新しい見解が生み出された時期であった。そこでは，オルタナティブ教育のように，子どもの自立的な判断，幅広い世界認識の発達，バランスのとれた感情的発達，社会的発達，徳育（moral education）などを目的とする教育が目指された[14]。

　当時，オランダにおいてそれまでの画一的な教育方法に対する疑問や批判が各方面から寄せられ，教育改革の必要を迫る報告書が次々に出されるようになったという[15]。なかでも，1969年にドールンボス（Doornbos, K.）によって記された『落ちこぼれへの抵抗（Opstaan tegen het Zittenblijven）』[16]は，落ちこぼれの問題はまさに旧来の画一的な一斉授業が生んでいると真正面から指摘し，その解決の糸口として，オルタナティブ教育の実績に学ぶべきだとした重要な報告書であったとされている。ドールンボスは，モンテッソーリ教育（第3章第4節およびコラム2参照）やイエナプラン教育（第6章第2節およびコラム3参照参照）には落ちこぼれがないことを指摘し，画一教育に代わる方法を探るために，オルタナティブ教育の実例を採用する必要があることを主張していたとリヒテルズはいう[17]。

12）　リヒテルズ直子『オランダの個別教育はなぜ成功したのか―イエナプラン教育に学ぶ―』平凡社，2006年，p.64。
13）　杉浦恭「オランダの近代初等教育は何だったのか―その目的と実像を探る―」『日蘭学会会誌』第33巻第1号，2008年，p.63。
14）　van der Ree, R. (Eds.), *op. cit.*
15）　リヒテルズ前掲書，pp.57-77。
16）　教育科学省の国務大臣の委任によって，当時の教育研究財団（SVO）が行った調査・研究の結果報告書。

こうした流れのなか，1970年に『新初等教育法』の草稿が教育科学省次官（初等教育担当）によって発表される。これについても，オルタナティブ教育の1つであるイエナプラン教育の影響がみられるとされている。その後，新初等教育法が制定されるまでに，キリスト教系保守政党を中心とした保守的政権から，労働党を第一党とする進歩的政権への交替があった。それでも，「当時の教育政策において一貫して目指されていたのは，画一教育を廃して，可能な限り個々の子どもの適性とテンポに応じた教育を行うための制度づくり」[18]であったとされている。さらに，上位下達の一方的なやり方を排し，時間をかけて各界に意見を求め審議に参加してもらいながら，制度改革が進められたという。この教育改革の過程でしばしば参考にされ，影響を与えたオルタナティブスクールとしてはイエナプランがあげられている。

　ただし，幅広い教育目的や願いを実際の授業づくりにつなげていくことは簡単なことではない。しかしながら，「教育の自由」があるため，そうした教育を学校が実施するように，カリキュラムや指導方法について細かく法で規定することはできない。そこで，カリキュラム開発，評価開発，教育研究などを目的とする多くの国立機関が設立された。代表的なものに，国立カリキュラム開発研究所（Stichting Leerplanontwikkeling Nederland；以下，SLO）がある。SLOは，「個別教育のために必要となる教材やカリキュラムの開発を目的として作られた研究所」[19]であるとされている。さらに，新しい教育を実現するために補助を必要とする全ての学校に対応できるような，教育サポート機関（Onderwijsbegeleidingsdienst）が整えられた。

　これにより，それまで教育監査局が有していた刺激・助言機能は教育サポート機関が担うこととなる。そして，新しい教育に関する法を遵守しているかどうかを検査することが教育監査局の職務とされたのである。加えて，

---

17) リヒテルズ前掲書，pp.64-67。
18) 同上書，p.72。
19) 同上書，p.74。

こうした全国的な教育改革が成功しているかどうかを評価するという職務が新たに教育監査局に求められることとなる。評価は，サンプリングした学校において教育実践を観察することで行われ，それがオランダの教育状況として報告される[20]。こうして，オランダでは全国的に，オルタナティブ教育のような，幅広い教育目的をもつ個に応じた指導が推し進められることとなり，教育監査局はそれが実現しているかを評価するという機能を有するにいたったのである。

3.「質の管理」──新自由主義的政策の影響と学校の自己評価の重視

1980年代以降になると，オランダにおいても新自由主義的政策の影響によって，規制緩和や地方分権を通じた自由，学校の自律性が強調されていく[21]。それにともない，教育監査に求められるものも変わっていく。

先にみたように，オランダではすでに古くから「教育の自由」が認められている。一方で，1917年以降，公立学校と私立学校の財政平等の原則が認められたことで，補助金獲得のために学校が守るべき規定は存在してきた。こうした教育への規制をめぐる問題がはじめて認識されたのは，1980年代のことであった。

1979年，オランダのカトリック学校評議会（the Nederlandse Katholieke Schoolraad）によって『相対的に自律的な学校の構築（Bouwen aan de relatief autonome school）』という報告書が出版された。この報告書によれば，将来の学校は自らの責任を取り，責任を果たす能力をもたなくてはならないとされている。そして，政府は相対的に自律的な学校が発達するための条件を改善することが重要であるという。各学校で多様な教育を行えるように，学校により多くの自由を提供することが求められた。この報告書に続く1980年

---

20) van der Ree, R. (Eds.), *op. cit.*
21) Karsten, S., "Neoliberal education reform in the Netherlands", *Comparative Education*, Vol.35, No.3, 1999, p.311.

代には，「規制」が一気に否定的な意味をもつ概念となる[22]。

はじめてオランダに新自由主義的な考えを取り入れたのは，1982年に成立したキリスト教民主連盟（CDA）と自由民主党（VVD）の連合政権であるとされる[23]。ここで，オランダにおいても「中央政府の関与を減らし，一層市場主義化へ」といった言葉が原理とされ，それは次の6つの主要な「作用」としてあらわれた。それは，中央政府の支出の再考，規制緩和，地方分権，民営化，政府職員の減少と公共サービスである[24]。

この連合政権の際，当時の教育科学省（Minister van Onderwijs en Wetenschappen）の大臣デートマン（Deetman, W. J.：所属はCDA）のもと，1985年に高等教育の自律性と質に関する政策文書の草稿（Hoger Onderwijs, Autonomie en Kwaliteit）が複数の審議会に送られた。これがオランダでの規制緩和と学校の自律性の向上を目指す教育政策の始まりである。これに刺激されて1988年には『2000年への途上にある学校（De school op weg naar 2000)』という白書が出され，こうした教育政策は初等・中等教育にも向けられた[25]。

1993年には，オランダの初等学校においてはじめて，初等教育修了までに国語や算数といった各教科で全ての子どもが知っておいて欲しいことやできて欲しいことを記した中核目標（kerndoelen）が設定された[26]。ただし，中核目標は，子どもが達成することが望ましい目標を示したものである。ど

---

22) Janssens, F.J.G., "Supervising the quality of education", Böttcher, W., & Kotthoff, H.G. (Eds). *Schulinspektion : Evaluation, Rechenschaftsleging und Qualitätsentwicklung*. Münster : Waxman, 2007.（Janssens, F.J.G. 氏からメール（2009年4月13日）で提供を受けたため，ページ数不明）

23) Karsten, S., *op. cit.*, p.309. およびMinisterie van Algemene Zakenのホームページ参照［http://www.minaz.nl/]（2009年12月30日最終確認）。

24) Karsten, S., *op. cit.*

25) Voogt, J.C., Louis, K.S., & van Wieringen, A.M.L, "Decentralization and Deregulation in the Netherlands : The Case of the Educational Support Services System", *Paper presented at the Annual Meeting of the American Educational Research Association*（Chicago, IL, May 24 –26), 1997, p.11. ［http://files.eric.ed.gov/fulltext/ED461549.pdf］（2015年11月22日確認）。

26) 中核目標は，その後1998年，2006年に改訂されている。SLO website ［http://www.slo.nl/primair/kerndoelen/]（2015年11月22日確認）。

のように目標に到達するかは学校に委ねられている。このように，学校は，今まで以上に自由に教育活動を実行できるようになる代わりに，中核目標を達成することが求められ，教育の質に責任を負うことになる。

　教育の質への責任に関しては，具体的には，同じ1993年，教育科学省の大臣と教育界代表との間で開催された「経営刷新についてのスヘフェニングス協議（Schevenings Beraad Bestuurlijke Vernieuwingen)」において示されている。ここにおいて，①教育責任の所在の明確化（これまで以上に責任の重点が学校へと移っている），②教職員，設備・備品，財政に関する方針を実行するという点での学校の権限の増大，③保護者や他の学校，地方政府といった学校関係者と学校の協力の強化の3点について合意がなされた[27]。

　またこの協議では，初等・中等学校は自身の教育の質に責任をもち質の管理について積極的な方針を立てることや，学校は自己評価のための方法やツールを選ぶことなどが示された。しかし，当時，自己評価のためにどのような方法やツールが存在するのか，また，これらの方法やツールの質はどうなのかは，明らかではなかった[28]。そのため，学校に自己評価を求めるにあたって，それをめぐる状況を把握するために，教育省が資金を出すことによって，学校の自己評価のためのツールの調査研究などが行われた[29]。

　スヘフェニングス協議を受けて，1995年に教育文化科学省は『学習組織としての学校（De school als lerende organisatie)』を出し，協議での結論を実現するための方策を明らかにした。この内容は，1998年のいわゆる「質の法（kwaliteitswet)」において具体化された。この質の法において，学校は

---

[27] Kamerstuk（1994-1995）: Kwaliteitszorg in primair en voortgezet onderwijs, 24248, nr.2, p.2.
[28] Cremers-van Wees, L.M.C.M., Rekveld, I.J., Brandsma, H.P., & Bosker, R.J., *Instrumenten voor Kwaliteitszorg : Inventarisatie en beschrijving*, Enschede : Universiteit Twente, Onderzoek Centrum Toegepaste Onderwijskunde, 1996, pp.1-2.
[29] *Ibid* および Cremers-van Wees, L.M.C.M., Rekveld, I.J., Brandsma, H.P., & Bosker, R.J. *Instrumenten voor zelfevaluatie : Beschrijving van 31 instrumenten*（Enschede : Universiteit Twente, Onderzoek Centrum Toegepaste Onderwijskunde, 1996）など。

自己評価の実施を求められることとなった。具体的には，学校における教育の質に関する方針を「学校計画書（Schoolplan）」，「学校ガイド（Schoolgids）」において示すこと，自校の「苦情処理手続き（Klachtenregeling）」を策定することが規定された。ここでいわれる「質」とは何かについて留意しながら，以下，質の法の内容を詳しくみていこう。

まず，学校計画書には，教育的方針，職員の方針，教育の質のモニタリングや改善に関する方針の3つを記すことになっている。1つめの教育的方針に関しては，法律で規定されていること，独自に設定した教育のことについて記すことになっている。さらに，特別な教育的ニーズをもつ児童への対応も含まれる。2つめの職員の方針に関しては，教育的方針の展開，実行に貢献するような，職員に対する方策などが記される。3つめに関しては，モニターを行う方法と，改善が必要な場合その手段を記すことになっている。このため，学校は教育的方針を明らかにし，定期的に学校の質をモニターし，必要に応じて改善しなくてはならない。つまり，学校には，質を管理するサイクルを構築することが求められているといえる。ただし，そこでの教育的方針・モニタリング・改善の内容についての細かい規定はなく，各学校に任されている。こうした学校計画書は少なくとも4年に一度更新されなくてはならない。また，学校計画書は監査局へのアカウンタビリティを果たす機能ももち，監査の際に用いられる。

次に学校ガイド[30]である。これは，毎年更新されなくてはならず，親（ouders），保護者（verzorgers），児童に対し，学校の情報を提供している。学校選択者への情報提供を主として，学校の概要が紹介される。学校の教育目標や，幼い児童や特別なニーズのある児童のケアの方法，義務教育時間の活用方法，寄付金，親・保護者・児童・関係当局の権利と義務，苦情処理手続き

30）猿田祐嗣『オランダの初等教育学校・中等教育学校の学校要覧例』（平成17〜18年度科学研究費補助金（特定領域研究）研究資料，2007年）によって，オランダの小学校の学校ガイドの例が翻訳されている。

第 *1* 章　学校の自己評価を重視した教育監督法の成立

の方法などの情報が含まれる。ここでも、その教育目標の内容や児童のケアの方法など、それぞれの項目の中身については学校に任されている。この学校ガイドも監査資料として使われる。

　最後に、苦情処理手続きである。学校は苦情に対する処理手続きを設定し、その方法について知らせなくてはならない。以前は、学校への苦情に対する処理は、教育監査局の役割であった[31]。しかし、1998年以降、苦情については、第一段階として各学校内で処理するように指導されている。そのため、学校はその手続きを学校計画書や学校ガイドのなかで明らかにしなければならなくなった。学校側には親、保護者、教職員が苦情を述べることのできる苦情委員会を設置することが義務づけられている。これによって、親や児童、教職員が学校の政策決定に関与・参加する機会を増やすとともに、学校側も親等からサインを受け取り教育や全体的な機能を改善できるようになることが期待されている[32]。

　こうした、学校計画書、学校ガイド、苦情処理手続きは、ある目的のための手段とみなされている。その目的とは、体系的な「質の管理」を促すことであり、学校内および学校と周囲との対話を促進することである。それを通して、今まで以上に、親、児童生徒が教育の質に影響を与える機会を得られるようになることが想定されているのである[33]。

　質の法に、学校が自己評価することが義務であるという直接的な記述はない。質の法では、学校計画書、学校ガイド、苦情処理手続きを通じて、学校が独自の教育方針や目標を設定し、定期的に教育の質をモニターし、学校関係者からの苦情を取り入れながら、次への改善につなげていくことが求められている。それらを実現することで、自己評価の実施が自ずと求められると

---

31)　リヒテルズ直子『オランダの教育』、p.195。
32)　Scheerens, J., & Hendriks, M., "School self-evaluation in the Netherlands", *Advances in Program Evaluation*, Vol.8, 2002, p.116.
33)　*Ibid*.

いう形になっている。質の法において，自己評価すべき質の中身や，自己評価の在り方についての具体的な規定はない。学校は独自性を活かしてそれを実施することが可能である。

　これらの動きは，教育の規制緩和や地方分権化が進められるなかで，国庫から補助金を受け取る学校に対して，教育の質に対して責任をもたせ，説明していくことを求める流れであったといえる。教育監査については，前項でみたように，1970年代以降新しい役割が加えられていた。それは，政府が進める教育が学校現場で実現されているかをサンプル調査するというものである。特に，1985～1991年の間は，教育監査は教育システムの特定の側面の発展を評価するものとして，一層みなされるようになっていた。当時，教育監査局は，毎年約15個の評価プロジェクトを実施していた。プロジェクトのテーマは，教科指導の質，教育の特定の側面の質，中等教育における指導と学習でのコンピュータの使用の導入など多岐にわたっていた。しかしながら，個々の学校に対してアカウンタビリティを求める声が強くなるにつれ，教育監査に対しても，「教育監査局の仕事の大部分は，限られた学校での特定の側面についての評価となっているが，教育監査局はオランダの教育の質の全体的な概観を今なおつかめているのか」[34]といった声や，「全ての個々の学校は，オランダの子どもたちに十分良い教育を行えていると教育監査局は保障できているのか」[35]といった声が聞かれるようになっていった。

　こうした声を受け，1990年代後半以降，教育監査局は全ての学校に対して一定水準の教育を行っているかを評価するようになっていく。その際，質の法によって，質の管理とそれに対するさらなる責任が学校に求められるようになったことで，教育監査においては学校が体系的に質の管理をできているかどうかも監査されることとなる[36]。

---

34) van der Ree, R. (Eds.), *op. cit.*, p.4.
35) *Ibid.*

第2節　学校の自己評価を重視した教育監督法の成立
――2002年教育監督法

　本節では，2002年に施行された教育監督法の下での教育監査をみていこう。学校の質の管理に対し，はじめて新しい教育監査に関する法についての提言がなされたのは，1998／1999年に教育文化科学省から出された『多様性と保証（Varieteit en Waarborg）』[37]においてだった。当時，1997年からすでに新しい方法による教育監査が限定的に試みられており，学校の質に関する特徴が調査されていた。1998年には，より多くの学校で試みられ，1999年から体系的に行われることとなる。この新しい方法での監査は，2002年の教育監督法によって法規化される。なお，これにともない，初等教育の質の管理を扱うため，2002～2007年にQ*Primairという国のプロジェクトグループが設置され，学校の自己評価に関する調査などが行われている[38]。

　こうして実施されることとなった新しい教育監査の役割については，当時次の2点があげられていた[39]。1つめは，政府は監督によって，全ての教育機関が十分なレベルの教育の質を提供することを市民に「保証する」というものである。2つめは，政府は監督によって，教育機関が自身での質の管理を発達させ，そこで教育の質を改善するよう「促進する」というものである。ここからは，改善に重きをおく学校の自己評価を充実させることを求めると

---

36) Kamerstuk (1994-1995): Kwaliteitszorg in primair en voortgezet onderwijs, 24248, nr.2, p.7.
37) Ministerie van Onderwijs, Cultuur en Wetenschap, *Varieteit en waarborg*, 1999. ［http://www.minocw.nl/documenten/varieteitwaarborg.pdf］（2009年12月30日最終確認）
38) Dijkstra, N., van der Linde A., & Majoor, D. *Kiezen voor Kwaliteit : tweede versie 2005. Instrumenten de maat genomen*（Q*Primair, 2005）や，Hofman, R.H., de Boom, J., & Hofman W.H.A., "Quality control in primary schools: progress from 2001-2006"（*School Leadership and Management*, Vol.30, No.4, 2010, pp.335-350）など。
39) Ministerie van Onderwijs, Cultuur en Wetenschap, *Varieteit en waarborg*.

ともに，外部評価を通してそれを学校が確実に行うようにすることでアカウンタビリティを果たそうとしていることがわかる。

2002年教育監督法のもとで実施されることとなった教育監査の特徴については，オランダの教育監査等を研究するエレン（Ehren, M.C.M.）や，教育監査局で代表監査官（head of staff inspector）まで務めたヤンセンス（Janssens, F.J.G.）などの研究が詳しい[40]。それらの研究を参照することで，ここでは2002年教育監督法のもとでの教育監査における特徴を3つに整理してみたい。

まず，最も特徴的な点は，「教育の自由」があるにも関わらず，教育の質が監査されるようになったことである。ここで監査される教育の質には，法律に規定されているものとそうでないものとの両方が含まれる。こうした質の監査においては，監査は学校に何かを選択するよう押しつけるのではなく，学校にその長所・短所を伝え，学校が取った選択を説明するように求める。ただし，法の要求を満たすことのできていない学校の場合には，様々な措置（さらなる学校訪問，さらなる予算提供，改善計画を発達させる要求など）が取られる[41]。制裁は課されない。

次に，2002年教育監督法の特徴として比例重点制（proportioneel toezicht）があげられる。比例重点制には2つの意味がある。1つめは，教育監査では，その出発点に学校の自己評価の結果を利用すべきであるというものである。自己評価が一定の条件を満たしていた場合，教育監査ではその結果が採用される。2002年教育監督法によると，監査される全ての質の側面が含まれ，十分信頼できる評価の実行方法や特質があり，学校自身が設定した質の目標が十分なレベルである場合，評価結果が監査の判断のために指針を与えるという。

---

40) Ehren, M.C.M., Leeuw, F.L., & Scheerens, J., "On the Impact of the Dutch Educational Supervision Act: Analyzing Assumptions Concerning the Inspection of Primary Education", (*American Journal of Evaluation*, Vol.26, No.2, 2005, pp.60-76) や Janssens, F.J.G., "Supervising the quality of education"など。

41) Ehren, M.C.M., Leeuw, F.L., & Scheerens, J., *op. cit.*

2つめは，そのように質を管理し，より良い質を提供している教育機関には，それに比例して監査の頻度を量的にも質的にも軽減するというものである[42]。これによって，学校自身が質を管理するサイクルを構築することが促されているといえよう。ただし，学校は監督枠組のみに捉われることなく，自律的に質の方針に関する選択を行い，子どもや環境に合った独自のスタンダードを設定し，それによって質の管理を行うことが求められている[43]。

この比例重点制によって，監査は学校の自己評価が信頼できるものであった場合，それを使うこととなった。このように，自己評価によってすでに適切に評価された質の側面については，もう監査は調査すべきでないというオランダの立場は，国際的にみて珍しいことが指摘されている[44]。ただし，この規定によれば，学校の自己評価では，教育監査される質の中身を前もって評価することが望ましいということになる。質の法において，学校が自己評価すべき質の中身は明記されていなかった。しかしながら，教育監督法を通じて，間接的に自己評価の対象に含むことが望ましい質の中身が示されているといえる。具体的な質の中身については，詳しくは後述したい。

最後に，監査報告書の公開があげられる。教育監査の結果は，1997年まで公開されていなかった。初等学校，中等学校，成人・職業教育機関の全てにおいて監査の結果が公開されるようになったのは2003年のことである[45]。公開については，次のようなことが意図されている。まず，教育における選択の自由を増やすことで学校がさらに独自のスタイルを発達させることとなり，提供される教育の多様性が増えると考えられている。次に，親や児童が求めているものと合う学校を選択できる機会も増えるとされている。さらに，

---

42) Janssens, F.J.G., "Supervising the quality of education".
43) Ehren, M.C.M., Leeuw, F.L., & Scheerens, J., *op. cit.*, p.66.
44) Amelsvoort, G. (et al.), "The supervision of education in the Netherlands", SICI Newsletter, No. 32, 2006, pp. 3–12.
45) Janssens, F.J.G., "An Evaluation of the Impact of the Publication of School Performance Indicators in the Netherlands", *International Journal of Educational Policies*, Vol.5, No.2, 2011, pp.55–73.

親や児童が質についての対話に参加することで，学校に励みを与えることも想定されている[46]。

このような教育監査を通じて監査される質の側面は，2002年教育監督法によると次のようになっている。まず，「教育成果」として①学習結果，②児童の発達の進歩があげられている。次に，「教授学習プロセスの組織」として，①提供される教育内容，②学習時間，③教育的雰囲気，④学校の雰囲気，⑤教師たちの教授方法，⑥児童のケア，⑦小テスト，テスト，課題，試験の内容，レベル，実行があげられている。子どもの学習達成度のみならず，「教授学習プロセスの組織」が含まれている点が特徴的である。これは，教育の質が報告される際に，テストの結果が最も重要であると考える親がほんの30％しかいないこと，多くの親は，それよりも身体的な安全性，カリキュラム，教師の専門職性やクラスサイズなどの「やわらかな質のデータ」を求めていることから，意図的に含まれているのである[47]。ただし，監査報告書を参照する親の多くが，学校の人種構成に影響を受けるとされていることから，そうした情報は意図的に監査報告書には含まれないようになっている[48]。

実際に教育監査が行われる際には，教育監督法にもとづいて『監督枠組』が作成され，それに沿って実行される。この『監督枠組』において，監査される質の側面の具体的な監査指標，監査方法，監査報告書に関する情報などが示される。2002年教育監督法下において，『監督枠組』は何度も改訂された。しかしながら，ここでは，2002年教育監督法施行後最初に出された2003年版『監督枠組』で示されている評価指標をみてみたい（資料1.2）。なお，この『監督枠組』は，監査官だけでなく，学校，教育協会，保護者や児童組織の代表者，研究者等が参加する話し合いのなかで作られたとされている[49]。

---

46) Janssens, F.J.G., "Supervising the quality of education".
47) Janssens, F.J.G., "An Evaluation of the Impact of the Publication of School Performance Indicators in the Netherlands", p.59.
48) *Ibid.*

国として全ての学校に保証したい質の側面が，教育に関わる様々な立場の人々が議論をすることによって，設定されているのである。そのため，学校の自己評価で，資料1.2のような質の中身を評価対象に含むことが望ましいとされていたとしても，それは他者から一方的に与えられるものではなく，様々な立場の人々が議論した結果導かれた共通合意なのである。

　資料1.2の指標をみると，2002年教育監督法で示されていた質の側面である「教授学習プロセスの組織」は2〜7を指し，「教育成果」は8を指すことがわかる。まず，学校が質を管理するサイクルを構築できているかを監査する評価指標である1をみてみよう。そこでは，学校が教育の質の状況を把握し，目標を立て，評価を行い，必要があれば改善を行うという質を管理するサイクルを構築できているかどうか，また，学校がアカウンタビリティを果たせているかどうかを評価する指標が記されている。ここから，学校は，質を管理するサイクルを構築することを通して，一定の教育の質を満たすことを求められていることがわかる。学校が立てる目標，評価方法などについては記されておらず，これらは学校に任されていることがわかる。

　次に，「教授学習プロセスの組織」の指標である2〜7をみると，テストや教育内容といったそれぞれの項目で，一定水準の質が保たれているかが問われている。そこでは，3.4「提供される教育内容は児童の教育的ニーズに合っている」など，教育活動を子どもの教育的ニーズに合わせることが，いくつもの評価指標で強調されている。加えて，6.3「学校は教職員にとって快適で刺激的な労働環境であるよう配慮している」のように，教職員にとっての労働環境を考慮する指標などが含まれている。児童だけでなく，教師への負担も考慮されている。特定の指導方法を押しつけるような指標はなく，「教

---

49) Inspectie van het Onderwijs, *Toezichtkader Primair Onderwijs : Inhoud en werkwijze van het inspectietoeaicht conform de WOT*, 2003, voorwoord.［http : //www.onderwijsinspectie.nl/binaries/content/assets/Actueel_publicaties/2003/Toezichtkader+primair+onderwijs+2003.pdf］
（2015年01月03日最終確認）

資料 1.2　2003 年版『監督枠組』の評価指標（2003）

⎿1.　質の管理⏌　学校は体系的に教育の質をモニターし，質を保つために方策を講じ必要であれば改善を行う。
1. 学校は自校の出発点の状況を把握している。
2. 学校は目標を言葉で表現している。
3. 学校は成果の質，また教授・学習の質を体系的に評価している。
4. 学校は教育の質の改善に向けて取り組んでいる。
5. 学校は実際に行われている教育の質の程度について関心を求める人に対して説明することができる。
6. 質の管理が体系的である。

⎿2.　テスト⏌　学校はテストの質を保証している。
1. 学校は初等教育終了時のテストの質を保証している。
2. 学校は児童の就学期間中のテストの質を保証している。

⎿3.　提供される教育内容⏌　提供される教育内容は児童を最大限に発達させ，中等教育に準備できるようにするものである。
1. 提供される教育内容は，児童に中等教育のための準備をするものである。
2. 学校は知識・理解・スキル・態度を児童に獲得させることを目指し，幅広い提供を行っている。
3. 提供される教育内容には関連がある。
4. 提供される教育内容は児童の教育的ニーズに合っている。

⎿4.　時間⏌　児童は提供される教育内容を自身でこなすための十分な時間を得ている。
1. 学校は十分な教授時間を計画している。
2. 学習時間は児童が提供される教育内容をこなすために十分な時間である。
3. 教授と学習の時間は児童のニーズに合っている。

⎿5.　教授・学習のプロセス⏌　教授・学習の状況は児童の学習のため十分な機会，挑戦，サポートを与えている。
1. 学校は機能的で，挑戦的な学習環境に配慮している。
2. 教育活動は構造化され，（目的に）適っている。
3. 教師は児童への十分なサポートや挑戦に配慮している。
4. 教師は教授・学習のプロセスを体系的で刺激的な方法で指導（begeleiding）している。
5. 児童は学習に積極的に取り組んでいる。
6. 教師は児童の進歩と発達の状態をたどっている。
7. 教師は教授・学習のプロセスが児童の教育的ニーズに合ったものであるよう配慮している。

⎿6.　学校の雰囲気⏌　学校は安全で，児童を支援するとともに，挑戦的な雰囲気に配慮している。
1. 教職員と児童はお互いに積極的な方法で接している。
2. 学校は児童にとって快適でモチベーションを高めるような環境であるよう配慮している。

3. 学校は教職員にとって快適で刺激的な労働環境であるよう配慮している。
4. 学校は親や保護者の学校への関与を促している。
5. 学校はその地域や地域共同体のなかで機能的な役割を果たしている。
6. 学校は安全について配慮をしている。
7. 生徒指導とガイダンス（begeleiding） 学校は児童の就学期間中，またそれに続く教育の選択の際，児童に体系的なガイダンスを行い，特別な教育的ニーズをもつ児童に体系的なガイダンスが行われるよう配慮している。
1. 学校は児童にガイダンスを行うための有益な条件を理解している。
2. 学校は児童の就学期間中，体系的にガイダンスを行う。
3. 学校は特別な教育的ニーズをもつ児童のガイダンスのために有益な条件を理解している。
4. 学校は特別な教育的ニーズをもつ児童のガイダンスのために配慮している。
5. 学校は児童の生活指導やガイダンスに際して，親または保護者の参加を奨励している。
8. 成果 児童の学習達成度（prestaties）は，少なくともその児童の特徴から期待されるレベルに達している。
1. 結果は少なくとも期待されるレベルに達している。
2. 児童はその指導（opleiding）の終了時に期待されるレベルのスキルを使いこなす。
3. 児童は期待に向けて発達している。
4. 児童は，就学期間を成功をもって進んでいる（vervolgen）。

出典：2003年版『監督枠組』をもとに，筆者が訳出。

育の自由」のもと学校が独自の指導方法などを設定できるよう配慮されているようにみえる。

ただし，先述した1970年代に教育監査局へ課せられた役割を念頭において評価指標をみた場合，評価指標の3.4，4.3，5.7などで強調されている，教育活動を子どもの教育的ニーズに合わせるということが，特定の種類の個に応じた指導を指しているようにも捉えられる。

実際，「あくまで教育の自由を尊重するオランダは，この自由があるがための，一種の不自由さのなかで，個別教育の浸透を図るため，いくつかの対策」[50]をとったとの見解もあり，その1つとして，「学校監督局が新たに設けた個別教育を保障するための監査基準」[51]があげられている。なお，ここで

---
50) リヒテルズ前掲書。

の「個別教育」とは，「個別指導」だけに留まらず，子どもの個人差に応じた多様な教材によって行われる「自立学習」，他の子どもとの関係の築き方や役割分担の仕方を学ぶ「共同学習」をも重視しているとされる。

　一方，評価指標で掲げられている成果である8をみると，2003年版『監督枠組』では，テストで測ることができる学習達成度といった認知的側面に限定されている。1970年代以降重視されてきた個に応じた指導が，当時目指された幅広い教育目的と切り離され，限定的な意味での認知的側面の成果を達成するために実施されると，子ども同士の学び合いにもとづく，豊かな理解を導く授業が軽視されるようになる危険性もあるだろう。特に，オランダでは，第5章で取り上げる「現実的な数学教育（Realistic Mathematics Education）」のような，子どもたちが一斉に同じ問題に取り組む授業の形式を取りながらも，一人ひとりの子どもの理解のレベルに焦点をあてた教育理論や教育実践の蓄積がある。子どもの教育的ニーズに合った教育活動を行うことは，どのような学校においても重要である。しかし，それが一斉に学ぶ授業の形式を一律に否定するような場合には，「教育の自由」の理念に抵触することになると思われる。こうした2002年教育監督法と「教育の自由」との関係については，次節で詳しくみてみたい。

第3節　整合性・完全性・現実性の問題
――2002年教育監督法に対する評価

　前節までにみてきたような2002年教育監督法のもとでの教育監査について，オランダにおいては，肯定的・否定的評価の両方が存在する。まず，肯定的な評価としては，経済政策分析局が，教育監査がオランダの初等学校の

---

51)　同上書，p.205。さらに，リヒテルズは，個別教育の浸透を図るための対策として，国立カリキュラム開発研究所（SLO）による教材・方法・カリキュラム開発，個別教育を支援する教育サポート機関，Citoによるモニタリングシステムをあげている。

写真 1.1　エレン氏
現在はロンドン大学教育学部上級講師。教育監査等の研究を行う。2009年4月，当時オランダのトゥベンテ大学に勤務していたエレン氏に，ライデンのカフェでインタビューを行った。その後も優しい心配りで，何度も情報提供などに応じてくれている。

児童たちのテストのスコアにどのような効果をもたらしているのかについて1999年から2003年にわたって調査を行い，結果として好ましい効果をもたらしていると肯定的に評価している[52]。特に予算面を考えると，クラスサイズの縮小などと比べて，教育監査は費用効率が高い介入であると結論づけられている。

一方で，否定的な評価としては，エレンらの政策評価研究などがあげられよう[53]。エレンらによれば，2002年教育監督法には，次の3つの想定があるという[54]。それは，①教育監査によって学校の質が評価されれば，学校は十分なレベルの質を達成し，さらなる付加価値をもたらすだろう，②教育監査

---

52) Luginbuhl, R., Webbink, D. & de Wolf, I. "Do School Inspections Improve Primary School Performance?", *CPB Discussion Paper*, No.83, 2007. [http://www.cpb.nl/en/publication/do-school-inspections-improve-primary-school-performance]（2015年11月22日確認）

が比例重点制にもとづいて行われれば，学校はさらなる付加価値をもたらすだろう，③教育監査局が入手しやすい方法で監査結果を公開すれば，学校はさらなる付加価値をもたらすだろうというものである。ここでの付加価値とは，生徒の学習達成度のことである。こうした想定をあげた上で，エレンらはこれらの想定の実現の難しさについて，「整合性」「完全性」「現実性」の側面から指摘している。

　まず，整合性についてである。エレンらによれば，先述の想定は多くの意味で整合的ではないという。そして，それらは全て，憲法23条に規定されている「教育の自由」と関連しているようであるとされる。エレンらは，「憲法23条は，学校が法的要求を満たしている限り，政府や教育監査局は学校を改善するどんな責任も有していないことを暗示している」[55]と述べている。学校に自由を認めるこうした考え方は，学校は自律的であるべきであり，教育を提供し，組織することに自ら責任をもつべきであるという近年のオランダの社会的，政治的見解と合致しているとみなされるという。しかしながら，エレンらによれば，政府による規制緩和との関係のなかで，学校の自律性の安定した望ましい在り方は未だみつかっていない。この点があいまいであるがゆえに，学校改善と関わる教育監査局の任務や責任もまた結果的にあいまいになっているという。このあいまいさが，エレンらが指摘する1つめの非整合性である。

　2つめの非整合性は，資料1.2のような『監督枠組』の評価指標や，教育監査局が学校に対して行うフィードバックにおいて，法的要求と質の側面が統合されているという点にあいまいさが存在することにある。学校は，授業

53）　その他の否定的な評価として，オランダのオルタナティブ教育連盟が2005年版『監督枠組』に対して表明した批判などもあげられよう。しかしながら，オルタナティブ教育連盟に関しては，2002年教育監査法そのものに反対を掲げていた訳ではない。教育監査の在り方を具体的に規定する『監督枠組』に対して異議を唱えていた。そのため，彼らの批判は，後にオランダの学校評価の変化を扱う際（主に第6章）に取り上げることとしたい。
54）　Ehren, M.C.M., Leeuw, F.L., & Scheerens, J. *op. cit.*, pp.64-66.
55）　Ehren, M.C.M., Leeuw, F.L., & Scheerens, J. *op. cit.*, p.69.

時間数などの法的要求については改善する義務がある一方で，質の側面については どのような改善を行うのかを自由に決めることができる。しかしながら，法的要求と質の側面が統合されていると，どこまでが義務でどこからが任意なのか明示されないのである。

3つめは，教育監査局が学校にフィードバックを与えた後に生じる非整合性である。監査の結果，質が悪いと判断された学校は改善計画を作成する必要があり，その計画は教育監査局によって評価される。しかしながら，もし学校が法的要求を満たしているのならば，本来その改善は学校の任意なのである。

4つめの非整合性は，比例重点制と関わる。学校は独自の質の管理システムを開発し，自分の学校の子どもたちや環境に合う独自の質の基準を用いることが求められている。しかしながら，実際には，『監督枠組』で示されている評価指標について信頼できる情報を提供するという特定の質の管理システムを構築することによってしか，学校は報われない仕組みとなっている。また，比例重点制のもとで，質が悪いと評価された学校が改善のためにさらなる財政的手段を獲得し，質が良い学校は追加予算を受けとることができない点も望ましくない結果を生む可能性があるとされている。

続いて，「完全性」である。エレンらによれば，教育監督法を正確に施行したり，それが意図する結果を満たしているかどうかを評価したりするのに必要な数多くの定義が欠けている。例えば，「教育の質の十分なレベル」は何かといったことが説明されていないという。

最後に，「現実性」である。これについて，エレンらは文献調査にもとづき，次の4点を指摘している。1点めは，教育監査局によって提供されるフィードバックや，質保証の結果は，必ずしも改善を導かないという点である。フィードバックが改善を導くには多くの必要条件があるためである。2点めは，親は教育監査局によって提供される学校についての公開情報を使わないという点である。エレンらは教育審議会の報告書[56]等を参照し，親は教

育監査局による報告書よりも，雰囲気，教育的雰囲気，作業方法，安全性，規則の明瞭さ，特別教育の順番待ちリスト，学校の評判といった事柄や，次の学年への進級に関する決定などに主に関心をもつと述べる。

　3点めは，学校は，親が学校改善のために行う批判を用いないという点である。学校が児童を獲得するために競合しなくてはならない時，学校は教育の質を改善するというよりも，広報活動や放課後活動を改善しようとする傾向があるという。4点めは考えられる副次的弊害が考慮されていない点である。エレンらによれば，これまでの研究から，教育監査は様々な副次的弊害を生む危険性がある。例えば，監査の際にはいつもとは違うように学校がふるまう，リスクのある児童を他の学校へ送る，入学前に児童を選抜する，テストに参加しない，テストに向けて児童を訓練する，児童を留年させるなどである。また，学校が質の管理を行う際にも，『監督枠組』の評価指標と異なるものを利用しなかったり，少なくとも監査報告書の上で学校が似てきたりするといったことも考えられる。

　このようなエレンらの指摘は，学校の自己評価を軸として教育の質を保証しようとする2002年教育監督法のもとでの学校評価について，深刻な疑問を投げかけているといえる。前節までにおいて明らかにしてきたように，2002年教育監督法のもとでは，学校が独自性を活かして自己評価を行い，そこで体系的に質の管理が行われているかどうかを教育監査によって評価するという体制が取られていた。しかしながら，エレンらの指摘によれば，教育監査によって評価される教育の質には法律で規定されていないものが含まれていることから，その改善を求めることは「教育の自由」と矛盾することになる。また，学校が自己評価での評価基準を教育監査の評価指標に合わせてしまったり，教育監査においてより良い評価を得るために教育活動をゆがませてしまったりする危険性が指摘されているのである。

---

56) Onderwijsraad, *De markt meester? Een verkenning naar marktwerking in het onderwijs,* Den Haag : Onderwijsraad, 2001.

ただし，付言しておくと，エレンらは全面的に2002年教育監督法のもとでの学校評価を否定していた訳ではない。エレンは，その後，初等学校10校で事例研究を行った結果，いずれの学校も教育監査の後，教育監査にもとづくフィードバックを用いて改善を行っており，その後6ヶ月経っても改善計画を実行していたという[57]。ただし，ここでの改善はテストの実施や廃止，言語教育にあてる時間の拡充など単純なものであった。エレンによれば，本来，2002年教育監督法のもとで目指される「改善」とは，生徒の学習達成度という点でのさらなる付加価値であるとされていた。しかしながら，調査期間の制約から，こうした意味での付加価値を調べることはできなかったという。
　続いて，2002年教育監督法の特徴の1つである監査結果の公開に関して，ヤンセンスもまた文献調査を通じて政策評価を行っている[59]。当時，監査結果は「質のカード」という形で，公開されていた。資料1.3は，ヤンセンスが示すオランダの初等学校用「質のカード」の例である。まず，1番上に初等学校の名前が書かれている。次に，学校の住所と，無宗派公立校であることが示されている。さらにその下に，左上から右下にかけて，「学習結果(Learning results)」，「学校の雰囲気 (Atmosphere in school)」，「教育方法と教材 (Methods en material)」，「指導の質 (Quality of teaching)」，「学校とのコンタクト (School contacts)」，「学校報告書 (Schoolreports)」という見出しが並んでいる。それぞれの見出しの下には，具体的な項目とその項目の評価結果を示すマークが掲載されている。例えば，左下の見出しである「指導の質」の下には，「授業の質(Quality of the lessons)」「個別学習への考慮(Thought for independent learning)」「児童間のレベルの違いを考慮に入れている (Tak-

---

57) この調査は，教育監査が学校改善に与える効果があるならば，それはどのようなものであるのか，また，学校の特徴や学校監査の特徴がこれらの効果にどの程度貢献するのかを調査したものである。Ehren, M.C.M., & Visscher, A.J., "The Relationships Between School Inspections, School Characteristics and School Improvement", *British Journal of Educational Studies*, Vol.56, No.2, 2008, pp.205-227.
59) Janssens, F.J.G., "An Evaluation of the Impact of the Publication of School Performance Indicators in the Netherlands".

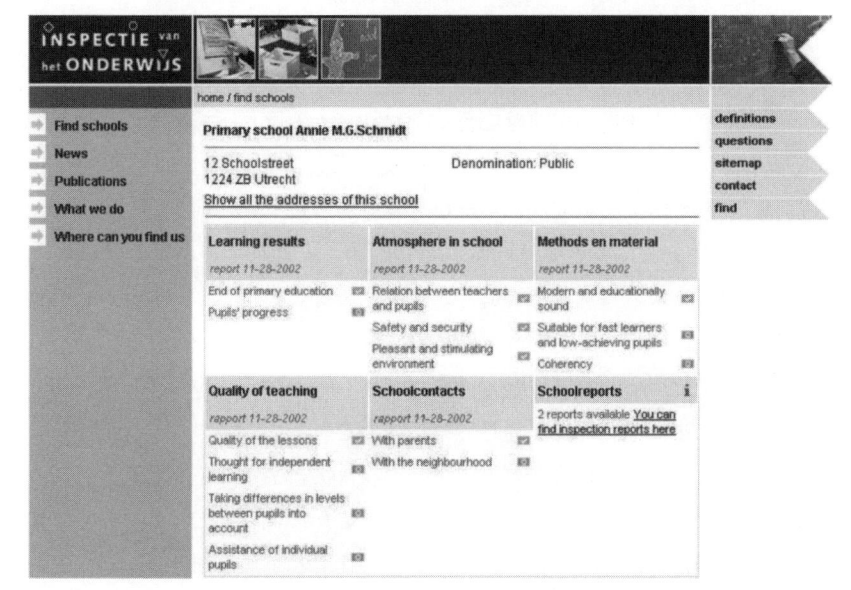

資料1.3 オランダの初等学校用「質のカード」の例[58]

出典：Janssens, F.J.G., "An Evaluation of the Impact of the Publication of School Performance Indicators in the Netherlands", p.58. 形式を示すため，翻訳を加えていない。

ing differences in levels between pupils into account)」「個々の児童への援助（Assistance of individual pupils)」という項目が並べられている。

　ヤンセンスによれば，監査結果を公開することを通じて，保護者や児童が学校のパフォーマンスについての情報を参照して学校選択を行うこと，および学校の質についての議論に参加することの2つが想定されていたとされる。そして，それを通じて効果的に学校が改善すると考えられていたという。

　しかしながら，ヤンセンスが文献研究を行ったところ，「学校のパフォーマンスの評価結果（indicators）の公開は，保護者や子どもたちの学校選択にも，彼らの教育の質への積極的な参与にも，ほとんど，もしくは全く影響を

---

58) *Ibid.*, p.58.

与えないと結論づけなくてはならない」[59]という。保護者や子どもたちが「質のカード」を利用しないことについては，当時入手が簡単ではなかったことや，保護者にとって質のカードの内容を解釈することが困難であったこと等が指摘されている[60]。ただし，ヤンセンスによれば，これは学校のパフォーマンスについての情報を公開することが学校改善を促進しないということを意味している訳ではないという。保護者らが情報を使わなかったとしても，学校自身がこうした情報の主要な「使用者」となり，改善のために役立てると考えられるからである。

それでも，隠れた危険が存在することをヤンセンスも指摘している。それは，学校が戦略的に，可能な限り良い監査結果が得られるようにふるまうことである。また，否定的な監査結果が公開されれば学校教育を害することがあることから，教育監査官たちも教育の質を可能な限り良く評価しようと戦略的な行動を示す傾向があることも指摘されている。

こうした指摘は，エレンらの指摘とも一部重なっている。これらの指摘を総じてみると，2002年教育監督法のもとでの学校評価は，「教育の自由」にもとづく学校の独自性を尊重することにも，一定水準の教育の質を保証することにも課題があるということになる。これは，主要には，「教育の自由」があるにも関わらず法的要求以外の教育の質が教育監査局によって監査されることや，副次的弊害が考慮されていないことによる。

このうち，まず「教育の自由」との矛盾に関していえば，前節で指摘したように，『監督枠組』の評価指標が，教育に関わる様々な立場の人々が議論をすることによって設定されていたことは注目に値する。これは，多くの人々の合意にもとづいて評価指標を決定することで，「教育の自由」との矛盾を少しでも解消するためであったと考えられる。けれども，先にみたように，

---

59) *Ibid.*, p.68.
60) Janssens, F. en Visscher, A., "Naar een Kwaliteitskaart voor het primair onderwijs", *Pedagogische studiën*, Jrg.81, nr.5, 2004, pp.371-383.

評価指標では特定の種類の個に応じた指導が推奨されている可能性が指摘できた。これは，オランダの多くの人々が，こうした指導が良いと考えているためであろう。それでも，特定の種類の指導を全ての学校に求めることは，「教育の自由」との矛盾にあたるといえる。この矛盾を解消するには，2002年教育監督法で本来意図されていたように，個々の学校がその児童や環境に応じて評価指標を決定することのできる自己評価を質保証の中心に据えることが鍵となるといえよう。

　次に，副次的弊害に関してである。確かに，エレンらが指摘するような弊害は生じる危険性がある。しかしながら，2002年教育監督法のもとでは，質が悪いと判断された学校に対して，制裁が加えられるようなことはない。むしろ，さらなる学校訪問や予算提供，学校自身による改善計画の発達といったサポートが意図されていた。質が悪いと判断されたとしても罰されるのではなく，サポートを受けられる場合，教育監査による学校へのプレッシャーは軽減されよう。副次的弊害に対しては，教育監査後のサポートを整えることで，ある種減じる対策が行われているといえるだろう。

「教育の自由」との矛盾と学校の自己評価への期待
　　——小さなまとめ

　以上みてきたように，オランダでは，もともと自由な宗教教育を求めて「教育の自由」が獲得されていた。これは，いわゆる新自由主義的な政策によってもたらされる市場原理にもとづく自由ではなかった。しかし，近年は，そうしたオランダにも新自由主義的な影響はみてとれ，全ての学校に学校評価等が導入されていた。

　ここで，2002年教育監督法を，学校評価の主体，評価される質の中身，評価結果の活用という視点で整理すると次のようになる。まず，学校評価の主体としては，第1に学校が想定されていた。教育監査局も評価主体であり，

第1章　学校の自己評価を重視した教育監督法の成立

全ての学校に対して一定水準の教育を行っているかについて評価を行うが，その重点は学校が体系的に質の管理をできているかどうかを監査することにあった。

　次に，評価される質の中身についてである。学校が行う自己評価で評価するべき質について，具体的な規定はなかったものの，教育監査局が『監督枠組』において示す評価指標を評価することが望ましいとされていた。しかしながら，この評価指標は，教育に関わる様々な立場の人々が議論をすることによって設定されていた。教育監査局という学校外の機関が，学校に対して一方的に与えるといった性質のものではない。そのため，新自由主義的な教育改革のもとでしばしば指摘されるような，特定の学力テストの結果といった限定的な側面だけで教育の質を評価するという事態はみられない。むしろ，様々な立場の人々が議論した結果導かれた共通合意を通じて，教育の質を評価しようとしているといえる。

　最後に，評価結果の活用である。基本的には，学校自らによる改善とアカウンタビリティの双方が目指されていた。教育監査の際に，学校が否定的な評価を得た場合も，制裁が課されることはなく，さらなる学校訪問や予算提供，改善計画の発達といったサポートが意図されていた。

　これらの特徴から，2002年教育監督法では，学校自らが重視する教育の質を自己評価で自主的に管理させ，教育監査では，特定の指導方法などを押しつけることなく，全ての学校に共通して重要であると合意された教育の質をチェックするという仕組みが構想されているといえる。全ての学校に共通して重要であると考えられる教育の質を様々な立場の人々が参加する議論を通じて決定している点，学校の自己評価を重視し，専門性をもつ監査官が自己評価の適切性を確かめている点などは日本に対しても示唆深いと思われる。

　しかしながら，こうした2002年教育監督法については，肯定的な評価だけでなく否定的な評価も存在した。それらの指摘によれば，2002年教育監

Column 1
ピースフル・スクール

> このプログラムでは，ただ子ども達に民主主義についての知識をたくさん与えるだけでなく，特にどのように民主的な共同体で（ともに）生きることができるのかを子どもたちに学んでほしい。
> レオ・パウ (Pauw, L. & Van Sonderen, J., *Handleiding De Vreedzame School : Democratie moet je leren!, groep3*, Maartensdijk : Eduniek, 2011, pp.27-28（Vierde herzine druk).

ピースフル・スクール（vreedzame school）プログラムとは，オランダで開発された社会的コンピテンシーや民主的シチズンシップ（burgerschap）を育成する初等学校向けのプログラムである。教育サポート機関のエデュニク社が，ニューヨークの「コンフリクトを創造的に解決するプログラム（Resolving Conflict Creativity Program）」をもとにして，ユトレヒト大学のデ・ヴィンターの指導のもと開発した。オランダでは，2006年よりシチズンシップ教育が法的に義務化されている。本書第6章で取り上げる2005年版『監督枠組』の評価指標1.6においても，学校が社会的インテグレーションや市民性を推進することを目的としたカリキュラムをもっていることが求められている。現在，550校以上の初等学校がこのプログラムを導入している。

プログラムでは次の5つを学ぶことが目指されている。①民主的な方法で互いに結論を出す，②建設的に衝突を解決する，③互いのため，そして共同体のために責任を取る，④人々の間の違いに対してオープンな態度を取る，⑤どんな原理で私たちの民主的な社会は整えられているのかという5つである。中核目標としては，子どもたちに声（stem）を与えたいということ，そして子どもたちが自らの責任で，周囲に，学校共同体に，社会に，積極的に話しかけてほしいということがあげられている。

ピースフル・スクールでは，基本的に3年生（日本の小学校1年生）から週に1回ピースフル・レッスン（vreedzame les）と呼ばれる授業が行われる。授業は，基本的に写真の様にサークル状になり，子どもたちが互いの声を聞き

あいながら進められる。また，学校では，子どもたちの間でケンカなどの衝突が起きた際に仲裁を行う子どもが育成される。学校で衝突が生じた際には，すぐに大人が干渉するのではなく，本人同士もしくは仲裁役となる子どもと一緒に解決することが目指される。

このプログラムは日本にも紹介され，佐賀県武雄市等で取り組みが行われているとの報告もある。オランダのピースフル・スクールの取り組みを詳しく知りたい方は，リヒテルズ直子『オランダの共生教育―学校が〈公共心〉を育てる―』（平凡社，2010年）などを参照されたい。

ピースフル・レッスン。筆者が2012年に参観した授業
イジメとケンカの違いについて，子どもたちが一所懸命考え，話しあっていた。

督法のもとでの学校評価は,「教育の自由」にもとづく学校の独自性を尊重することにも,一定水準の教育の質を保証することにも課題があるということになる。これは,主要には,「教育の自由」があるにも関わらず法的要求以外の教育の質が教育監査局によって監査されることや,副次的弊害が考慮されていないことによるという。特に,特定の種類の個に応じた指導といった具体的な指導方法が推奨された場合,たとえそれがオランダの多くの人々の合意であったとしても,「教育の自由」との矛盾となってしまう。ただし,副次的弊害に関しては,教育監査後のサポートを整えることで,ある種減じる対策が行われていると考えられた。

　以上から,「教育の自由」との矛盾を考える際には,教育監査を通じて特定の指導方法などを押しつけるのではなく,法的要求に含まれない教育の質について,いかに学校自らが自己評価を行い,保証していくことができるかが重要となるといえる。次章より,当時,こうした学校評価制度を整えるにあたって,学校の自己評価を支援するために行われた取り組みを具体的にみていこう。

第2章

学校内のコミュニケーションを促す学校の自己評価
―自己評価ツール ZEBO

第2章　学校内のコミュニケーションを促す学校の自己評価

　1990年代後半，すなわち2002年教育監督法に向けて学校の自己評価を軸としてオランダの学校評価が整備されゆく頃，学校の自己評価に対して何の対策もなされなかった訳ではない。オランダでは，学校が自己評価を行う際には，多くの場合，自分の学校に合った自己評価ツールを購入して，利用している。こうしたツールの多くは，学校の自己評価後の集計や処理を自動で行うため，学校の負担はかなり軽減される。ところが，当時，既存の学校の自己評価ツールの多くは信頼性や妥当性が確かめられていなかった。そこで，より良い自己評価ツールを開発するプロジェクトがオランダで立ち上がった。それがZEBO（Zelfevaluatie Basisonderwijs「初等教育の自己評価」の意味；以下，ZEBO）プロジェクトである。
　実際には，ZEBOは，プロジェクト発足当初に想定されていたような包括的な自己評価ツールという形で開発されることはなかった。本来，ツールの一部を担うはずであった部分が，学校の教育プロセスを評価できるような自己評価ツールとして開発されたのである。ZEBOは，想定通りのツールとしては完成しなかったこと，商業ベースではなく大学の研究機関によって開発されたことなどから，一般的な認知度は低い。学校の自己評価に実質的な貢献をしてきたというよりはむしろ主に研究的に利用されてきた。
　ただし，2002年教育監督法下で各学校の自己評価が果たす役割の大きさを考えれば，当時，学校の自己評価をより良いものとするために開発されたツールについて，その開発の経緯を含めて改めて検討することの意味は大きいといえるだろう[1]。さらに，ZEBOでは，教育監査局が示す評価指標ではなく，学校効果研究にもとづいて自己評価の評価指標が設定されている。これにより，「教育の自由」のもと，教育監査局が示すものとは異なる教育の質について，学校が行う自己評価についても，その一端が明らかになるだろう。

第1節　妥当性・信頼性のあるツールを目指して
　　　——ZEBO の開発過程とその背景

　最初に ZEBO 開発の背景をみていこう。前章でみたように，オランダでも，1980年代以降，学校の自律性の向上や地方分権・規制緩和が強調されてきた。そのようななかで，1993年，教育科学省の大臣と教育界代表との間で「経営刷新についてのスヘフェニングス協議」が開催された。そこでは，初等・中等学校は自身の教育の質に責任をもち質の管理について積極的な方針をたてることや，学校は自己評価のための方法やツールを選ぶことなどが示された。しかし，当時，自己評価のためにどのような方法やツールが存在するのか，また，これらの方法やツールの質はどうなのかについては明らかではなかった[2]。そのため，これをきっかけに，教育科学省が資金を出すことによって，学校の自己評価ツールの調査研究などが行われた。

　こうして行われた研究の1つに OCTO（応用教育学研究センター）(Onder-

---

1) ZEBO についての研究は，その開発にあたったトゥベンテ大学を中心に行われてきた。特に，開発に関わったヘンドリックス(Hendriks, M.)らによって，開発の経緯(Hendriks, M.A., Doolaard, S., & Bosker, R.J., "Using school effectiveness as a knowledge base for self-evaluation in Dutch schools: The ZEBO-project", (Visscher, A.J., & Coe, R. (Eds.), *School improvement through performance feedback*, Lisse/Abingdon/Exton/Tokyo: Swets & Zeitlinger, 2002, pp.115-142) など）や使い方（Hendriks, M. & Bosker, R., *ZEBO instrument voor zelfevaluatie in het basisonderwijs. Handleiding bij een geautomatiseerd hulpmiddel voor kwaliteitszorg in basisscholen*, Enschede, The Netherlands: Twente University Press, 2003), 他ツールとの比較分析(Hendriks, M.A., "Schooleffectiviteitsonderzoek en kwaliteitszorg in scholen", *Nederlands Tijdschrift voor Onderwijsrecht en Onderwijsbeleid* (jrg.15, nr.4, 2003, pp.195-216) など）などが行われた。ZEBO プロジェクト後は，同大学のスヒルトカンプ（Schildkamp, K.）によって，ZEBO を用いた自己評価ツールの使用や効果，自己評価に影響を与える要因の研究(Schildkamp, K., *The utilization of a self-evaluation instrument for primary education*, Enschede: Ph.D thesis for Universiteit Twente, 2007 など），国際比較研究(Schildkamp, K. & Teddlie, C., "School performance feedback systems in the USA and in the Netherlands: a comparison", *Educational Research and Evaluation* (Vol.14, No.2, 2008, pp.255-282) など）などが進められた。
2) Cremers-van Wees, L.M.C.M., Rekveld, I.J., Brandsma, H.P., & Bosker, R.J., *Instrumenten voor Kwaliteitszorg: Inventarisatie en beschrijving*, Enschede: Universiteit Twente, Onderzoek Centrum Toegepaste Onderwijskunde, 1996, voorwoord.

zoek Centrum Toegepaste Onderwijskunde；以下，OCTO）のクレイメルス－ファン・ベース（Cremers-van Wees, L.M.C.M.）らが行った学校の自己評価ツールの調査研究があった[3]。31 のツールが選ばれ，その相違点の検討などが行われた。そこでは，学校にとってどのツールが良いかは，その学校の状況や自己評価の目標などによって左右されることなどが指摘された。加えて，調査の結果，信頼性や妥当性がしっかりテストされたツールはあまり多くないことも明らかになった[4]。こうした研究結果を受け，より良いツールを開発するために 1995 年 ZEBO プロジェクトが始められた。

　当初，ZEBO プロジェクトには，Cito（テスト開発中央機関：Centraal Instituut voor Toetsontwikkeling；以下 Cito），トゥベンテ（Twente）大学教育学部の研究機関である OCTO，SLO の 3 つの機関が参加していた。プロジェクトの資金は，SVO（教育調査機関：Stichting voor Onderzoek van het Onderwijs）[5]が提供していた。プロジェクトでは，信頼性・妥当性をもつ包括的なツール，すなわち精神測定理論や個に応じた指導を重視した児童のモニタリング（Cito が担当），カバーされた教育内容の評価（主に SLO が担当），さらに学校効果・学校改善研究を基盤にした学校プロセスの指標の測定（OCTO が担当）を行えるような包括的なツールの開発が目指されていた[6]。

　しかしながら，先述したように，結果的に当初目指されたような包括的なツールが開発されることはなかった。最終的に開発されたツール ZEBO は OCTO が担当した教育プロセスの部分だけを反映したものであった。ただ

---

3) *Ibid.* および Cremers-van Wees, L.M.C.M., Rekveld, I.J., Brandsma, H.P., & Bosker, R.J., *Instrumenten voor kwaliteitszorg : Beschrijving van 31 instrumenten*（Enschede : Universiteit Twente, Onderzoek Centrum Toegepaste Onderwijskunde, 1996）など。
4) 　ここでの信頼性は，そのツールが例えば 1 ヶ月の間を置いて再度使われた場合同じ結果が得られるかどうか，妥当性はツールの設計者が測りたいものが実際に測れているかどうかである（Cremers-van Wees, L.M.C.M., Rekveld, I.J., Brandsma, H.P., & Bosker, R.J., *Instrumenten voor kwaliteitszorg : Beschrijving van 31 instrumenten*, voorwoord）。
5) 　SVO は 1997 年に NOW（de Nederlandse organisatie voor Wetenschappelijk Onderzoek）に合併。

し，オランダではCitoが開発しているモニタリングシステムや初等教育最終学年でのテストが多くの学校に普及していたため，教育プロセスを評価できる自己評価ツールが開発されれば，学校が自己評価の結果とCitoによるテストの結果を合わせて用いることは可能であった。

それでは，以下OCTOによるZEBO開発の経緯に焦点をあててみていこう。最初に，概要を述べる。ZEBOは，まず1995〜1996年ZEBO-SK-0と呼ばれる段階で基本となる部分が開発された。その後，1997〜1999年ZEBO-SK-1〜3という段階それぞれにおいて，学校での実地調査と文献調査を繰り返すことで具体化された[7]。実地調査の度に信頼性・妥当性の調査が行われた。

ZEBO開発の基礎をなすZEBO-SK-0は，既存の自己評価ツールの調査から始められた。その調査の枠組は，学校効果研究を行うオランダの代表的な研究者であり，ZEBOプロジェクト中間報告書等の編集者でもあるスヘーレンス(Scheerens, J.)の研究[8]にもとづき，若干の修正を加えて設定された。この枠組については詳しくは後述する。プロジェクトでは，この枠組を用いてオランダの学校の自己評価ツール5つ，効果のある学校研究で使われたツールや方法9つが調査された。

調査の結果，オランダの自己評価ツールは学校レベルでのプロセスを重視する傾向があり，クラスレベルのプロセスを重視したツールは1つだけで

---

6) もともと開発される予定であったツールは次の4つを目的としていた。①初等学校が自身で教育結果を評価できること，②児童の背景の特徴に関するデータが集められること，③提供される教育内容のプロセスの変数を評価できること，④いくつかの（その他の）関連あるプロセスの変数を評価できることである。(Engelen, R., Frowijn, R., Hendriks, M., Moelands, H.A., Ouborg, M.J., & Scheerens, J., (Scheerens, J. (Ed.)), *Schoolzelfevaluatie in het basisonderwijs : interim-rapportage van het gezamenlijk project van Cito, SLO en OCTO (periode mart 1995-december 1996)*, Enschede, Netherlands : Universiteit Twente, OCTO, 1997, p.24)。

7) 学校の負担を軽減するため，ZEBO-SK-1では4・5・6年生，SK-2では3・5・7年生，SK-3では半分の学校が3・6年生，もう半分の学校が4・5・7年生を対象に実地調査が行われた。

8) Scheerens, J., "School Effectiveness Research and the Development of Process Indicators of School Functioning", *School Effectiveness and School Improvement*, Vol.1, No.1, 1990, pp.61-80.

第*2*章 学校内のコミュニケーションを促す学校の自己評価

表2.1 ZEBO プロジェクトの活動概要

期間	段階	活動
1995～1996 年	ZEBO-SK-0	ツールの開発
1997 年 1～6 月	ZEBO-SK-1	トゥベンテの学校 43 校で，信頼性・妥当性・実用性の調査
1998 年 9～10 月	ZEBO-SK-2	トゥベンテの学校 58 校で，同様の調査
1999 年春	ZEBO-SK-3	国の代表的な（無作為抽出）サンプル 123 校で，標準化のための調査

出典：Moelands, H., Engelen, R.J.H., Ouburg, M., Hendriks, M.A., Dookaard, S., Lam, J.F., Bosker, R.J., Frowijn, R., Goffree, F., & Scheerens, J., *Zelfevaluatie basisonderwijs (ZEBO) Naar een geintegreerd instrumentarium. Eindrapport van het gezamenlijke project van Cito, OCTO en SLO*, p.74. より筆者が作成。

あった[9]。一方，効果のある学校研究で使われたツールは，オランダのツールと比べると，全体的にクラスレベルのことを取り上げていた。ツールを用いて評価を行う主体としては，多くの場合，学校長・教師が想定されていた。一方，親や児童を評価主体と想定するツールは少なかった。評価方法は，ほとんどのツールがアンケート形式を採用していた[10]。これらの調査が行われた後，加えて，5つの学校の学校長や教師へのインタビューが行われた。また，初等教育評価委員会のレポート[11]なども参考にした上で，質問項目となる主な教育プロセスの指標が決定された。

こうして ZEBO-SK-0 において設計されたツールをもとに，ZEBO-SK-1

---

9) Engelen, R., Frowijn, R., Hendriks, M., Moelands, H.A., Ouborg, M.J., & Scheerens, J., *op. cit.*, p.120. そのツールは，CASE/IMS である。これは元々アメリカで開発されたツールで 1994 年にオランダでも使用可能となったものである。効果的な学校研究からのツールは様々であったものの，オランダのツールと比べると，全体的にクラスレベルのことを取り上げていた（Engelen, R., Frowijn, R., Hendriks, M., Moelands, H.A., Ouborg, M.J., & Scheerens, J., *op. cit.*, p.132)。
10) *Ibid.*, p.119, pp.131-132. アンケート以外の方法を実行していたのは，効果的な学校研究からのツール "初等教育の量と質" ツール（Instrumentarium "Kwantiteit en kwaliteit primair onderwijs"）と中学校プロジェクト（The junior high school project）の2つだけであった。
11) Commissie Evaluatie Basisonderwijs, *Zicht op kwaliteit. Evaluatie van het basisonderwijs. Eindrapport*（Den Haag：Sdu, 1994）のこと。

〜3において，学校での実地調査や信頼性・妥当性の調査が行われた。アンケートの項目は，実地調査において，実用性について学校の意見を求めたり，文献調査をさらに行ったりすることで具体化されていった。信頼性の調査は，信頼性の指標となる信頼性係数の一種クローンバックの α 係数を用いて，個人レベル（学校長／教師／児童），集団レベル（学校レベル／クラスレベル）ともに調べられた。妥当性の調査は，収束的妥当性[12]・弁別的妥当性[13]・予測的妥当性[14]に関して分析が行われた。予測的妥当性を確かめるため，できるだけ多くの学校で，Cito のモニタリングシステムのテスト結果が集められた。このように，ZEBO は主には学校効果研究にもとづきながら，実際の学校の意見が反映された，信頼性・妥当性についても確かめられたツールとして開発された。

第2節　学校効果研究やコンティンジェンシー理論にもとづく評価指標の設定

　前節でみたように，ZEBO 開発に際しては，スヘーレンスのモデル（図2.1）が調査の枠組の基盤となった。ここでは，このモデルをスヘーレンスがどのように開発したのかをみていきたい[15]。
　まず，学校の機能に関するプロセスの指標を決定する際に，スヘーレンスが学校効果研究の知見に着目した理由について確認しておこう。それは，スヘーレンスが，プロセスの指標は常にアウトプットの指標と結びつけられて

---

[12]　収束的妥当性の調査は，立場の違う者（例：教師と学校長）が同じテーマに答える際，両者の間で同じ概念が測定されているか，を調べるために行われる。
[13]　弁別的妥当性の調査は，同じ立場の者たち（例：児童同士）のなかで，異なった概念が測られていないかどうか調べるために行われる。
[14]　予測妥当性の調査は，半年間で児童が修める成績（leerwinst）と測定されるプロセスの変数の間に関係があるかを調べるために行われる。ここでは Cito のモニタリングシステムの成績が使われている。
[15]　本節での記述は Scheerens, J., *op. cit* にもとづく。

```
┌─────────────────────────────────────────────────┐
│ コンテクスト                                    │
│ ―高次の行政レベルからのアチーブメントへの刺激   │
│ ―教育的消費者主義の発達                         │
│ ―学校サイズ，生徒集団の構成，学校カテゴリー，   │
│   都会／田舎といった"共変数"                    │
└─────────────────────────────────────────────────┘

┌──────────┐ ┌──────────────────────────┐ ┌──────────┐
│インプット│ │プロセス                  │ │アウトプット│
│―教師の経験│ │学校レベル                │ │次の項目によって調整│
│―各児童にか│ │―アチーブメント志向の方針│ │された生徒のアチーブ│
│ かる費用 │ │  の程度                  │ │メント    │
│―親のサポー│ │―教育的リーダーシップ    │ │―以前のアチーブメン│
│ ト       │ │―コンセンサス，教師達の協│ │ ト       │
│          │ │  力的な計画立案          │ │          │
│          │ │―カバーされた内容という意│ │          │
│          │ │  味での学校カリキュラムの│ │          │
│          │ │  質，公式的な構造        │ │          │
│          │ │                          │ │          │
│          │ │クラスレベル              │ │          │
│          │ │―課題の時間（宿題も含む）│ │          │
│          │ │―構造化された指導        │ │          │
│          │ │―学習機会                │ │          │
│          │ │―児童の進歩への高い期待  │ │          │
│          │ │―児童の進歩の評価・モニタ│ │          │
│          │ │  リングの程度            │ │          │
└──────────┘ └──────────────────────────┘ └──────────┘
```

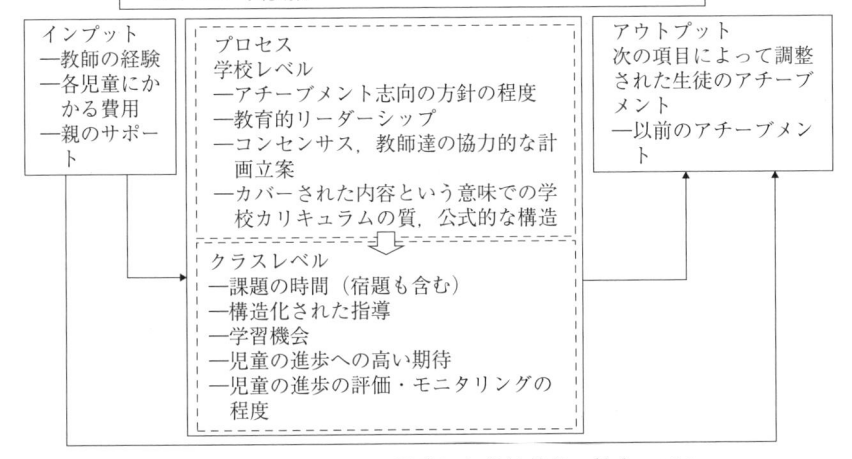

図2.1　スヘーレンスが開発した学校効果の統合モデル

出典：Scheerens, J., "School Effectiveness Research and the Development of Process Indicators of School Functioning", p.73をもとに筆者が訳出。

いなくてはならないと考えるためである。これらと切り離されると，「手術は成功したが，患者は死んだ」という言葉のように，プロセスの指標そのものがゴールへと置き換わってしまうことにもなりかねない。したがって，「一般的に言えば，通常，生徒のアチーブメントとして測定される学校のアウトプットと積極的に結びつきがある学校の特徴を発見することを目的としている」[16]とされる学校効果研究にスヘーレンスは着目したのである。

具体的にプロセスの指標を選択するに際しては，スヘーレンスは学校効果研究を次の4つのタイプに整理し，そこからの知見を取り上げている。それは，①コールマン・レポートに代表される教育の（不）平等と学校効果につ

---

16) Scheerens, J., *op. cit.*, p.60.

いての研究,②インプット・アウトプット分析とも呼ばれる教育の生産機能についての研究,③効果のある学校研究,④教授的効果についての研究である。スヘーレンスはこれら4つのタイプの研究の特徴を整理し,それを図2.1のモデルへ反映させている。そのなかでも,プロセスの変数と関わりが深いのは,③効果のある学校研究,④教授的効果についての研究であると思われるため,以下にこの2つをみていく。

　③効果のある学校研究は,コールマン・レポートに対する反発から行われ始めたものである。コールマン・レポートの頃の学校効果研究との違いは,当時は学校内において何が起こっているかがブラック・ボックスになっていたのに対してそれらがオープンにされている点,そして学校組織,学校文化,教育技術といった学校の変数が明らかにされている点である。効果のある学校研究において,一貫してアチーブメントに効果があるとされたものとしては,安全で秩序ある学校の雰囲気,児童のアチーブメントへの高い期待と学校のアチーブメント志向の方針,教育的リーダーシップ,児童の進歩の頻繁な評価,基礎的な技能に関する明確な目標,教師間の継続性とコンセンサスがあげられている。図2.1をみると,プロセスにこれらほぼ全てが含まれていることがわかる[17]。基礎的な技能に関する明確な目標のみが含まれていないようにみえるが,そうした目標に対応する内容がカリキュラムでカバーされているかどうかという点で,学校レベルの「カリキュラムの質」と関わっていると考えられよう。

　次に,④教授的効果についての研究をみてみよう。特徴としては,教師レベル,クラスレベルで教育プロセスの特徴を研究することがあげられている。スヘーレンスは,他の研究者らによる研究レビューを参照し,アチーブメントと積極的に結びつきがあることが繰り返し示された変数として,次のものをあげている。それは,効果的な学習時間ないし「課題のための時間」,構

---

17) 「児童のアチーブメントへの高い期待」は「児童の進歩への高い期待」とほぼ同義であると思われる。

造的ないし「直接的」指導，学習機会ないし「カバーされた内容」，教師の態度と期待，生徒の動機を高めること，家庭での変更可能なカリキュラム[18]である。スヘーレンスは，生徒の動機を高める強化（reinforcement）を実現するためには進歩の頻繁なモニタリングやフィードバックが重要であるという研究も参照している。これらについても，家庭での変更可能なカリキュラム以外全てが図2.1におけるプロセスのクラスレベルの指標に含まれていることがわかる。

　スヘーレンスは，これらの学校効果研究を統合して，図2.1のような枠組とするために，まずコンテクスト・インプット・プロセス・アウトプットという分析システムモデルを採用している。さらに，プロセスの指標は学校環境レベル，組織レベル（学校レベル），クラスレベルで定義されうることから，マルチレベルの枠組が必要であると考える。そこでは，児童レベルも考慮に入れられなくてはならないという[19]。最後に，異なるレベルでの変数間の相互関係をみるための理論的視点として，コンティンジェンシー理論（contingency theory）を採用している。

　一般的に，コンティンジェンシー理論とは，特定の組織構造や経営プロセスが効果的であるかどうかは，環境的制約や技術的制約といった文脈的な特徴に依存しているという考え方である。学校効果研究にこの考え方を適用するに際しては次の２つが示されていた。１つめは，学校効果研究において効果といえば生産性だけが考えられてきたが，学校がおかれる状況などに応じて目指す効果は変わるという考え方である。もう１つは，学校がアチーブメント志向の方針を取るにあたって管理者，消費者やその他のステイクホルダーや政策などの外部刺激が重要であるという考え方である。さらに，コン

---

18) 学校の成績に影響を与えると考えられるような家庭状況のことである。例えば，学校で子どもが何をしているかに親が関心をもつ，家庭で読み聞かせを行う，テレビの視聴を抑えるなど。
19) スヘーレンスはクラスレベルでの児童レベルも考慮しているが，一般的にはクラスレベルは教師レベルを指すことが多い。児童レベルが含まれない場合は，教師／クラスレベルとしている。

ティンジェンシー理論からスヘーレンスはメゾ・ミクロ関係という考え方も参考にしている。ここで，メゾは学校レベル，ミクロはクラスレベルを指す。学校効果研究では，学校レベルでの研究と，教師／クラスレベルでの研究とが，効果があると考えられる特徴を別々に特定してきたとスヘーレンスは考える。そこで，これらを統合するために，メゾ・レベルの状況がミクロ・レベルの状況を促進するという考え方を援用した。すなわち，学校レベルの状況がクラスレベルの状況を促進するという関係で2つの学校効果研究の知見の統合を考えたのである。こうした考え方にもとづくと，学校レベルと教師／クラスレベルの両方で意味をもつ変数があるとスヘーレンスは述べる。例えば，クラスレベルでの構造化された指導は，学校の発展計画に従って行われるといった点で，学校レベルでの明確なカリキュラムの方針によって刺激を受けうるという。図2.1はこうした考え方をふまえて図式化された。

　以上より，スヘーレンスは，学校効果研究の知見にもとづきながら，コンティンジェンシー理論などを参考にしつつ，学校レベルとクラスレベルのプロセスとの結びつきを考慮してモデルを作成していた。こうしたスヘーレンスの考え方は，学校評価・カリキュラム評価・授業評価を個別に捉えるのではなく，それらを全体として含む学校評価を実現し，改善へつなげる途を拓くものであると考えられる。ただし，実際にZEBOプロジェクトで用いられた枠組は，スヘーレンスのモデルそのままではなく修正が加えられている[20]。また，ツールが完成するまでには選ばれた指標に変更点もみられる。続いては，こうしたスヘーレンスの考え方が，ZEBOの評価指標にどのように反映されているのかについてみていこう。

---

20) 教育プロセスを評価するツールの開発が目指されていたことから，スヘーレンスのモデルからもプロセスの変数だけが取り上げられたこと，スヘーレンスの研究以降の効果的な学校研究から「親の関与」や「作業雰囲気」といった変数が加えられたことなどである。

第3節　学校内のコミュニケーションを促すツール
―― 自己評価ツール ZEBO の概要

1. 二重チェックの仕組み――ZEBO 全体の構成

　最初に，ZEBO の全体的な構成をみていこう。ZEBO は，学校長用・教師用・児童用の質問からなる。ZEBO はプロジェクト後にプログラム化され，学校は ZEBO を必要な時に必要に応じて使用できるようになった。アンケート回答者はコンピュータ上でアンケートへの回答を行う。ZEBO では表2.2 のように学校長用のアンケートおよび教師用のアンケートの一部の回答から学校報告書が作成される。そして，教師用のアンケートの一部と児童用のアンケートの回答からクラス報告書が作成される。ZEBO の児童用の質問は3 ～8年生を対象としている。ただし，オランダの初等学校は8年間であり，そのうち3年生が日本の小学校1年生に該当するため，日本の小学校1～6 年生にあたる子どもを対象としている。3年生向けの質問は，4～8年生向けの質問より簡単に答えられるよう工夫されており，「はい・いいえ」で答えられる。質問数も4～8年生と比べて少ない。一方，4～8年生向けの質問は，より具体的で多くの質問から構成されており，「あてはまる・少しあてはまる・あてはまらない」の3つの選択肢から回答が選ばれる。最終的に作成された質問の大項目は表2.2 の通りである。項目の内容の多くは，スヘーレンスのモデルの指標と一致している[21]。

　表2.2 をみると，まず，学校レベルの学校長・教師用の質問の大項目タイトルは，質問1～9まで同様になっている。実際，大項目タイトルだけでなく，そこでの評価指標も主語などが変わるだけでほぼ同様である。そこでは，

---
21) Hendriks, M.A., Doolaard, S., & Bosker, R.J., *op. cit.*, p.124.

表 2.2　ZEBO の質問の大項目タイトル

学校レベル		クラスレベル	
学校長・教師用の質問	教師用の質問	児童用の質問	
		3 年生	4～8 年生
1. 公式な会議	10. 教授行為	1. 作業	1. 学業成績へのプレッシャー(prestatiedruk)
2. 共働	11. 評価形態	2. 先生	2. 先生
3. 教育的リーダーシップ	12. 学力が低い児童と高い児童のためのケア	3. 先生	3. 教授行為
4. 専門職性		4. 先生	4. 同級生
5. 目標設定と期待	13. クラスの作業雰囲気	5. 作業	5. 作業：子どもに合っている
6. チームの団結		6. 同級生	6. 作業：学習時間
7. 学校経営（者）	＊質問 10 以降は教師のみへの質問である。	7. 同級生	7. クラスの作業雰囲気
8. 仕事量			
9. 計画的な行動			
＊学校長・教師向けの質問は 7. 学校経営（者）で多少表現が異なる以外，同じである。			

出典：Hendriks, M. に提供を受けた資料（2009 年 4 月 28 日）をもとに筆者が作成。

　全体的に，学校全体として教育目標が共有されているか，教師が協力的に教育活動を行えているかなど，それぞれの教師のクラスレベルでの教授活動の土台となるような質問が多い。例えば，質問1や2においても，授業内容の提示方法，子どもの扱い，教師が出会う問題，教員研修活動の際得られた経験と情報などが，公式な会議や非公式な場で，どの程度話題となるかが問われている。こうした質問に加えて，管理職のリーダーシップについての評価（質問7）や，教職員が仕事に意味を感じているか，過度の負担はないかといった教職員の労働環境についての評価（質問8）も含まれる。

　次に，クラスレベルの教師・児童用の質問である。実際に指標をみてみると，全体的に，教師用の質問では，教師自らの教育活動に関することが問われており，児童用の質問では，教師による働きかけに関することが問われている。例えば，児童用の質問では，教師との関係（3年生向けの質問2・3，4

年生以上向けの質問2）や教師の教授方法や学級づくりなど（3年生向けの質問1・4・5，4年生以上向けの質問1・3・5・6・7）について問われている。同級生との関係（3年生向けの質問6，4年生以上向けの質問4）も問われているものの，これも教師の学級づくりによって影響を受けると考えられるため，ほぼ教師の学級経営手腕が問われているということができる。これは，学校効果研究によって，学力に影響を与えるとされている指標のうち，子どもにも判断可能なものに絞られたためであろう。

　このように，ZEBOでは，学校レベルの質問は学校長と教師，クラスレベルの質問は教師と児童といったように，異なる立場にある人々から同じ項目についての情報が集められている。これは，回答者の立場の違いによって回答に違いがでるといった問題に対応するためである[22]。プロセスの特徴を考える際には，事実だけではなく意見が重要となることがある。例えば，「期待」は，元来非常に主観的であるが，児童にとって実際的な状況を作り出す可能性がある。そこで，できる限りバイアスを除く方法として二重チェックが採用された。すなわち，学校レベルのことは学校長と教師それぞれによって判断され，クラスレベルのことは教師と子どもたちそれぞれによって二重に判断されるという形が取られたのである。

2.「教授行為」の評価――具体的な質問例

　続いて，具体的な質問例をみてみたい。スヘーレンスは例の1つに，クラスレベルでの構造化された指導は学校レベルでの明確なカリキュラムの方針によって刺激を受けうることをあげていた。したがって，まずはクラスレベルでの4～8年生の児童用の質問3「教授行為」および教師用の質問10「教授行為」をみてみよう。

　資料2.1，資料2.2をみると，前回の授業の復習・授業の導入・例の提示・

---

22)　*Ibid*., p.123.

資料 2.1　児童用の質問 3．教授行為

a．授業のはじめに，先生は私たちが前回行ったことを繰り返す。
b．先生は，たくさんの異なった方法で（算数の）計算問題を説明することができる。
c．先生は，授業のはじめに，私たちが今から行うことを話してくれる。
d．先生は，新しい計算問題の説明の時，たくさんの例をくれる。
e．先生は私たちが理解していない時，もう一度説明してくれる。
f．先生は，私がどのように計算問題を解いたか，よく尋ねてくる。
g．あなたがわからない時，先生はもう一回何かを説明することを嫌だとは思っていない。
h．私たちがクラスで自分たちのための作業をしている時，先生は助けるために歩き回っている。
i．先生は，私たちがすでに以前に練習を積み熟練した計算問題をしばしば繰り返す。
j．先生は私がどのように計算問題を解いたか決して尋ねてこない。

出典：Hendriks, M. に提供を受けた資料（2009 年 04 月 28 日）をもとに筆者が訳出。

説明・机間指導など具体的に教師の教授方法が取り扱われていることがわかる。先述したように，各質問内容は立場の異なる者から二重チェックが行われるようになっている。したがって，例えば，児童用の質問「a. 授業のはじめに，先生は私たちが前回行ったことを繰り返す」にあたる内容は，教師用の質問 10 においても「a. 授業のはじめに，私は前の授業で扱われたことを復習する」「b. 授業のはじめに，私は前の授業の短い要約を児童に伝える」という形で問われている。ただし，これらは全て，行動の有無を問う形式となっており，1 つ 1 つの行動の質を問うような質問は存在しない。

　スヘーレンスによれば，こうしたクラスレベルでの構造化された指導は学校レベルでの明確なカリキュラムの方針によって刺激を受けうるとされていた。しかしながら，学校レベルでの質問に明確なカリキュラムの方針という質問項目はない。ただし，実際には教授行為やカリキュラムの方針に関わる質問は数多くみられる。例えば，質問 1「公式な会議」では，「a. 教育内容を提供する方法」「j. 異なるクラスの教育内容の活動をお互いに調整する」などのテーマが公式な会議でどのくらいの頻度で議題になるかが問われている。また，質問 2「共働」でも，「a. 扱われる授業内容について取り決めを

資料 2.2　教師用の質問 10．教授行為

あなたのクラス（groep）への読みの授業，国語の授業および／もしくは算数の授業／数学の授業において，次のことをどの程度行いますか？
〔（ほとんど）決してない・時々・規則的に・たいていの授業で・全授業でから選択〕
a．授業のはじめに，私は前の授業で扱われたことを復習する。
b．授業のはじめに，私は前の授業の短い要約を児童に伝える。
c．私は児童への授業のねらいをあらかじめはっきりと設定する。
d．私は教授を始める前にこれから扱うことをおおまかに話す。
e．新しい授業内容を私は小さなステップで扱う。
f．全ての児童がそれまでのステップを理解したら，私は授業内容を次のステップに進む。
g．私は授業内容をわかりやすくするために，例を使う。
h．私は児童に自分で解答を求める機会を与える。
i．その題材（stof）をわかったかどうかチェックするために，私は定期的に質問をする。
j．私は私が説明したことを児童に声を出してまとめさせる。
k．私はあるテーマの終わりに，扱った題材のまとめをする。
l．私は新しく説明した題材を児童と共に取り組む。
m．課題を一緒に行うとき，私は児童に前もって，どのように彼らがその課題に取り組むつもりなのかを尋ねる。
n．私は様々な解決方法を比較する機会を児童に与える。
o．私は児童に課題を一緒に（二人で，もしくは小グループで）行わせる。
p．私は児童にお互いに説明させ，質問させ，間違いを指摘させる。
q．課題の後の話し合いの際，私ははじめに，どのように児童が任務に取り組んだのかを尋ねてから，その後フィードバックを与える。
r．私は私が与える課題がほぼ全ての児童に取り組まれるように取り計らう。
s．個人作業の際，私はぐるぐる歩き，児童の作業をチェックする。
t．個人作業の際，なぜかと尋ねる児童にさらなる説明をする。

出典：Hendriks, M. に提供を受けた資料（2009 年 04 月 28 日）をもとに筆者が訳出。

すること」「b．（一連の）授業の準備」「c．指導でのお互いのサポート」「d．指導でのお互いの観察」「e．授業後ともに話し合うこと」などについてどの程度非公式に教師たちが協力できているかが問われている。教師たちが教授行為について話し合い，助け合えているかが問われていることがわかる。
　さらに，質問 9「計画的な行動」においては，「a．私たちの学校では各学年の最終目標が決められている」「i．私たちの学校では，学年計画[23]に沿っ

て働く」「j. 私たちの学校では，学年計画は規則的に評価され，もし必要なら修正される」などが含まれており，学校が具体的な目標を設定し，それにもとづく計画を立て，それが計画通りに実施されているか，必要であれば計画が修正されるかなどが問われている。授業に影響を与えるカリキュラムの自主編成が実現されているかどうかが問われていることがわかる。

このように，ZEBOでは，学校レベルでカリキュラムを編成し，授業での取り組みを支えることができているかが問われるとともに，クラスレベルでどのような教授行為が実現されているかが行為の有無として問われていた。スヘーレンスが例にあげていたような両方のレベルで意味をもつ内容が質問項目に含まれていたという点で，両レベルの関連がZEBOでも考慮されているといえる。ただし，こうした授業に関わる評価指標を考えるにあたって，次の2点について留意しておきたい。

1点めは，その評価指標が前提とする授業形態である。これについては，資料2.1や資料2.2で示されている評価指標のみをみると，クラスの全ての子どもたちに同じ内容を同時に教える一斉に学ぶ授業の形式が前提となっているように思われる。例えば，教師用の質問「q. 課題の後の話し合いの際，私ははじめに，どのように児童が任務に取り組んだのかを尋ねてから，その後フィードバックを与える」「r. 私は私が与える課題がほぼ全ての児童に取り組まれるように取り計らう」などからは，教師が全ての児童に対して，同じ課題を与え，教えていることがうかがわれる。こうした評価指標は，第1章で述べたような教育監査局の評価指標で推奨されていた個に応じた指導を行おうとする学校にとっては，用いにくいものであるように思われる。

ただし，一方で，表2.2で示されていたように，ZEBOには，「学力が低い児童と高い児童のためのケア」についての評価指標が含まれている。実は，ここには，「個別に教授を行う」「追加の課題を提供する」といった評価指標

---

23) 学年計画とは，全学年で提供される教育内容，活動，練習問題と特別な助けを書き起こしたもの。

が含まれている。回答は，「ない・学力が低い児童のみのため・学力が高い児童のみのため・学力が低い児童も高い児童も両方」から選択するようになっている。そのため，ZEBOでは，必ずしも常に全ての子どもたちに同じ内容を同時に教える一斉に学ぶ形式で授業を行うことを前提としている訳ではないことがわかる。このように子どもの教育的ニーズに合わせることが求められているという点で，教育監査局の方針と大きくは矛盾しないようになっている。

　2点めは，そこでの教育や授業の目標である。質問5「目標設定と期待」をみると，「a．私たちの学校では，できるだけ多くの時間をオランダ語と算数／数学に使うことができるように時間割を編成している」「b．学校の最も重要な目標はオランダ語と算数／数学の学習である」「c．私たちの教育では，認知的発達と学業成績に強調点をおく」などが含まれており，特にオランダ語と算数／数学での認知的発達や学業成績に重点がおかれていることがわかる。これは，学校効果研究の影響であろう[24]。このことから，ZEBOを利用すると，学校方針としてそれらに重点をおくことが推奨されると考えられる。以上のような点については，学校効果研究で効果があるとされる学校の特徴であるとはいえ，「教育の自由」のもとで各学校が大切にしている教育活動とは馴染まない場合もあるだろう。これについては，ZEBOの評価結果の在り方とも関わってくるため，詳しくは後述したい。

3. 意見の相違やバラつきを示す報告書

　最後に，報告書を具体的にみていこう。ZEBOを全て使った場合，学校報告書とクラス報告書の2種類の報告書がコンピュータで自動的に作成され

---

24) 認知的発達の重視に関しては，ペーパーテストのようなテストのみが想定されている訳ではない。質問11.「評価形態」をみると「d．製作品」「e．口頭試問や指名」「f．クラス全体での授業での会話」「g．授業時間での観察」などが含まれており，多様な評価方法が考えられている。

灰色＝全国　白色＝学校

学業成績への
プレッシャー
先生
教授行為
同級生

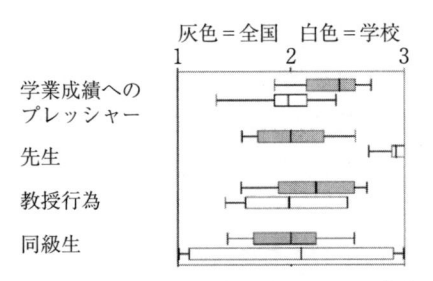

図 2.3　ZEBO 報告書例（クラスの概観）
出典：Hendriks, M. に提供を受けた資料（2009年4月28日）をもとに筆者が作成。

る。学校報告書・クラス報告書の形式は同様であり，報告書はグラフと文章，各スコアの形で作成される。

　ここでは，クラスの報告書をみていこう。図2.3のように，グラフは箱髭図を用いて作成される。そこでは，各質問内容における児童間の意見のバラつき（白い箱と線の横幅），児童の意見の平均（白い箱の中の黒い縦線），オランダの他の学校サンプルにおける児童の意見のバラつき（グレーの箱と線の横幅），その平均[25]（グレーの箱の中の黒い縦線）があらわされる。

　例えば図2.3をみると，「学業成績へのプレッシャー」について，この学校は普通程度であるようにみえるが，オランダの他の学校と比べるとプレッシャーが低いことがわかる。また，「同級生」については，平均は普通程度で他の学校と変わらないものの，白い箱が横長くなっていることから，多様な意見が児童のなかにあることがわかる。このように，この学校では，「学業成績へのプレッシャー」「同級生」について，より念入りに検討する必要があることがわかる。

　各個別の質問への児童たちの回答は資料2.3のようなグラフで示される。グラフでは，オランダの他の学校のスコア（グレーの四角）と，その学校に

---

[25]　ただし，ここでの国の平均値は，1999年ZEBOプロジェクト最終段階において121校から集められたデータであり，毎年更新されている訳ではない。

資料2.3　ZEBO報告書（教授方法）

	あてはまらない-1-	少しあてはまる-2-	あてはまる-3-
a. 授業の始めに，先生は私たちが前回行ったことを繰り返す	1.74　2.00		
		2.45	
e. 先生は私たちが理解していない時，もう一度説明してくれる		2.69・2.90	
	1.90		

出典：Hendriks, M. に提供を受けた資料（2009年4月28日）をもとに筆者が作成。

おける児童の意見の平均値（黒い縦線）が示される。児童の意見は平均値のみが示され，各児童がどの質問にどう答えたかはわからないよう匿名性に配慮されている。また，資料2.3をみると，質問aより，この学級の先生は，授業のはじめに前回の復習を行っていることがわかる。しかし，質問eより，子どもがわからないと感じていても，もう一度説明することがあまりないようである。このように，報告書では，各質問結果から，教師は教授行為について具体的に改善点等を参考にすることができる。さらに，ZEBOの報告書には文章も添えられる。クラスの報告書では，他の学校における同学年の児童の結果との比較，そのクラスの教師と児童の結果との比較が簡単な文章であらわされる。

　このように，ZEBOの報告書からは，学校で検討されるべき3種類の項目を特定できる。①平均の結果が良くない項目，②意見の相違やバラつきの多さのため検討されるべき項目，③他の学校と比べて良くない項目である。ZEBOの報告書では各結果の平均値や他の学校との比較結果だけでなく，意見の相違やバラつきが示される。そのため，そうした項目についての学校内でのコミュニケーションが促される。ZEBOを使用した結果，ZEBOの平均の結果を上げることのみが目指される訳ではない。自己評価後にどのような改善を行うかについては学校に委ねられている。ZEBOではできる限り学校が自身で改善計画を実行できることが意図されている[26]。これは，学校がおかれる状況などに応じて目指す効果は変わるという考え方をスヘーレンスが

コンティンジェンシー理論から採用していたことと無関係ではないように思われる。

このことからは，ZEBOが一斉に学ぶ授業の形式を前提とするような評価指標を含んでいたり，認知的発達に重点をおくことを推奨したりしていても，学校が必ずしもそれに従う必要がないことが示唆される。ZEBOを使用した結果，教職員のコミュニケーションが促され，ZEBOの質問項目とは異なる方向での改善策が導き出されることも十分に考えられる。学校の自律性が尊重されていることがわかる。

第4節　評価指標を活かす途——ZEBOの使用状況

1. 改善のための必要条件への効果——ZEBOに対する評価

ここでは，ZEBOに対するオランダにおける評価を確認しておこう。まず，ZEBOはプロジェクト後もトゥベンテ大学のスヒルトカンプ（Schildkamp, K.）によってその実際的使用や効果などについて研究が進められた。特に，スヒルトカンプは，2001〜2002年度から情報収集を始め，2002〜2003年（2003〜2004年），2004〜2005年，2005〜2006年の3回，学校でのZEBOの使用を調査することで，①どのように，どの程度学校はZEBOを使うのか，②（意図されていない効果も含め）ZEBOの効果は何か，③どんな要因がZEBOの使用に影響するのかに関して，フィッシャー（Visscher, A.）[27]が開発した理論枠組を援用して分析を行い，博士論文にまとめている[28]。

分析の結果，スヒルトカンプは，ツールの選択といった決定プロセスに教

---

26) Hendriks, M.A., Doolaard, S., & Bosker, R.J., *op. cit.*, 2002, p.135.
27) トゥベンテ大学の准教授。学校効果研究，特に学校での質の管理の情報技術的側面や効果の改善を支援しうるパフォーマンスの質の高いフィードバックの提供方法などを研究している。
28) Schildkamp, K., *op. cit.*, 2007.

第2章　学校内のコミュニケーションを促す学校の自己評価

写真 2.1　スヒルトカンプ氏。
トゥベンテ大学准教授。2009年3月18日にトゥベンテ大学でインタビューを行う。ZEBOについて博士論文を執筆している。ZEBOの情報提供や学校紹介など，とてもお世話になった。

95

職員全員が関与する必要，自己評価プロセスの結果が教職員に明確である必要，学校長が自己評価ツールの使用を奨励する必要といった要因が自己評価ツールを成功裏に使うために重要であることなどを指摘している。ただし，ZEBO の効果に関しては，ZEBO の使用と児童のスペリングや算数のアチーブメントには重要な関連はみられなかったという。これについて，スヒルトカンプは，ZEBO のアウトプットが限定的にしか学校で使用されなかったためであろうと考察している。一方で，ZEBO を使用する学校では，特に，学校内での協議やコミュニケーションといった学校改善のための重要な必要条件に関して効果が認められている。これは先にみたように，ZEBO の報告書において，各結果の平均値だけでなく意見の相違やバラつきが示されるためであろう。

　また，スヒルトカンプは，学校が ZEBO のアウトプットを改善のために使用することの難しさを明らかにしている。ZEBO では，その結果をどう使うかについては学校側に委ねられている。ただし，これは ZEBO に固有の問題というよりは，学校の自己評価の実施一般にいえることである[29]。そこで，スヒルトカンプは，自己評価ツール設計者への今後の示唆として，自己評価結果の使い方のガイドラインや，改善のために取られうる活動例の提供などを提案している。

　次に，オランダでの ZEBO の位置づけを確認してみたい。2002〜2007 年，Q*Primair という国のプロジェクトグループが設置され，自己評価ツールの調査などが行われている。2005 年に Q*Primair から出された調査報告書によると，次章で取り上げる教育監査されるポイントを組み込んだ WMK というツールはシェアが 30.1% であるのに対して[30]，ZEBO は 2.1% である[31]。より良い自己評価ツールを目指して開発された ZEBO であるが，実際的には，教育監査されるポイントを組み込んだツールなどと比べてシェアはあま

---

29) スヒルトカンプは教育監査局の調査でも，自己評価を定期的に行い，その結果を質の改善のために使える初等学校は 3 分の 1 であったと紹介している。

り高くなかったことがわかる。さらに，報告書によれば，ZEBOの信頼性は5段階中4（良い），妥当性が5段階中の2（並み）と評価されている。一見，妥当性が低いように思われるが，WMKなどの他のツールと比べれば信頼性も妥当性も高い方である。

　この点について補足しておけば，ここでの妥当性の低さは「妥当性」解釈の違いによるものと考えられよう。Q*Primairの調査では，「妥当性と規準」については，妥当性の程度，内容の妥当性（理論的基礎），基準のタイプ，周囲との明確な比較可能性，外部の集団の関与，ツールの認定があげられていた[32]。一方で，ZEBOの妥当性の調査は，教師と学校長のように立場の違う者の間で同じ概念が測定されているかを調べるために二重チェックでの相関関係を算出する収束的妥当性，児童同士など同じ立場の者のなかで，同じ概念が測定されているかを調べるために変数間の相関関係を算出する弁別的妥当性，半年間で児童が修める成績（leerwinst）[33]と測定されるプロセスの変数の間の関係を推定する予測的妥当性に関して分析が行われた。Q*Primairの調査結果で，妥当性があまり高く評価されていないのは，こうした違いによるものと考えられる。

　以上より，ZEBOは他のツールと比べ，妥当性・信頼性は比較的高い一方で，シェアは低いことがわかった。また，学校内でのコミュニケーションを促すといった意義が認められた一方で，その結果を改善へつなげることの難しさ等が明らかになっていた。そこで，ではZEBOを適切に使用する学校では，どのようにZEBOが使用されているのかをみていこう。

30）　2010年に筆者がWMK開発者に行ったインタビューによれば，WMKの利用者はその後増え続け，2010年の時点では，半数以上の初等学校が利用している。なお，ZEBOについても，ZEBOプロジェクトの最終段階において，ZEBOの結果が教育監査の結果とかなり対応することが指摘されている。
31）　Dijkstra, N., Linde A.van der, & Majoor, D., *Kiezen voor Kwaliteit : tweede versie 2005, Instrumenten de maat genomen.* Q*Primair, 2005, p.72.
32）　*Ibid.*, p.11.
33）　ここではCitoのモニタリングシステムの成績が使われた。

2. 共働的な質の管理――E校の取り組み

　ここでは，ZEBOを適切に使用している学校が，ZEBOをどのように使用しているのかをみるため，初等学校E校の取り組みを取り上げる。E校は，スヒルトカンプが紹介してくれた学校である。以下の記述は，筆者がE校を訪れて行ったインタビュー（2009年3月27日）にもとづく。

　E校は，トゥベンテ地域の郊外にある伝統的なプロテスタント系の初等学校である。E校は，2年に1度ZEBOを実行する。1年おきに，ZEBOの実行，その後の改善が繰り返される。このようにE校は2年周期で質を管理するサイクルを構築している。なお，ZEBOには保護者用のアンケートは存在しない。このため，E校は，他の学校が使用している保護者用のアンケートを自分の学校に合うよう修正し，ZEBOとともに使用している。

　E校では，ZEBOによって，子どもの声を聞けることが高く評価されていた。第4学年担任のH先生によると，教師自身が良い指導をできていると考えていたとしても，子どものアンケートから実際はそうではないことがわかる場合があり，「ZEBOの質問を通して，子どもたちはそれをいう機会が得られるのよ」という。このように，ZEBOの良いところとして，教師やその指導について子どもが意見を述べる場を提供している点が評価されていた。それをきっかけに教師が指導を改善していくことができるという。

　また，その他のZEBOの効果として，ZEBOによって教師が自分をより批判的にみることができるようになること，全てに対して目的意識をもって活動を行うようになること，それについて同僚と話すようになることがあげられていた。E校では，ZEBOの実施後，指導の改善には，教師たちが共働して取り組むという。授業については，教師たちは互いに授業訪問の約束をし，互いに助言し合うなかで改善を行っていく。実際に授業にもとづいて改善が行われることで，子どもたちの成長を見据えた事実にもとづいた改善が可能となる。H先生は「ZEBOはスタートであって，問題を教えてくれるの

第2章　学校内のコミュニケーションを促す学校の自己評価

写真2.2　E校の外観
のどかな田舎町にたたずむ学校。近くには風車もあり，のんびりした景色が広がっている。

よ。ZEBOが直接問題を解決してくれる訳ではないの。間接的なのよ」と述べる。ZEBOをきっかけに問題点が示され，それを教師同士の共働的な助け合いによって改善するのである。

　H先生は「私たちの誰かが問題をもった時，それはその人だけの問題じゃないの。『私たちの』問題なのよ。私たちは一緒に問題の改善にあたりたいのよ」という。こうした言葉から，E校では，ZEBOをきっかけに教師たちが質について話し合い，共働的に実際の指導場面に立ち会いながら指導の改善にあたっていることがわかる。このため，子どもの成長という視点が抜け落ちることはなく，学校評価が評価指標の単なる点検となったり，教職員に「やらされ感」が蔓延したりすることが防げていると考えられる。これは，前節でみたように，ZEBOがコミュニケーションを促進するようなあり方で評価結果を示していることにもよるだろう。

　こうした授業改善を行うにあたり，E校では，個に応じた指導を重視しているという。具体的には，クラスの子どもたちを習熟度別に3つのグループにわけ，上位グループ，中位グループ，下位グループの子どもたちをそれぞれ指導していく。まず，クラス全体に対して，指示や説明を行う。その上で，上位グループの子どもたちには他のグループよりも多くの課題が与えられる。中位グループの子どもたちは，上位グループほど多くの課題は与えられない。下位グループの子どもたちは，教師から重点的に丁寧な指導を受けながら，課題に取り組むこととなる。こうした個に応じた指導は，子どもの教育的ニーズに合わせる教育活動を重視する教育監査局の方針と合っていると考えられる。

　この点について，ZEBOには，一斉に学ぶ授業の形式を前提とするような評価指標が含まれていた。そのため，そうした評価指標は，E校が重視する授業形態とは異なる可能性がある。ただし，ZEBOには，「学力が低い児童と高い児童のためのケア」についての評価指標も含まれており，必ずしも常に一斉に学ぶ形式での授業を行うことを前提としている訳ではなかった。子

どもの教育的ニーズに合わせることが求められていた。E校が違和感なくZEBOを用いることができたのは，この柔軟性によると考えられよう。

それでも，E校とは異なる授業形態を前提とするような評価指標が含まれている場合，教師たちがZEBOの評価結果をただ「改善」することを目指すのではなく，ZEBOの実施後，質について話し合い，実際の指導場面に立ち会いながら共働的に授業改善にあたっていたことは意味があるといえる。なぜなら，学校外で設定されたZEBOの評価基準をある種相対化することで，自らの学校に合った形で改善する途が開かれているからである。これらは，直接的な指導場面に限らず，ZEBOに含まれている学校の目標，教職員会議等といった授業を支える側面についてもあてはまる。こうした改善の在り方は，ZEBOだけではなく，学校外で設定された評価指標を，学校が必ずしも絶対的なものと捉えることなく活かす道を示しているといえるだろう。

ZEBOから得られる示唆と限界——小さなまとめ

このように，ZEBOは，学校の自己評価をより良いものとするために，学校効果研究にもとづき，実際の学校の意見を反映し，信頼性・妥当性の調査を経て開発されたツールであった。ここで，再度ZEBOを，学校評価の主体，評価される質の中身，評価結果の活用という視点で整理すると次のようになる。

まず，学校評価の主体としては，学校自身，すなわち学校長，教師，児童が想定されていた。当時，それまでのオランダの自己評価ツールは，学校長・教師が学校レベルの評価を行うことを主としていた。それに対し，ZEBOは評価主体に児童の声も位置づけていた。ただし，ZEBOには保護者用の質問は含まれてはいない。

評価する質の中身に関しては，ZEBOでは，学校レベルとクラスレベルのプロセスとの結びつきを考慮して評価指標が設定されていた。ZEBOはス

ヘーレンスの考え方にもとづくことで，学校評価・カリキュラム評価・授業評価を個別に捉えるのではなく，それらを全体として含む学校評価を実現し，改善へつなげていく途を拓こうとしていた。ただし，評価指標は全て，行動の有無を問う形式となっており，1つ1つの行動の質を問うような質問は存在しなかった。

　学校評価の結果は，ある特定の立場の見解を絶対視することがないよう意見の相違を含めて示され，学校内におけるコミュニケーションの糸口を提示するようになっていた。そのため，ZEBOに学校が重視する方針と合わない評価指標が含まれていたとしても，学校で協議をした結果，必ずしもそれに従う必要がないことが示唆されていた。学校が自ら共働的に改善することが重視されていることがわかる。

　しかしながら，ZEBOに対しては，ZEBOの使用とアチーブメントには重要な関連がみられないことや，ZEBOのアウトプットを改善に使用することの難しさ等が指摘されており，シェアも低いことがわかった。その要因としては，次の3つが考えられよう。まず，学校効果研究に立脚して選ばれた評価指標が必ずしも学校のニーズと合うとは限らないことである。「教育の自由」が保障されているオランダでは多様な学校が存在するため，例えば情意面にも重点をおく学校ではZEBOの評価指標だけを用いた自己評価では不十分である[34]。また，個に応じた指導を望ましいと考える学校では，E校のように自由に学校の状況に即した改善案を考えられるような質の管理ができなければ，ZEBOは利用しにくいと思われる。こうした要因がシェアの低さにつながっていると想定されよう。

---

34) 第3章で取り上げる高いシェアをもつWMKという自己評価ツールは，教育監査されるポイントを組み込んで評価指標が設定されているが，一般的な学校用だけではなく，多様な学校種に対応できるようモンテッソーリ（第3章4節およびコラム2）用やイエナプラン（第6章第2節およびコラム3）用なども開発されている。さらに，WMKでは学校独自の評価指標をツールに加えることも可能である。

次に，ZEBOの評価指標には質的側面が含まれていなかった点である。ただ行動の有無を問うだけの評価になってしまえば，そこでの教育活動の質が問い直される契機が失われてしまう場合もあるだろう。

　最後に，ZEBOにはできる限り学校が自身で改善計画を実行できるようにとの意図があり，評価の後にZEBOの評価指標に沿って学校が変化を起こすことを必ずしも求められてはいないため，ツール開発時に想定された学校効果の実現が期待できるとは限らない点である。もちろん，ZEBOは信頼性・妥当性をもって評価を行うためのツールであり，改善活動とはわけて考える必要はあろう。しかし，学校効果研究は，効果があるとされる学校の特徴を特定することを目的とした研究である。その場合，そこで評価された項目に沿って改善が行われなければ，想定されたアチーブメントという学校効果の実現も期待できるとは限らないことになる。ここに，「教育の自由」のもとで学校が自主的に改善計画を立てることを重んじながら，研究上効果が実証された特定の教育活動を奨励することの難しさが生じてくる。このことから，学校評価の評価指標に関しては，学校外で開発された評価指標を用いようとすると，それが学校の教育理念や教育方法と合うとは限らないため，そこに限界が生じてしまう恐れがあるといえる。

　それでも，先にみたようなZEBOが提起する学校評価の在り方は，第1章で示した2002年教育監督法が抱えるとされた課題を乗り越える方途を示していると思われる。ZEBOでは，二重チェックという方策を用いながら，平均値だけでなく意見の相違やバラつきを示すことで，同じ立場内（例えば児童間）・違う立場間（例えば教師と児童）で評価のわかれた事項を議論の俎上におくことを可能にしていた。こうした方法は，教育監査の評価指標に対しても，法的要求に含まれない教育の質を学校が必ずしも絶対的なものと捉えることなく活かす途を示しているといえる。実際，E校では，ZEBOの結果，コミュニケーションが促されることで，特定の評価指標の結果を「改善」することがただ目指されるのではなく，「教育の自由」のもと，自由に学校

の状況に即した改善案を考えることで，質の管理が行われていた。

　以上のように，ZEBO は，学校評価の在り方に対して多くの示唆を含んでいたにも関わらず，先述のような ZEBO の限界などもあり，オランダの学校評価においてそれを活かすことはできなかった。実際には，2002 年教育監督法のもとでは，多くの学校が WMK と呼ばれる教育監査されるポイントを組み込んだ評価指標をもつ自己評価ツールを使用していた。次章では，多くの学校が WMK を用いてどのような自己評価を行っていたのかについて，その実情をみてみたい。

第3章

教育監査に対応できる自己評価ツールの流行
―― 自己評価ツール WMK

第3章　教育監査に対応できる自己評価ツールの流行

　本章では，2002年教育監督法のもと，多くの学校では実際にはどのような自己評価が行われていたのかについて，その内実を明らかにすることを目的とする。オランダには，前章で取り上げたZEBOなどの自己評価ツールが70以上存在するとされている[1]。こうした自己評価ツールのなかでも最も高いシェアをほこるツールがWMK（Werken Met Kwaliteitskaarten「質のカードとともに働く」の意味；以下，WMK）である。

　WMKは，2010年に筆者が開発者に調査したところ，オランダの半数以上の初等学校で使用されていた[2]。そのため，WMKに着目することで，オランダの初等学校における自己評価の実態の多くが明らかになると考える。また，WMKは監査されるポイントが組み込まれたツールであるため，WMKを取り上げることで，教育監査と学校の自己評価の関係がより具体的に明らかになるだろう。なお，WMKには4つの種類が存在する。2010年当時，WMKには，一般的な初等教育機関用であるWMK PO（Primair Onderwijs），オルタナティブ教育の1つモンテッソーリ用であるWMK MO（Montessori Onderwijs），中等教育機関用であるWMK VO（Voortgezet Onderwijs），特別教育用であるWMK EC（Expertise-centra）の4つの種類が存在していた[3]。このうち本章では，主に一般的な初等学校用に焦点をあて，最後にモンテッソーリ用を利用する学校の事例を用いる。モンテッソーリ教育については，詳しくはコラム2で紹介するが，もともとイタリアのマリア・モンテッソーリ（Montessori, M.；1870-1952）が提唱した教育であり，彼女が開発した教

---

1) SICI, *Effective School Self-Evaluation*, SICI, 2003, p.95.〔http://www.edubcn.cat/rcs_gene/extra/05_pla_de_formacio/direccions/primaria/bloc1/1_avaluacio/plugin-essereport.pdf〕（2015年11月22日確認）
2) オランダの初等学校の数は，2010年当時約7000校弱である。WMK開発者ボス氏によると，2010年当時WMKバージョン2の利用学校数が約1500校，バージョン3利用学校数が約2500～3000校という。つまり，計約4000校以上がWMKを利用していた。
3) 現在（2015年11月22日）は，これに加え，イエナプラン用であるWMK JP（Jenaplan）が存在する。また，WMKを利用している学校同士で共働関係を結び，質の改善を行えるようにする提携（Samenwerkingsverbanden）もある。

具等を通じて学べる学習環境を整えること，異学年でのクラス編成などに特徴がある。後に紹介するWMK開発者ボス氏によれば，モンテッソーリ用も，一般的な初等教育機関用と同様に，教育監査局の評価のポイントをもとに作られている。ただし，モンテッソーリスクールの学校長約20人に評価指標を示して，モンテッソーリスクールに合うように若干の変更を加えたという。

第1節　教育監査に対応できるツールの普及
——自己評価ツールをめぐる状況

まず，オランダの自己評価ツールをめぐる状況を確認し，本章で取り上げるWMKの位置づけを確認したい。その際，Q*Primairによって行われた自己評価ツール調査を取り上げることで全体的な特徴をみていくこととする[4]。

Q*Primairとは，先述したように，新しい学校評価制度へ移行した頃（2002～2007年），初等教育における質の保証のために設定された国のプロジェクトグループであり，学校の自己評価ツールの調査などを行っている。2005年にQ*Primairから出された調査報告書によると，当時の自己評価ツールのシェアは，WMK POが最も高く30.1%である。続いて，DIS（学校改善診断ツール DiagnoseInstrument Schoolverbetering；以下，DIS）が12.9%，KMPO（初等教育の質の測定器 Kwaliteitsmeter Primair Onderwijs；以下，KMPO）が11.0%となっている。10%以上のシェアをもつものは他になく，次に使われているツールのシェアは5%台である。

まず，最もシェアが高いとされているツールWMK POは本章で取り上

---

[4] この調査ではCitoのモニタリングシステムは評価対象とされていない。Citoのモニタリングテストは，子どもたちの学業成績を経年的に評価するテストである。シェアが高く，学校の自己評価のために使用することもできる。しかし，子どもの成果に特化しており自己評価ツールとしては特定的すぎるため，ここでは評価対象とされていないという (Dijkstra, N., van der Linde, A., & Majoor, D., *Kiezen voor Kwaliteit : tweede versie 2005. Instrumenten de maat genomen*, Q*Primair. 2005, p.14.)。

げているものである。この調査では、シェアは約30％となっているが、その後さらにシェアをのばしていく。監査されるポイントを組み込んで評価指標が設定されている点に特徴がある。

次に、KMPOは、INK (Instituut voor Nederlandse Kwaliteit) モデル[5]と教育監査局の『監督枠組』にもとづいて設計されている。WMK PO も KMPO も、教職員や保護者だけでなく児童へのアンケートも含んでいる点、教育監査を意識して設計されている点、アカウンタビリティのためにも改善のためにも利用できるようになっている点などが共通点としてあげられよう[6]。しかし、これらのツールの信頼性・妥当性はあまり高くなく、特に妥当性については、最低レベルと評価されている[7]。このことは、それらを使用して行われる自己評価が適切に評価したいことを評価できない可能性を示している。それにも関わらず、合わせて40％以上の学校がそれらのツールを使用するのは、学校が自己評価ツールをその質で選ぶのではなく、教育監査へ対応できるかどうかで選んでいるためである可能性が考えられる。

最後に、DISは2002年教育監督法以前から存在するツールであるため、『監督枠組』の指標にはもとづいていない。DISもアカウンタビリティのためにも用いられるが、改善を重視している。教師たちは10の質の指標にもとづいて、学校の状態について評価を行う。この結果において、教師間での意見の相違や、全国的なスコアとの比較が提示される。各学校への提案として、「話し合いの点」「行動の点」などが示される。これらは、学校計画書の作成

---

5) MNK (Model voor Nederlandse Kwaliteit) モデルと呼ばれることもある。欧州品質管理財団 (European Foundation for Quality Management) が開発した卓越性モデル (EFQM Excellence Model) のオランダ版。企業、政府、教育、健康といった4分野で使用される。教育では、高等職業教育、中等職業教育、成人教育で用いられることが多い。
6) Dijkstra, N., van der Linde, A., & Majoor, D., *op. cit.*, pp.37-40.
7) Q*Primairの調査では、「妥当性と基準 (normering)」について、次の6点がみられた。①妥当性の程度、②内容の妥当性（理論的基礎）、③基準のタイプ、④周囲との明確な比較可能性、⑤外部の集団の関与、⑥ツールの認定である (Dijkstra, N., van der Linde, A., & Majoor, *op. cit.*, p.11)。

への方針や優先事項を与える。また，具体的な改善案につながるヒントや説明も提示される。このように，DISは『監督枠組』にもとづいてはおらず，教職員が注目すべき質の側面を提示し，改善案を導き易くするツールであると紹介されている。

しかしながら，DISは比較的以前からあるがゆえに，児童がアンケートの対象となっていない。現在，多くのツールが，アンケートなどの方法によって児童の声を学校の自己評価に反映させているにも関わらず，DISではそれができないのである。それでも，ヨーロッパ教育情報ネットワーク（Eurydice）のレポートによると，2000年頃はDISが初等学校で最も使われており，約15%の学校が使用していたという[8]。このことをふまえると，2002年教育監督法が施行されるにあたり，WMKのような『監督枠組』に則った自己評価ツールが急速に普及していったことがわかる。そして，そのなかで最もシェアをのばしたのがWMKであったといえる。それでは，WMKとは，どのようなツールであったのかについて，以下，詳しくみていこう。

第2節　教育監査のポイントと学校のヴィジョンの明示化
　　　　——WMKの概要

WMKは1998年に開発された自己評価ツールである[9]。ここでは，筆者がWMK開発者であるボス（Bos, C.）氏にインタビュー（2010年9月16日）を行った当時，最も多く利用されていたインターネットベースのバージョン3

---

[8] van der Ree, R., *Evaluation of Schools providing Compulsory Education in Europe : Approaches to the evaluation of schools which provide compulsory education : the Netherlands*, Eurydice, 2000/01. [http://eacea.ec.europa.eu/ressources/eurydice/pdf/021DN/021_NL_EN.pdf]（2009年12月30日最終確認）

[9] WMKにはいくつかのバージョンがある。1998年開発バージョン1は現在もう利用されていない。2010年当時利用されていたのは，2003年開発CD-ROM型のバージョン2，2007年開発インターネット型のバージョン3であった。なお，以降WMKやボス氏の発言についての記述は明記されない限り，全てボス氏へのインタビュー（2010年09月16日）にもとづく。

第3章　教育監査に対応できる自己評価ツールの流行

写真3.1　ボス氏
ボス教育コンサルタント会社を創業。教育アドバイザーを務める。学校の質の管理のためにWMKができることを熱く語ってくれた。また，一定期間仮パスワードを発行して，筆者がWMKを使えるようにしてくれるなど，あたたかい協力をいただいた。最近は，学校改善により重点をおいた「私の学校計画」というシステムも作成している。

をみていく。

　WMKの特徴は，教育の質について監査されるポイントが自己評価の指標に組み込まれている点にある。インタビューによると，ボス氏は，教育監査局と契約を結び，監査されるポイントを自己評価の指標としてWMKに組み込んだという。ボス氏は「教育監査の指標はとても良い」「WMKの長所は，学校が教育監査を迎える前に，監査されるポイントを知り，それを前もって学校自身で評価できることだ」と語っている。ボス氏が教育監査を高く評価しており，学校の内部評価である自己評価と外部評価である教育監査が評価の指標を共有できるようにWMKを開発したことがわかる。

　ボス氏によれば，このように監査されるポイントを組み込んでいることが，学校がWMKの利用を決定する大きな要因であるという。ただし，WMKに備わる自己評価の評価指標の全てが，監査されるポイントである訳ではない。ボス氏によると教育監査に関連している評価指標は約75％であり，残りの約25％は学校の要望によって取り入れられた評価指標であるという。教育監査で用いられる評価指標だけではなく，多くの学校が質を管理するた

資料 3.1　クイックスキャン・学校診断のテーマ一覧

質の管理／提供される教育内容／時間／教育的振る舞い／教授に関する振る舞い／個に応じた指導／児童たちの積極的で自立的な役割／学校の雰囲気／ケアとガイダンス（とテスト方法）／成果／全体的な職員の方針／親とのコンタクト／内部のコミュニケーション／外部とのコンタクト／資源の利用／学校運営と学校手続き／学校マネジメント／専門職的態度／人生観に関わるアイデンティティ[10]（Levensbeschouwelijke identiteit）／（積極的）シチズンシップと（社会的）インテグレーションの質の管理／情報通信技術（ICT）／国語の読み方教育／算数・数学／科学・技術／算数・数学の自動化[11]

出典：資料はボス氏の協力のもと 2010 年 10 月 5～17 日ウェブ上で WMK の項目を閲覧した情報より筆者が作成。

めに望む評価指標が加えられていることがわかる。

　WMK には様々な機能が存在する。なかでも，学校の自己評価の機能の中心を担うのは次の 3 つ「クイックスキャン」「学校診断」「質問リスト」である。「クイックスキャン」は，簡単に素早く評価を行いたい時に使用される機能である。2010 年当時 26 のテーマがあり，その一覧は資料 3.1 の通りである。各テーマにつき，平均すると約 11 の指標が存在する。多くの学校はクイックスキャンを中心に利用しているという。

　「学校診断」は，クイックスキャンに含まれていたそれぞれの指標について，さらに詳しく学校を評価する機能である。そのため，学校診断には数多くの詳細な評価指標が含まれる。例えば資料 3.2 のように，テーマ「質の管理」におけるクイックスキャンの「学校は児童集団の教育的ニーズの違いを理解している」という評価指標について，学校診断では「学校は児童たちの特徴を確かめていた」「学校はターゲットグループの教育的ニーズを知っている」などの評価指標が存在する。学校診断は，クイックスキャンによって良くない結果が出た評価指標について，学校がさらに詳しく問題を特定した

---

10) これはキリスト教学校の要望で追加されたテーマであり，キリスト教に関わる内容の指標をもつ。キリスト教以外の学校では使われない。
11) 計算等に習熟し「自動化」された状態のこと。

資料3.2　クイックスキャンと学校診断の関係図

テーマ	クイックスキャン	学校診断
・質の管理 ・教育内容 ・時間 ⋮	1-1. 学校は児童集団の教育的ニーズの違いを理解している。 1-2. 学校は毎年その教育の質を体系的に評価している。 1-3. ⋮ 1-11.	1-1-1. 学校は児童の特徴を確かめていた。 1-1-2. 学校はターゲットグループの教育的ニーズを知っている。 1-1-3. 学校は教育をターゲットグループに合わせていた。

出典：資料はボス氏の協力のもと2010年10月5～17日ウェブ上でWMKの項目を閲覧した情報より筆者が作成。

い時などに用いられる。

「質問リスト」には、児童・親・教師向けの全体的な質問リストやソーシャル・セキュリティについての質問リスト[12]などが含まれる。全体的な質問リストには、表3.1のような内容が含まれる。その多くは、クイックスキャンや学校診断におけるテーマの一部と重なっている。

こうした質問リストについては、親は、インターネット上で回答することができる。学校は、パスワードを作成して親に渡す。親は、家でパスワードを用いて、WMKにログインし、質問に答えることができる。その回答結果は、自動集約され、評価結果としてまとめられる。

クイックスキャン、学校診断、質問リストのテーマや指標は数多い。しかし、学校は必ずしも全てを一度に行う必要はない。必要な時に必要な部分だけを利用することができるようになっている。また、学校が作成した独自の指標を加えることもできる。

評価実施後には、自動的に評価結果についての資料を作成することが可能である。また、WMKには改善計画書、評価計画書、年間計画書、年次報告

---

12) 子どもが安全に感じている、いじめにあっていない、などについての質問リスト。

表3.1　全体的な質問リストの項目

	児童	親	教師
テーマ（合計数）	9	12	11
質の管理	○	○	○
提供される教育内容	○	○	○
時間	○	○	○
教育的振る舞い	○	○	○
教授に関する振る舞い	○	○	○
個に応じた指導	○	○	○
児童の積極的で自立的な役割	○	○	○
学校の雰囲気	○	○	○
ケアとガイダンス	○	○	○
成果	×	○	○
まとまった職員の方針	×	○	○
学校選択[1]	×	○	×

出典：資料はボス氏の協力のもと2010年10月5～17日ウェブ上でWMKの項目を閲覧した情報より筆者が作成。

書などのフォーマットも含まれており，自己評価結果を用いて，簡単に必要書類を作成することができる。

　資料3.3は児童用質問リストの評価結果例である。評価結果には，グラフと表が含まれており，一目で良い結果だった箇所，良くない結果だった箇所がわかるようになっている。グラフにおいては，それぞれの指標について，自分の学校の結果と，他の学校における結果の平均が示される。評価は，1～4の4段階でスコアをつけるという方式で行われる。スコア平均が4段階の3以上の場合，十分であると判断される。グラフの他に，その学校の強みや，今後改善されうる点が文章の形で記されている。資料3.3の場合，「先生は，私が授業を楽しいと思っているかどうかを（……）尋ねる」「児童は，あらゆる学校のことについて一緒に考え，一緒に話し（……）ても良い」という評価指標について改善が必要であるとされている。こうした評価結果が自動的に作成されるため，各学校がそれぞれアンケートの結果を集計し，分

資料3.3 児童用質問リストの評価結果例

質の管理
結果（グラフ）

GSES
GSOS

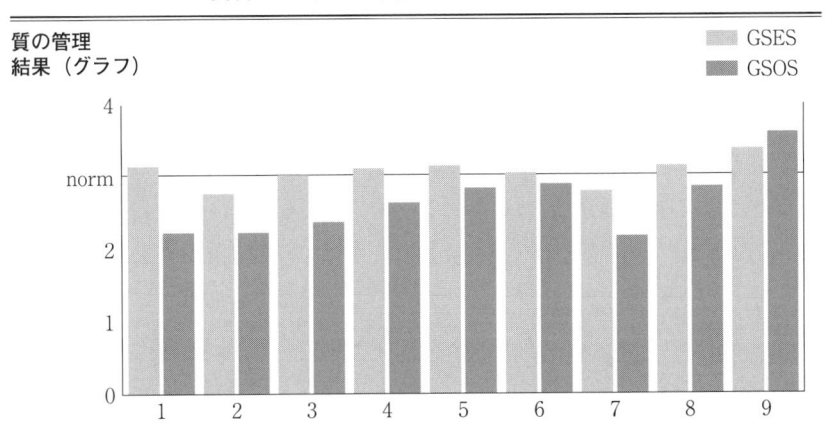

表 あなたの学校の平均スコア（GSES）と他の学校のスコア（GSOS）との比較

No.	質問	GSES	GSOS	−／＋
1	先生は，私が学校に満足しているかどうかを（……）尋ねる。	3.13	2.22	0.91
2	先生は，私が授業を楽しいと思っているかどうかを（……）尋ねる。	2.76	2.22	0.54
〜				
7	児童は，あらゆる学校のことについて一緒に考え，一緒に話し（……）ても良い。	2.79	2.17	0.62
8	何かが気に入らない時（楽しくないと感じる時）（……）私はそれをあえて言う。	3.13	2.85	0.28
9	私は私たちの学校は良い学校だと思う。	3.37	3.60	−0.23

考えられる改善点
次の点に関して改善が必要です。
・先生は，私が授業を楽しいと思っているかどうかを（……）尋ねる。
・児童は，あらゆる学校のことについて一緒に考え，一緒に話し（……）ても良い。

出典：ボス氏に提供を受けた資料（2010年9月18日）を筆者が翻訳。

析するといった手間を大きく省くことができる。ただし、ZEBOのように、評価者間の意見の相違などは示されない。

　しかしながら、実は、WMKを使う学校は、その学校が重視する内容をもりこんだ「質のカード」というカードを作り、それを中心に質の管理を行うことが求められている[13]。質のカードとは、学校が大切にしているヴィジョンなどに合う指標を並べたカードのことである。質のカードは、基本的にクイックスキャンから自分の学校が大切にしているヴィジョンなどにかなう指標を選ぶという方法で作成される。ただし、学校は必ずしもクイックスキャンのなかから指標を選ぶ必要はない。学校の状況に応じて指標を変更したり、追加したりすることも可能である。こうして作成された質のカードについては、学校はなぜその内容を質のカードに入れたのかを監査の際に説明できなくてはならないという。

　WMKを開発した会社ディアデ（Dyade）は、学校に対し、WMKを使い始めた最初の3年間、年に3回、WMKを用いた質の管理についての研修を行う。そこにおいて、質のカードについてのサポートもなされる。ボス氏によると、「多くの場合、私は、学校が望んでいるものは何なのかを学校が考えるよう支援する」「クイックスキャンは監査で求められるものを反映しているが、質のカードは学校が望むもの（学校のミッションやヴィジョンに沿うもの）を反映しているのだ」という。また、こうした学校の独自性に加えて、ボス氏は、質のカードのなかに質の管理に有効な指標が入るようにアドバイスも行うという。「教育の自由」のもとで、学校が独自性を活かした教育活動を行い、それを中心に自己評価を行うことを尊重しようとしているといえる。これにより、ツールの評価指標に教育監査されるポイントが組み込まれ

---

13)　質のカードについての記述はボス氏からのemail（2010年11月21日）にもとづく。なお、第1章で示した教育監査局が公開する監査結果も「質のカード」という名前であった。ただし、ボス氏によれば、「質のカード」という名称を用いたのは、WMKが先であり、後に教育監査局が監査結果を表現する際に同じ言葉を用いるようになったという。

ていたとしても，無批判にそれに従わざるをえない形にはならないようになっている。

　また，先述したように，学校はクイックスキャンなどにおいても，学校独自の指標を加えることができる。そのため，学校の独自性を意識した質の管理を実現する手段は質のカードの利用だけではない。事実，意識的に毎年独自の指標を作成してWMKに追加し，自己評価を行っている学校も存在した[14]。

　このように，監査のポイントを中心に，学校が簡単に自己評価を行い，その後の改善や計画へとつなげていけるようにWMKは設計されていることがわかる。さらに，研修を3年にわたって行うことで質のカードに関するサポートが行われたり，学校独自の指標を追加できたりすることから，学校の状況に即した質の管理が行えることを目指して設計されていることもわかる。

第3節　「個に応じた指導」の評価——WMKの評価指標例

　ここでは，クイックスキャンと学校診断における評価指標の例をみてみよう。教育監査局の『監督枠組』においては，子どもたちの教育的ニーズに合った教育活動を行うことが重視されていた。そこでは，第1章で指摘したように，特定の種類の個に応じた指導が推奨されている可能性があった。そこで，本節では「個に応じた指導」の評価指標例を取り上げたい。監査されるポイントが組み込まれたWMKの評価指標を通じて，教育監査局が想定する個に応じた指導の具体像をみてみよう。

　クイックスキャンの「個に応じた指導」には表3.2の4つの指標が含まれる。指標をみると，これらは教師が子どもの進歩や違いを把握し，それに応

14）　2010年09月28日に筆者が訪問した初等学校。

表 3.2　クイックスキャンの指標例

1	教師は児童の進歩を体系的にたどっている。
2	教師は，児童間の発達の違いに応じて指導や（指導後に）子どもたちが取り組む作業を調整している。
3	教師は，教育内容と／もしくは教授学習プロセスをその学年にどう合わせなくてはならないかを確かにするために児童たちの進歩を分析している。
4	教師の言葉の使用は児童の言葉のニーズに合っている。

出典：資料はボス氏の協力のもと 2010 年 10 月 5～17 日ウェブ上で WMK の項目を閲覧した情報より筆者が作成。

表 3.3　学校診断の指標例

2	教師は，児童間の発達の違いに応じて指導や（指導後に）子どもたちが取り組む作業を調整している。
2-1	教師は指導を差異化している。
2-2	教師は，より学力が低い児童に明らかに重点的に取り組んでいる。
2-3	教師はより才能のある児童に明らかに重点的に取り組んでいる。
2-4	教師はより学力が低い児童やより才能のある児童を，より多く指名したりさらなる例を提示したりする。
2-5	教師は，別に前もっての指導，繰り返しの指導，追加の指導を提供している。
2-6	教師は，教授を（もはや）行っていない児童を作業に従事させている。
2-7	教師は子どもたちが取り組む作業を差異化している。
2-8	教師はテンポの違いや内容に関する違いに配慮している。
2-9	教師はより才能のある児童に，取り組む課題をさらに別に与えている。
2-10	課題は児童の発達レベルと合っている。
2-11	教師は選択可能性に配慮している。
2-12	教師は行動計画を実行している：その計画には，計画的な助け，さらなる指導やさらなる練習が含まれている。

出典：資料はボス氏の協力のもと 2010 年 10 月 5～17 日ウェブ上で WMK の項目を閲覧した情報より筆者が作成。

じて指導が行えているかを評価するものであることがわかる。

　次に，クイックスキャンの 2 つめの指標「教師は，児童間の発達の違いに応じて指導や（指導後に）子どもたちが取り組む作業を調整している」についての学校診断の内容は，表 3.3 のようになっている。このように，クイッ

クスキャンの評価指標の1つ1つが想定する状態を，学校診断では具体的に知ることができるようになっている。これは，WMKのその他のテーマにおいても同様である。

表3.3をみると，教師が子どもの違いに応じて課題や内容を変え，指導を差異化することが求められている。授業場面における子どもの個人差への具体的な対応が求められていることがわかる。例えば，2-6「教師は，教授を（もはや）行っていない児童を作業に従事させている」からは，教師の説明をすぐに理解した児童には課題を与えて取り組ませ，なかなか理解できない児童には教師が一層丁寧な教授を行うといった形での個に応じた指導が推奨されていることがわかる。

第1章の資料1.1で示した2003年版『監督枠組』の評価指標では，教育活動を子どもたちの教育的ニーズに合わせることが強調されてはいたものの，具体的に個に応じた指導の在り方が示されている訳ではなかった。この点について，表3.3をみると，具体的な個に応じた指導の在り方が示されていることがわかる。ボス氏によれば，学校がWMKの利用を決定する大きな要因は，監査されるポイントを組み込んでいることにあるとされていた。つまり，WMKを利用する学校は，教育監査局が推奨しているのは，表3.3のような個に応じた指導の在り方であると受け止めることになる。そして，その数は，初等学校の半数以上に及ぶのである。

もちろん，子どもの教育的ニーズに合った教育活動を行うことは重要である。しかしながら，ここまで具体的な指導形態が，教育監査局が推奨するものとして受け止められた場合には，「教育の自由」のうち，教育を組織する自由の理念に抵触するように思われる。WMKではZEBOのように，評価者間の意見の相違などは示されない。WMKでは，評価結果は平均として算出される。このため，多くの学校は評価結果が悪かった評価指標に重きをおいて教育活動を「改善」しようとするように思われる。

ここで，重要となるのが，WMKがツール単体として使われるのではなく，

最初の3年間，質の管理についての研修とセットで学校に導入されていた点である。そこでは，学校が大切にしているヴィジョンなどに合う指標を並べた質のカードについてのサポートもなされる。これにより，学校自らが大切にしているヴィジョンなどを自覚化することが求められる。教育監査されるポイントを学校が無批判に「改善」するという危険性は減じられていると考えられる。

第4節　共働的な質の管理——A校での取り組み

　ここではWMKを使う初等学校であるA校を取り上げ，WMKを用いた質の管理の具体例について検討する[15]。以下A校の記述は，筆者がA校を訪れて行ったインタビュー（2010年9月27日）にもとづく。A校は，オルタナティブスクールの1つモンテッソーリ校（コラム2参照）である。小さい町にあり，2010年当時，児童数は282人であった。WMKのモンテッソーリ用を利用している。A校を取り上げる理由は，A校はWMK開発者であるボス氏が紹介してくれた学校であり，ボス氏がWMKをうまく使えていると考える学校の1つであるためである。

　A校がWMKを使い始めたのは，2007〜2008年度からである。自己評価ツールとして，WMKを選んだ理由は，ツールが使いやすく，質のカードを通じて簡単に教師たちと共働的な質の管理を行うことができるためであるという。WMKが監査されるポイントを反映しているためという理由はあげられなかった。

　表3.4は，A校の2007〜2011年の質の管理のための計画表である。A校はWMKにもとづき，4年間で1つの大きなサイクルを描くように自己評価を行っている。WMKには多くの評価項目が含まれているため，A校は長期

---

15) A校についての記述は，A校でのインタビュー（2010年9月27日）や，インタビューの際に入手した資料にもとづく。

第3章 教育監査に対応できる自己評価ツールの流行

写真 3.2　A校の写真
オランダの学校はカラフルで可愛い建物が多い。写真は，子どもたちが屋外で遊んでいる様子。

表3.4　A校の2007〜2011年の質の管理のための計画表

	2007-2008 (2008年9月)	2008-2009 (2009年5月)	2009-2010 (2010年5月)	2010-2011 (2011年5月)
クイックスキャン	・専門職的態度 ・教授に関する振る舞い ・国語の読み方教育 ・質の管理 ・内部のコミュニケーション ・算数・数学 ・学校コンセプトモンテッソーリ教育	・社会的インテグレーションと積極的シチズンシップ ・教育的雰囲気 ・提供される教育内容 ・個に応じた指導 ・ケアとガイダンス ・親とのコンタクト	・児童たちの積極的な役割 ・まとまった職員の方針 ・学校の雰囲気／安全 ・学校マネジメント ・外部とのコンタクト	・社会感情的発達 ・高い才能 ・課外保育 ・技術 ・ICT ・時間
診断	成果（テスト）	成果（テスト）	成果（テスト）	成果（テスト）
質問リスト	・ソーシャル・セキュリティの質問リスト（児童用，親用，教師用）	・全体的な質問リスト（教師用）	・全体的な質問リスト（児童用） ・ソーシャル・セキュリティの質問リスト（児童用，親用，教師用）	・全体的な質問リスト（親用）
質のカード		・専門職的態度 ・成果 ・教育的振る舞い ・学校コンセプトモンテッソーリ教育	・シチズンシップ ・教授に関する振る舞い ・児童たちのケア ・親とのコンタクト	・国語の読み方教育

出典：資料はA校から提供を受けた資料（2010年9月27日）をもとに筆者が作成。

的な視点をもって評価計画を立てていることがわかる。日本では，1年サイクルで評価計画を立てる学校が少なくない。しかしながら，第2章で取り上げたE校やこのA校のように長期的な視点で評価計画を立てることも，有効であろう。それにより，短期的な改善だけではなく長期的な改善を位置づけられるようになる。また，教職員の負担軽減にもなるだろう。

それでは，表3.4にもとづいて詳しくみていこう。まず，クイックスキャ

ンについては毎年約6つのテーマが取り上げられ，4年間でテーマを1通り網羅できるように計画が立てられている。クイックスキャンを利用するのは教師のみである。学校診断は計画には組み込まれていない。

次に，子どもの成果については，毎年評価される。A校では，Citoテストという初等学校最終学年の児童向けのテストが利用されていた。このCitoテストについては，詳しくは第5章で示す。実のところ，A校はここ数年Citoテストの結果が良くなく，それに対して危機感をつのらせていた。特に，学校長は，数年前から教育監査で「質が非常に悪い」と判断された学校についてはリスト化されてインターネット上で公開されていることをあげ，教育監査が厳格化していると述べる。学校長が悪い監査結果を得たくないという気持ちをもっており，監査やテストが一種の負担となっていることがうかがえる。しかしながら，それでも学校長は決して多くの練習問題を課すようなテスト対策はしないと強調していた。そのようなテスト対策では，子どもたちは身につけた知識をすぐに忘れてしまうからであるという。

また，質問リストについては，全体的な質問リストとソーシャル・セキュリティの質問リストが利用されている。全体的な質問リストは，4年間のうち，2年目に教師，3年目に児童，4年目に親に対して実行されるようになっている。このことから，児童やその親が，学校教育に対して評価を行う機会は，4年に1度とされていることがわかる。また，評価結果は，それぞれの評価指標に対して平均として算出される。これらのことから，ZEBOのように，同じテーマについて教師と児童の間の意見の相違などを検討することは難しいといえる。なお，ソーシャル・セキュリティの質問リストは2年に1度，教師，親，児童に質問がなされている。

最後に，質のカードについてである。質のカードはWMKの結果にもとづいて，自分たちの学校にとって最も大切なものは何かということを教師全員で話し合うなかで作成されるという。新しい質のカードが作られる際には，内容は全てWMKのなかから選ばれる。独自の指標は作られていないとい

う。A校が利用するWMKはモンテッソーリ用であることから、A校の独自性であるモンテッソーリ教育の理念はすでにある程度ツールの評価指標に反映されている。そのため、独自の指標が作られなくても、ある程度質のカードにA校の独自性はあらわれていると考えられる。

ただし、ここで表3.4をみると、質のカードの内容は、前年のクイックスキャンやCitoテストの結果から選ばれていることがわかる。そのため、質のカードは学校の独自性を発揮するものというよりは、むしろ前年の学校の自己評価結果を受けて、改善を行うためのものとして位置づけられているといえる。なお、A校では質の管理のために、質のカードだけでなく、毎年WMKにもとづいて改善計画書を作成し、改善への取り組みも行っている。このように、常にWMKで望ましくなかった評価結果から質のカードの内容が選ばれ、改善計画が作成される場合、自己評価が教育監査への対応としてのみ行われてしまう危険性も考えられよう。

この点に関して、A校では、監査対策のためだけにWMKが使われている訳ではないという。確かに学校長は、WMKが監査のための良い準備となることを認めている。しかし、学校長は監査において重視されないことであっても、もし学校として重要であると考えるものがあれば、それを自己評価で用いてもよいと述べる。その際、なぜそれが自分の学校にとって重要なのかを監査の際に説明しなくてはならないという。このことから、学校側が必ずしも教育監査の評価基準のみに従わなくてはならないと考えている訳ではないことがわかる。

なお、作られた質のカードを用いた話し合いが行われる際には、共働的な質の改善が目指される。作られた質のカードは教師全員に共有される。年に10～12回ほど会議がひらかれ、その際には質のカードから1つのテーマが選ばれる。そこでは、そのテーマに関して困難を抱える教師がいた場合には、それについて他の教師たちと話し合うことが求められる。それを通じて、そのテーマに関して良い取り組みを行っている教師が、課題を抱える教師の改

第3章　教育監査に対応できる自己評価ツールの流行

写真3.3　A校での児童の様子
まわりに人がいても集中して考えている様子がうかがえる。

善を助けるという。こうした教職員の自主的共働的な取り組みは，第2章のE校と同様に，学校評価が評価指標の単なる点検となったり，「やらされ感」が蔓延したりすることを防ぐ上で有効に機能しているといえる。A校の学校長は，一部の管理職のみが中心となって学校の自己評価を行うのではなく，自己評価ツールを教師にとって身近なものにしたいと考えている。そのため，A校でも，ZEBOを用いた学校のように，共働的な質の管理への取り組みがなされていた。ZEBOの場合のように，WMKというツール自体に評価指標を問い直すような回路が内在されていなかったとしても，A校は必ずしも教育監査の評価基準のみに捉われることなく，学校内の共働的な質の管理を構築していた。

WMKから得られる示唆と危惧，オランダの方向性
――小さなまとめ

　本章ではWMKを中心に学校の自己評価の内実を明らかにしてきた。WMKは，信頼性や妥当性の低さが指摘されながらも，高いシェアをほこるツールであった。その理由は，WMKが監査されるポイントを中心に，学校が簡単に自己評価を行い，その後の改善や計画へとつなげていけるように設計されていたためであると考えられた。ただし，研修を3年にわたって行うことで質のカードに関するサポートが行われたり，学校独自の指標を追加できたりすることから，WMKは学校の状況に即した質の管理が行えることを目指して設計されていることがわかった。

　こうしたWMKについても，再度，学校評価の主体，評価される質の中身，評価結果の活用という視点で整理してみたい。まず，評価の主体としては，WMKでは学校の教職員をはじめ，児童や保護者によって学校評価がなされることが想定されていた。また，評価される質については，WMKには教育監査の評価指標だけでなく，多くの学校が共通に望む評価指標も組み込

まれていた。これらのWMKに含まれる評価指標は，具体的な教育方法をも射程に入れていた。そこでは，具体的な個に応じた指導の在り方が示されていた。教育監査局が，ここまで具体的な指導形態を推奨していると受け止められた場合，「教育の自由」のうち，教育を組織する自由の理念に抵触することになると考えられた。

ただし，WMKを使う学校は，その学校が重視する内容をもりこんだ「質のカード」というカードを作り，それを中心に質の管理を行うことが求められていた。教育監査されるポイントのみに必ずしも捉われることなく，学校が重視する質を自覚し，自己評価に取り組むことが求められていた。A校においても，教育監査で重視されない質であっても，もし学校として重要であると考える質があれば，それを自己評価の評価対象としてもよいと考えられていた。

最後に，評価結果の活用については，WMKでは自動的に評価結果の資料が作成される。この結果は，教育監査の際にアカウンタビリティの役割を果たす。また，改善が必要な点も示されている。改善計画書，評価計画書，年間計画書，年次報告書などのフォーマットも含まれており，評価結果を改善へつなげやすいような工夫がなされているといえる。

WMKではZEBOのように，意見の相違などは示されない。WMKでは，評価結果は平均として算出される。この場合，多くの学校は評価結果が悪かった評価指標に重きをおいて教育活動を「改善」しようとするように思われた。ただし，繰り返しになるが，WMKはツール単体として使われるのではなく，最初の3年間，質の管理についての研修とセットで学校に導入されていた。そこでは，学校が大切にしているヴィジョンなどに合う指標を並べた質のカードについてのサポートもなされる。A校でも，必ずしも教育監査の評価基準のみに従う必要がないことが自覚されたなかで，共働的な質の管理が行われていた。

しかしながら，もしもWMKを用いるための研修がなくツール単体とし

て用いられた場合，また研修が行われても結局その内容が日常の学校の質の管理に活かされなかった場合，教育監査局が推奨しているからという理由のもとに，幅広い教育目標や子どもの豊かな理解という視点とは切り離された形で，個に応じた指導という指導形態が導入される危険性があるように思われる。その場合，自己評価の結果行われる「改善」は，子どもの豊かな学びと切り離された空洞化したものとなってしまう恐れがあるだろう。また，第5章で取り上げる「現実的な数学教育」のような，一斉に学ぶ授業の形式を取りながらも，一人ひとりの子どもの理解のレベルに焦点をあてた教育理論や教育実践が軽視される危険性もある。教育の質を守るために，良いと考えられる特定の指導形態を推奨することは，こうした危険性をはらんでいる。

　これらの点をふまえて第Ⅰ部を振り返ってみよう。2002年教育監督法に対しては，「教育の自由」にもとづく学校の独自性を尊重することに課題があることが指摘されていた。実際，WMKに含まれているような具体的な指導形態を教育監査局が推奨していると受け止められた場合，「教育の自由」のうち，教育を組織する自由の理念に抵触することになると考えられた。しかしながら，ZEBOやWMKにはこうした点を克服しうる示唆が含まれていた。

　学校が教育監査される教育の質を自己評価する場合には，法的要求に含まれない部分については，例えばZEBOで実現されていたように，学校内で評価がわかれた事項を議論の俎上におけるようにすることで，その評価指標を絶対的なものと捉えることなく活かすことができるだろう。WMKのように，学校が大切にしているヴィジョンなどを意識しながら自己評価を進めていけるような研修を継続的に行うという方法もある。これらは，学校内での共働を促す役割も果たしており，実際E校やA校では教職員自らが主体となり質の管理が行われていた。これらの示唆を活かすことができれば，教育監査局は，2002年教育監督法の本来の意図に立ち戻り，全ての学校に共通して重要であると合意された教育の質を中心としつつも，それを押しつける

ことなく，学校の自己評価を軸として，各学校が取った選択とその理由を尊重するといった形での教育監査の実現に近づくことができたかもしれない。

しかしながら，実際には，オランダの教育監査はこれとは別の方向へ進んでいく。それによって，「教育の自由」があるにも関わらず法的要求以外の教育の質が教育監査局によって監査されるという矛盾はある意味で解消されることになる。この点について，次の第Ⅱ部で詳しくみていこう。

Column 2
モンテッソーリ

> 子どもの自由が本物であるかどうかについておとなの良心は目覚めさせられなければなりません。
> マリア・モンテッソーリ著，林信二郎，石井仁訳『子どもの何を知るべきか　モンテッソーリの教育　子どもの発達と可能性』あすなろ書房，1980年，p.166。

　モンテッソーリ教育とは，イタリア初の女性医学博士であるマリア・モンテッソーリ（Montessori, M.；1870-1952）が提唱した教育である。モンテッソーリは，1897年にローマ大学附属病院精神科で助手として働き始めたことをきっかけに，知的障害児の治療教育に関心を持つようになる。そこで，障害児教育で有名なイタールやセガンに学び，障害を持った子どもには，医学だけでなく教育が重要であることを知る。その後，モンテッソーリはローマのスラム街の教育施設の責任者に任命される。そうして1907年ローマで「子どもの家」が設立され，モンテッソーリはそこで障害児への治療や教育を健常児に適用した。ここでの実践が成果を収め，当時世界的に普及したのがモンテッソーリ教育である。

　モンテッソーリによれば，子どもたちに隠れている正常な精神的性質を開花させること，そのための条件を整えることが重要であるとされる。その条件とは，適当な環境，謙遜な指導者，科学的教材という3つの外的条件である。子どもたちが何の束縛も感じない快い環境があること，教育者は「精神的謙虚」さを持つことで子どもを理解する準備となること，子どもたちに適当な魅力ある，五感の発育を促進する教具を使用させることが重要であるとされた。

　オランダにおけるモンテッソーリ教育の導入は，幼児教育では1914年，初等教育では1916年にさかのぼる。現在も初等学校は約175校あり，中等教育学校も存在する。学校では，異学年クラスが編成され，教室では色鮮やかな教材を見ることができる。写真のように，子どもたちは一人ひとり，もしくはグ

ループで教材に取り組むことで，大人から教えられるのではなく，自ら言葉や数などを自然に学ぶことが期待されている。

　日本においても，モンテッソーリ教育はオランダと同時期の1912年に日刊新聞『萬朝報』で初めて紹介されている。当時，大正自由教育のもとで関心が集まったものの，ほどなく衰退の道を歩む。しかし，1950年代以降再び日本に紹介され，現在は多くの幼児施設が存在している。モンテッソーリについては日本モンテッソーリ協会という学会もあり，数多くの論文，著作，翻訳本が出版されている。関心のある方はぜひそれらを参照されたい。

モンテッソーリ校では，子どもたちが自分で選んだ教材に取り組むことで，いつの間にか自然に学習できるようにすることが目指されている。

第Ⅱ部
学校評価の今日的展開と新たな模索

第4章

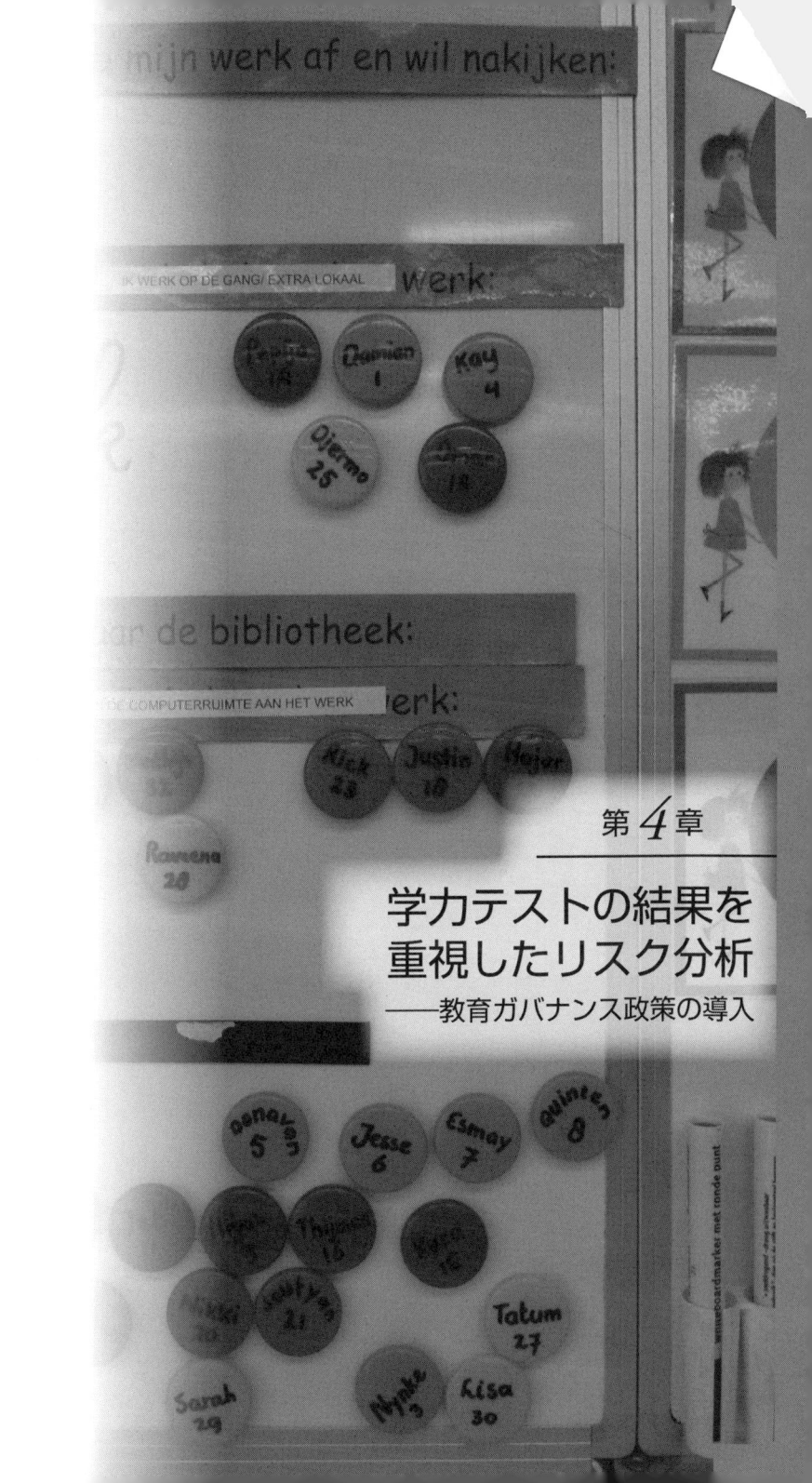

学力テストの結果を重視したリスク分析
――教育ガバナンス政策の導入

2010年、いわゆる「良い教育良いガバナンス法（Wet goed onderwijs goed bestuur）」が制定されたことで、2002年教育監督法によって整えられた学校評価制度に1つの転機が訪れる。この法律により、長期にわたって非常に質が悪いと判断されると、最も極端な場合には公立学校では閉鎖、私立学校では予算の停止といった制裁が規定されたのである。こうした流れを受け、2012年には教育監督法も改訂された。

　これらの法改訂の背景には、「教育ガバナンス」と呼ばれる政策プログラムの導入がある。「教育ガバナンス」の中心的な原理は、教育審議会によれば、①ガバナンスと内部監督との機能分離と、②垂直的アカウンタビリティと水平的アカウンタビリティとの間のバランスであるという[1]。1つめのガバナンスと内部監督との機能分離とは、学校理事会が内部監督委員会を設けるなどによって、学校理事会におけるガバナンスと内部監督との機能をわけることを指す[2]。2つめについては、ステイクホルダーに対する水平的アカウンタビリティが、政府に対する垂直的アカウンタビリティに置き換わることはできないことを意味するという[3]。政府は、教育の質やアクセシビリティ（toegankelijkheid）、選択の自由といった側面を保護することによって、公益を守るという役割を常に担うべきである。オランダで多くの学校が公的資金を受けている限り、学校は公的資金の効果的で適切な使用について政府に釈明する義務を負うという。

　こうした「教育ガバナンス」の特徴は、アカウンタビリティ、教育監査、

---

1) Onderwijsraad, *Degelijk Onderwijsbestuur*, Den Haag: Onderwijsraad, 2004.[https://www.onderwijsraad.nl/upload/documents/publicaties/volledig/website_degelijk_bestuur.pdf]（2015年11月22日確認）。
2) エレンによれば、学校理事会と内部監督者の役割は次のようにわけられる。学校理事会は個々の学校の質をモニターする質の管理システムを実行する責任をもつ。そして、内部監督者や教育監査局に管理下の学校がどのようであるかについての情報を提供する。一方で、内部監督者は、学校理事会の仕事をモニターし、学校理事会が全ての学校を管理（govern）できているかや、学校理事会が学校の質をいかにモニターし改善しているかを批判的に問う。（エレンからのメール（2015年1月7日）による）
3) Onderwijsraad, *Degelijk Onderwijsbestuur*, p.68.

自己評価，改善活動の間の最善のバランスを得ようとする点にあるとされている[4]。そこでは，①国のスタンダードや公的アカウンタビリティを定める，②保護者が学校内の内部監督プロセスにおいて積極的な役割を担うよう奨励する，③外部の政府監督を制定するという3点を通じて，学校内部の質の管理を刺激するという。これにより，次の2つが目指されている。1つは，教育的アカウンタビリティにおいて，学校に，事後的役割ではなく，率先した役割を担わせることである。もう1つは，その他の当事者（保護者，生徒，教師たち）をアカウンタビリティシステムに関わらせることである。

以上のような「教育ガバナンス」の基礎にあるのは，イェール大学の弁護士・経済学者であるエァズ（Ayres, I.）[5]とオーストラリア国立大学の犯罪学者であるブレイスウェイト（Braithwaite, J.）[6]が提唱する「応答的規制（Responsive Regulation）」の強制ピラミッドであるという。そこで，本章では，まずエァズらが提唱する強制ピラミッドの特徴をふまえる。次に，それがどのようにオランダに引き取られ，どのように評価されているのかを整理することで，「教育ガバナンス」の影響を考察する。その上で，2012年教育監督法の特徴を詳述する。それにより，オランダの学校評価政策の転換において，2002年教育監督法では重視されていた学校の自己評価の位置づけがどのように変化したのかを明らかにしたい。

---

4) Janssens, F. J. G., & de Wolf, I.F., "Analyzing the Assumptions of a Policy Program: An Ex-Ante Evaluation of "Educational Governance" in the Netherlands", *American Journal of Evaluation*, Vol.30, No.3, 2009, p.412.
5) エァズは，イェール大学ロースクール（Yale Law School）教授，イェール大学マネジメントスクール（Yale's School of Management）教授等を務める。
6) ブレイスウェイトは，オーストラリア国立大学の教授である。

第 1 節　規制の効果を生み出すために
——応答的規制の強制ピラミッド

　応答的規制とは，エァズとブレイスウェイトが提唱する規制の在り方である。そのため，教育というよりは，むしろそれ以外の徴税，安全，環境といった規制を必要とする様々な分野に適用されている。日本では，企業の刑事責任論をめぐる議論や，消費者法などの文脈で紹介されている。ルーク・ノッテジ（Luke Nottage）によれば，応答的規制理論の考え方とは，「企業が規制法制を遵守すると想定かつ予想し，企業が規制法制を遵守しなければ，最少レベルの制裁から，それを段階的にエスカレートさせて制裁するだけ」[7]のものであるという。そのポイントは，「通常は最少の形の規制的応答しか使用しないという規制の実践を維持する点」[8]にあり，「高いレベルに段階的にエスカレートさせなければならないということなく遵守を達成する点」[9]にあるとされている。

　具体的に，エァズらが示す強制ピラミッドの例を図 4.1 でみてみよう[10]。まず，1 番下の層は「説得」とされている。ルーク・ノッテジの指摘にもあったように，大部分の規制措置は最も低いレベルであるこの段階で行われるとされている。その次は警告状である。ここで，遵守できなければ，その次の層にある民事制裁金が課される。さらに，それでもうまく行かない場合は，刑事処分される。それにも失敗すれば，施設の閉鎖もしくは一次的なライセンスの差し止めが行われる。最後に，それでも失敗した場合，最終的にはラ

---

7) ルーク・ノッテジ著，新堂明子訳「応答的規制と消費者製品の安全性」北海道大学グローバル COE プログラム「多元分散型統御を目指す新世代法政策学」事務局『新世代法政策学研究』第 13 巻，2011 年，p.213。
8) 同上論文，p.214。
9) 同上。
10) Ayres, I., & Braithwaite, J., *Responsive Regulation : transcending the deregulation debate*, New York : Oxford University Press, 1992.

イセンスは永久に取り消される。

　ここで，エァズらが重視するのはピラミッドの内容ではなく形式である。このピラミッドを用いた場合には，規制者は段階的に規制を強めていくことができる。エァズらによれば，規制機関が，ライセンスの差し止めを行うといった強力な抑止力をもつことは珍しいことではない。しかしながら，それが唯一の規制手段であった場合には，よほど特別な違法の際以外にはそれを使うことが政治的に不可能であり道徳的に受け入れられないほど過激である点に問題があるという。規制機関が制裁をたった1つしか実行できなければ，結局，規制機関は罰則の効果をもたらすことはできない。例えばもし，飲酒運転に終身刑といった重い罰則しか適応されていなければ，多くの警察官は飲酒運転での逮捕を減じるであろう。それでは，飲酒運転への罰則は効果をもちえない。同様に，規制機関がたった1つの重い制裁しかもたない場合，合理的な企業であれば，ここまでの違法であれば実際には制裁を受けることはないという可能性を計算することができるだろう。その場合，規制機関は罰則の効果をもたらすことはできない。

　こうした理由から，エァズらは唯一の制裁を設定するのではなく，段階的に規制を強める形式を重視している。応答的規制の考え方に沿って，規制機関が，企業の非共働性やその応答の道徳的・政治的受容性に応じて，抑止力を段階的に上昇できる時にこそ，規制機関は最も企業との共働を生み出すことができると考えられたのである[11]。

　なお，図4.1は，1つの企業を対象とした場合のピラミッドの例であった。産業界全体を対象とした強制ピラミッドを考える場合には，図4.2の例が示されている。まず，1番下の層は産業界の自己規制となっている。産業界の自己規制が適切に機能する時には，納税者や規制を受ける産業界側にとって，

11）　こうした規制の在り方については，「法の支配」との間に緊張関係をもたらすという指摘もある（長谷部恭男「『応答的規制』と『法の支配』（国家と自由／憲法学の可能性5）」『法律時報』第70巻第10号，pp.75-77, 1998年）。

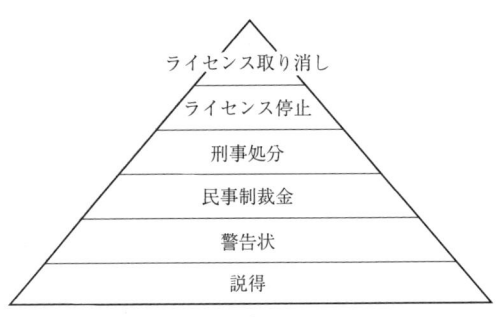

第4章 学力テストの結果を重視したリスク分析

```
        /\
       /  \  ライセンス取り消し
      /----\
     / ライセンス停止 \
    /--------\
   /  刑事処分  \
  /------------\
 /  民事制裁金   \
/----------------\
/    警告状       \
/--------------------\
/      説得           \
/----------------------\
```

図 4.1　強制ピラミッドの例

それぞれの層のスペースの割合は，そのレベルでの強制活動の割合を示している。
出典：Ayres, I., & Braithwaite, J., *Responsive Regulation : transcending the deregulation debate*, p.35 の図を筆者が訳出。

```
        /\
       /  \ 裁量のない罰則を
      /    \ ともなう命令規制
     /------\
    / 裁量がある罰則を \
   /  ともなう命令規制  \
  /----------------\
 /   強制自己規制    \
/--------------------\
/     自己規制         \
/----------------------\
```

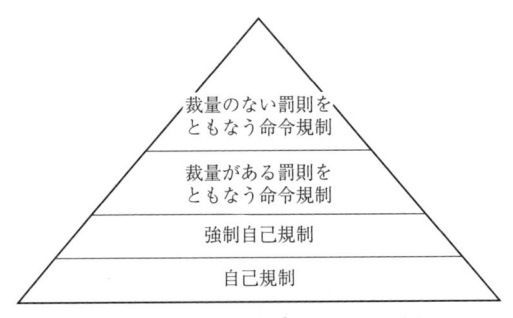

図 4.2　強制戦略ピラミッドの例

出典：Ayres, I., & Braithwaite, J., *Responsive Regulation : transcending the deregulation debate*, p.39 の図を筆者が訳出。

最も負担が少ないアプローチであると考えられているためである。しかしながら，自己規制が適切に機能しない場合には，介入が段階的に実施されることとなる。図4.2では，強制自己規制，裁量の余地のある罰則をともなう命令規制，裁量のない罰則をともなう命令規制へと段階的にエスカレートしている。ここで，裁量のない罰則をともなう命令規制は，戦場で軍隊が引き返

すことのできる唯一の橋を燃やすことと似ているといった例が示されている。軍隊が橋を燃やす場合も，裁量のない罰則の場合も，敵に決して降参しないことを伝えるという献身（commitment）を示す効果があるとされている。このような記述からは，このピラミッドで規制対象として想定されているのは，明確な違法行為などの不順守が許されないものであることがわかるだろう。ここには，規制対象とされる行為が本当に規制されるに値するのかを問い直す回路はない。だからこそ，裁量の余地なく罰則を与えるという方向へ向けて段階的に制裁を設定することによって遵守を導こうとしているといえる。なお，これは戦略ピラミッドの一例であり，段階的にエスカレートするピラミッドは，他にも様々な内容が考えられるとされている。

さらに，こうしたエァズらのピラミッドに関しては，ルーク・ノッテジが次のような指摘をしている。「この応答的規制モデルに基づく規制的強制ピラミッドを機能させるためには，発動される…（中略）…段階的にエスカレートする制裁の多様性が必要となるだけでなく，十分な情報の流れもまた必要となる」[12]というものである。これは「何らかの不順守が行われているか否かを知る必要があり，さもなければ，このモデルは有効に機能しない」[13]ためである。ルーク・ノッテジは「エアーズとブレイスウェイトら自身がそのモデルの中で黙示にまたときに明示に強調する以上に，私は，この十分な情報の流れというものを強調したい」[14]という。こうした指摘をふまえれば，エァズらのピラミッドが適切に機能するためには，不順守が行われているか否かについての十分な情報の流れを得ることができるような仕組みが不可欠であるといえよう。

以上より，エァズらが構想する強制ピラミッドについては，ピラミッドの基底は最も負担が少ない自己規制とされていること，それが機能しなければ

---

12) ルーク・ノッテジ著，前掲論文，p.216。
13) 同上。
14) 同上。

段階的に制裁をエスカレートさせること，明確な違法行為などの不順守が許されないものを規制対象としていると考えられること，不順守が行われているか否かについての情報の流れを得る仕組みが不可欠であることなどが，その特徴として指摘できるだろう。

第2節　内部コントロールを基礎とするピラミッド
　　　――オランダの「教育ガバナンス」

　オランダにおける「教育ガバナンス」をめぐっては，様々な議論がある。具体的な政策に関しては，教育監査局で代表監査官（head of staff inspector）まで務めたヤンセンス（Janssens, F.J.G.）らが，その政策の事前評価研究を行っている。ヤンセンスは，「教育ガバナンス」という目的や政策の背後にある理論を整理し，その政策が実施された場合どのような状況が生じることが想定されているのかを明らかにした上で，これまでの先行研究をふまえて科学的な知見からその想定は実現しうるのか，「教育ガバナンス」の政策は適切に機能し，その目標を達成しうるのかを評価している。本節では，ヤンセンスらの研究に依拠して，オランダでの「教育ガバナンス」政策の目的やそれが想定するものをおさえ，ヤンセンスらがどのようにそれを評価したのかを整理したい[15]。

　まず，ヤンセンスらによれば，「教育ガバナンス」という政策は，政府によって決められた教育的ゴールやスタンダードを教育監査と結びつけるシステムへのオルタナティブとして提示されたという。そうした古いシステムは，抑制と均衡（check and balance）を過度に強調している。また，その主要な行為者，すなわち教育に携わる者から責任を取り去る点で民主的ではないと

15）　以後，本節の記述は，Janssens, F. J. G., & de Wolf, I.F., "Analyzing the Assumptions of a Policy Program: An Ex-Ante Evaluation of "Educational Governance" in the Netherlands", *American Journal of Evaluation*（Vol.30, No.3, 2009, pp.411-425）にもとづく。

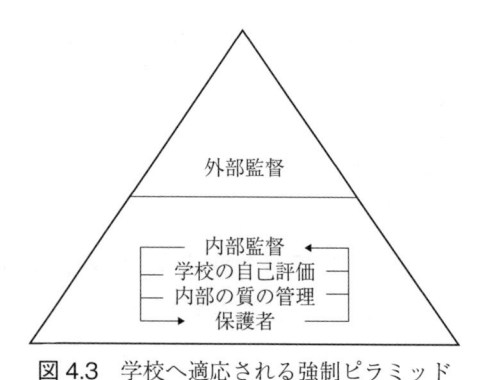

```
         ╱╲
        ╱  ╲
       ╱外部監督╲
      ╱────────╲
     ╱  内部監督  ╲
    ╱ 学校の自己評価 ╲
   ╱  内部の質の管理  ╲
  ╱     保護者      ╲
 ╱──────────────────╲
```

図 4.3 学校へ適応される強制ピラミッド
出典：Janssens, F. J. G. & de Wolf, I.F., "Analyzing the Assumptions of a Policy Program : An Ex-Ante Evaluation of "Educational Governance" in the Netherlands", p.414 の図を筆者が訳出。

されている。そうではなく，「教育ガバナンス」では，政府ではない市民や企業，機関といった主要な行為者へ責任をあてがうことによって，均衡の機能を満たすのである。

　この「教育ガバナンス」の基礎にあるものが，エァズらの強制ピラミッドである。ヤンセンスによれば，強制ピラミッドは，公共サービスのゴールと期待を満たすよう設計されている抑制と均衡のモデルであるとされている。ピラミッドの最も低い層が，その機関の自己規制活動とされており，政府による監督がピラミッドのトップにくるという。このモデルの中核的な側面は，最も低い層の規制活動を上の層にとって目にみえるようにしたり，またその逆も同様にしたりするといった，最も高い層と最も低い層の間の中間的な役割を内部監督が果たすことであるとされている。

　オランダの教育へと適応された強制ピラミッドは図4.3のように描かれている。ピラミッドの基礎は，学校内の自己規制と自己モニタリング（内部コントロール）という形となっている。それは，学校が質の要求を満たしていることを信頼してもらうために必要となる，質の管理システムや体系的な活

動から構成される。学校の自己評価は，教育を改善することと，（内部監督者に対してのみではなく，保護者に対しても）アカウンタビリティを保つことという二重の目的をもっているという。ピラミッドのトップには学校外部の政府による監督（外部コントロール）がある。政府は，内部コントロールによって学校が自らを十分に規制できない時にのみ介入を行う。トップの層はシステム全体の信頼性（reliability）や信用性（credibility）を守るために必要であるとされる。そうすることで，排他的な「上からの監督」といった不利益を弱めるような，より応答的なコントロール構造を作りだしているとされている。

　ヤンセンスらは，この政策理論は，次の5つのような状況が生じることを想定しているという。1つめは，学校内部の質の管理システムによって，学校はその質の全体的な状況を生み出すことができ，アカウンタビリティの目的のために内部監督者や有権者（constituents）とそれを共有できるようになるというものである。2つめは，学校が直接的に関わりのある人々にアカウンタビリティを果たせる時（水平的アカウンタビリティ），これらの人々は学校の自己規制に積極的な影響力を行使することができるというものである。3つめは，学校の質は外部監督と内部監督の両方によって改善されるというものである。4つめは，内部監督は独立性をもち専門職的に，政府のゴールを考慮に入れて行われるべきであるというものである。そして，5つめは，もし学校が内部の質の管理システムによってアカウンタビリティを果たせば，教育監査局はそれに応じて監督活動を調整できるだろうというものである。

　こうした想定について，ヤンセンスらが先行研究にもとづいて行った評価結果は，表4.1の通りである。彼らは，「教育ガバナンス」という政策プログラムの効果に対して，深刻な疑念を投げかけている。まず，想定1に関しては，70%の初等学校が自己評価の何らかの形式を欠いているなど学校が適切な自己評価を実施できていないこと，さらにアカウンタビリティのため

表 4.1　ヤンセンスらによる5つの想定の評価結果

No.	想定	評価結果
1	内部の質の管理システムによって，学校はその質の全体的な絵を生み出すことができ，内部監督者や有権者（constituents）とそれを共有できるようになる。	想定は今のところ信じがたい。なぜなら，(a) 質の管理と自己評価はいまだ初期段階にある，そして (b) アカウンタビリティ資料は不十分である，一部には自己評価の相反する目的のために（すなわち改善 vs アカウンタビリティ）。
2	学校が直接関わりのある当事者である他者に説明責任を果たせる時（水平的アカウンタビリティ），これらの当事者は学校の自己規制に積極的な影響力を行使することができる。	(a) アカウンタビリティは重要である，それは学校がその質を改善するのを促すためである。そして，(b) アカウンタビリティの情報の有用性として，学校の経営方法について人々が行使できる影響力を増やすことを期待するべきではない。
3	学校の質は外部監督と内部監督の両方にとって改善される。	外部監督はある程度機能する；内部監督は，戦略的な行動があまり取られない時には，外部監督以上により良く機能するかもしれない。
4	内部監督は専門職的に，独立して，政府の目的を考慮に入れて行われるべきである。	内部監督の専門職性や独立性は，深刻に疑われるべきである。なぜなら，多くの場合，内部監督者は学校理事会によって任命された人だからである。政府の関心が内部監督者によって考慮される程度はとても低い。
5	もし学校が内部の質の管理システムによってアカウンタビリティを生みだせば，教育監査局はそれに応じて監督活動を調整できるだろう。	先行研究は，この想定を損ねている。学校のアカウンタビリティと外部監督を調整することは，ゴールの違いや情報の必要性のために困難（challenging）である（公的アカウンタビリティVS学校改善）。

出典：Janssens, F.J.G.& de Wolf, I.F., "Analyzing the Assumptions of a Policy Program: An Ex-Ante Evaluation of "Educational Governance" in the Netherlands", p.422 の表を筆者が訳出。

の資料についても学校がより良くみせようとする傾向などがあることから，想定の実現は難しいのではないかと指摘されている。

想定2に関しては，学校の質についての情報は，学校改善を促すといった点においては重要であるものの，保護者等は学校選択の際に学校の質についての情報を滅多に利用しないことなどから，保護者等が学校についての質の情報を知ることで学校に影響力を行使するようになるとは考えにくいとされている。

続いて，想定3についてである。外部監督には未だ不明な点もあるものの，教師や校長の行動への影響や，学校の方針の変化といった効果などについては，しばしば実証的な研究を通して明らかにされているという。一方で，内部監督についての研究は外部監督ほど進んではいないとされる。ただし，外部監督の場合，学校が自らをより良くみせようと戦略的に行動するといったことが起こりがちであるのに対して，内部監督の場合，そうした行動があまり生じないと考えられることから，内部監督が外部監督と同様な独立性や専門職性をもつことができれば，外部監督以上により良く機能しうることも指摘されている。しかしながら，こうした内部監督の機能については，その専門職性と独立性に大きな疑問も投げかけられている。これは，想定4と関わる。内部監督者が専門職性をもつことは考えにくいこと，内部監督者が独立性をもった場合，一般的な関心や政府の関心が考慮に入れられることなく学校自らの関心に焦点があてられる場合があることなどがその理由としてあげられている。

最後に想定5についてである。先行研究では，学校の自己評価と外部監督は互いに補強し合うことが主張されていながらも，外部監督が自己評価にもとづくことは難しいとされているという。その理由は，次の3つにまとめられていた。1つめは，改善を目的とした自己評価がアカウンタビリティを目的とした評価と両立しないことである。2つめは，学校自らによって行われる自己評価では表面的なみせかけなどが行われる可能性があり，信頼性が脅

かされることである。3つめは，自己評価を行う人々が評価を行う能力を欠いていることである。これらのことから，想定5についても疑問が投げかけられている。

　以上のようにみてくると，オランダでは「教育ガバナンス」を通じて，学校が質の管理システムを築き，教育の改善やアカウンタビリティの役割を担うことが想定されているにも関わらず，これまでの先行研究にもとづいてヤンセンスらが分析したところ，想定は実現しそうにないと考えられたことがわかる。

第3節　教育の質が矮小化される危険性
——「教育ガバナンス」の特徴とその影響

　本節では，エァズらによる「応答的規制」の強制ピラミッドの特徴をふまえ，ヤンセンスらの政策の事前評価研究等を参照しながら，オランダにおける「教育ガバナンス」の影響を考察してみたい。

　まず，ヤンセンスらの政策の事前評価研究によれば，オランダの「教育ガバナンス」では，ピラミッドの基礎は，学校内の自己規制と自己モニタリング（内部コントロール）という形となっていた。これは，ピラミッドの基底は最も負担が少ない自己規制であるとされていたエァズらの考え方と一致している。

　しかしながら，エァズらのピラミッドは，段階的に制裁をエスカレートさせることにその本質的な特徴がある一方で，オランダのピラミッドにおいては，段階性は，規制という側面でのみ位置づけられている。すなわち，まずは学校の内部で監督を行った上に外部監督が位置づけられるという構造である。そのため，制裁という視点でピラミッドをみると，むしろエァズらが否定した唯一の制裁のみが規定されている規制の在り方に近いように思われる。管見の限り，「良い教育良いガバナンス法」に関して，制裁の段階性に

ついて言及されることはなく，制裁の段階性については特に強調点がおかれていないと思われる。

　具体的な制裁としては，長期にわたって非常に質が悪いと判断された場合，公立学校では閉鎖，私立学校では予算の停止といったことが規定されている。「良い教育良いガバナンス法」では，それを避けるために満たすべき最低限の質として，子どものオランダ語と算数の学習達成度が規定されている。学校の閉鎖・予算の停止といった制裁は，学校にとって致命的なものである。これは，エァズらが示した図4.1でいえば，ライセンスの取り消しと同等に値するほどの重い罰則であるといえるだろう。ここで着目したいのは，エァズらが規制対象としていたのは，明確な違法行為などの不順守が許されないものと考えられたのに対し，オランダでの規制対象は子どもの学習達成度とされている点である。学校にとって致命的な制裁を科して遵守させようとするものが特定のテストによって測られる学習達成度である場合，そのテストがハイ・ステイクスとなり，そのテストで良い結果を出すことが学校に対して大きなプレッシャーとなることは想像に難くない。子どもたちへの学力保障はもちろん大切であるが，学校評価が，わかりやすい学力テストの結果に直結してしまうことへの危惧は日本においてもしばしば指摘されているところである[16]。

　ただし，これは，裏を返せば，ヤンセンスらの想定3や4はある意味で実現しうることを意味しよう。つまり，学校自らの関心が他にあったとしても，学校は制裁を避けるために，政府が学校に対して特に望む学習達成度という質を一定水準に保とうと「改善」することが予期されるのである。この点で，「教育ガバナンス」では，学校の自己評価の位置づけが，2002年教育監督法とは大きく様変わりをしたといえよう。確かに，「教育ガバナンス」では，学校内の自己規制と自己モニタリング（内部コントロール）がピラミッドの

---

16)　松下佳代「教育評価としての問題点―学力調査にかかわってきた立場から―」（『教育』第57巻，2007年，pp.41-48）などがあげられよう。

基底に位置づけられており，学校自らの質の管理は重視されているようにみえる。さらに，2012年教育監督法においても，学校自らが重視する教育の質を自己評価で自主的に管理させることは求められている。しかしながら，「教育ガバナンス」では，学校がどのような質を重視して質の管理を行っていたとしても，結局はそれを通じて子どもたちの学習達成度という質を特定のテストで生み出すことが求められる。学校の自己評価は，学校が子どもの学習達成度を保つことを遵守するための内部規制として位置づけられているのである。そして，このことを徹底するために，これまでのような教職員らによる自己評価に加えて，学校理事会や内部監督者による内部監督が位置づけられていると考えられる。学校内部で行われる評価全体が，外部監督を通じて規制をかける前段階の内部管理として位置づけられることとなったといえよう。

　さらに，エァズらのピラミッドにおいては，不順守が行われているか否かについての情報の流れを得る仕組みが不可欠であることが，その特徴として指摘されていた。次節で詳述するが，オランダではこの頃から，主に学習達成度を中心とするリスクにもとづいた教育監査が実施されるようになってきている。そうしたなかでは，外部監督者が得ようとする情報は学習達成度に焦点化されてしまう。ヤンセンスらの指摘によれば，「教育ガバナンス」政策のもとでは，学校内での質の管理システムを通して内部監督の結果が保護者等の関係者に共有されたり，外部監督者によって利用されたりすることなどが期待されていた（想定1，2，5）。こうした想定については，ヤンセンスらも疑問を投げかけていたが，特に，情報の中身が学習達成度へと焦点化されるという視点からみても，そこでアカウンタビリティの対象とされる教育の質が矮小化されてしまう危険性があるように思われる。

　以上のように，オランダの「教育ガバナンス」は，最終的には学校に致命的な制裁を課し，子どもの学習達成度を一定水準に保つことを「遵守」させようとして導入されているといえる。その場合，子どもの学習達成度を測るテストがハイ・ステイクスとなり，学校への過重なプレッシャーを生み出す

危険性があるとともに，学校が守り，改善しようとする教育の質や，アカウンタビリティの対象となる教育の質の内容が特定の学力テストの結果へと矮小化されてしまう危険性がある。それにともない，学校内部で行われる評価全体の位置づけが大きく変化しているといえた。このように，オランダも成果至上主義とは無関係でいられなくなっていることがわかる。この点で，教育評価論の視点からみると，学力テストの結果が学校の評価の結果とされるなどハイ・ステイクスになれば，カリキュラムや学習指導がゆがめられることが指摘されている。こうした状況では，2002年教育監督法下では，減じる対策が行われていると思われた副次的弊害を生むようになるばかりか，オランダが歴史的に培ってきた「教育の自由」を実質的に崩しかねない危険性があるようにさえ思われる。それでは，具体的に教育監督法がどのように変化したのかについて，詳しくみてみよう。

第4節 「教育の自由」のもとでの質の保証の難しさ
―――教育監督法の改訂

「教育ガバナンス」政策を受け，2002年教育監督法は2012年に改訂された。2012年改訂教育監督法における主な変化は，リスク分析を通じた「リスクにもとづいた教育監査」の導入，そして学校理事会の役割強化である。リスク分析とは，子どもの学習達成度，離職率などの学校データについての「年次報告」，保護者やメディアを通した苦情などの「失敗のシグナル」を通じて，学校がもつリスクを分析しようとするものである。

学校理事会については，内部監督者を設定するなど教育の質や法の遵守についての責任が求められることとなり，教育監査局は校長ではなく学校理事会と主にコンタクトを取ることとなった。そのため，教育監査局は，学校理事会に，リスク分析を行うための学校の質についての情報を提出するように求める。そして，学校理事会が管轄している学校のうち質が悪いと判断され

た学校があれば，学校理事会は教育監査官から訪問を受け，質が悪いと判断された学校用の改善計画書を作成しなくてはならない。そして，その改善計画書は，教育監査局によってモニターされる。「この新しいアプローチは，オランダの監査システムが，学校に監査訪問を行い，監査の評価方法や評価結果について学校長と議論していた頃のものとははっきりと決別している」[17]とされている。

　付言しておくと，これらの変化は，実はすでに2009年版『監督枠組』よりあらわれていた。それが，2012年改訂教育監督法に結実したのである。そのため，エレンは，2012年に教育監督法が改訂される以前から，リスクにもとづいた教育監査などが2002年教育監督法とは合わないことを指摘している[18]。2002年教育監督法からの大きな変化としては，次の2つがあげられている。1つは，その学校が健全な教育の質を保つための条件を満たしているかどうかではなく，十分な学習結果を得ているかどうかによって，「質が悪い学校という判断」が行われるように変わっていることである。また，もう1つは，教育監査の役割に関してである。(第1章第2節において示したように) 2002年教育監督法のもとでは，教育監査の役割が，教育の質を「保証する」ことと，改善するよう「促進する」こととされていた。これに対し，促進機能は学校の内部監督や保護者らに委ねられることになり，教育監査では促進機能よりも保証機能に重点がおかれるようになったと述べる[19]。

　これらをふまえて以下，2012年改訂教育監督法では，第1章で示した2002

---

17) Ehren, M.C.M., Honingh, M.E., Hooge, E.H., & O'Hara, J., "Changing school board governance in primary education through school inspections", *Educational Management Administration & Leadership*, In Press.
18) Ehren, M.C.M., "Riscogestuurd toezicht en de Wet op het Onderwijstoezicht ; Match of mismatch?" *Nederlands Tijdschrift voor Onderwijsrecht en Onderwijsbeleid*, Jrg. 20, Nr.1, 2008, pp.19-33.
19) エレンの見解については，教育監査局のフェルクロースト (Verkroost, J.J.H) によって反論がなされている。また，それに対するエレンの反論もある。(Verkroost, J.J.H., "Risicogestuurd toezicht : de Wet op het Onderwijstoezicht zoals deze feitelijk bedoeld is", *Nederlands Tijdschrift voor Onderwijsrecht en Onderwijsbeleid*, Jrg.20, Nr.3, 2008, pp.191-200)

年教育監督法の3つの特徴（教育の質の監査，比例重点制，監査結果の公開）がどのように変化しているのかについてみていく。

まず，教育の質の監査についてである。2012年教育監督法のもとでは，学校教育の質は，主に子どもの学習達成度にもとづいて判断されることとなったため，全ての学校が『監督枠組』で示される評価指標全てについて監査されることはなくなった[20]。ただし，監査される質が規定されなくなった訳ではない。『監督枠組』では，これまでと同様に，教育監査の際に用いられる評価指標が示されている。ただし，教育の質に関しては，2009年版『監督枠組』[21]より，法的規定とその他の教育の質の側面とがわけて記述されるようになった。この評価指標は，質が悪いもしくは質が非常に悪いかどうかを判断する際に，重要な役割を果たす。

こうしたリスクにもとづいた教育監査のもとでは，前節までで述べてきたように，一定期間後も改善がみられない学校に対して制裁が課されることとなった。いわゆる「良い教育良いガバナンス法」によって，学校が制裁を避けるために満たす必要がある法的要求として子どもの学習達成度が規定されたためである。

続いて，比例重点制についてである。リスクにもとづいた教育監査のもとでは，2002年教育監督法下のように学校の自己評価の結果にもとづくのではなく，主に子どもの学習達成度にもとづいて監査の量や質が決定される。広く教育の質が発展するよう促すことは，もはや教育監査局の任務ではなく，学校理事会，学校の内部監督者やステイクホルダーたちの任務であると考え

---

20) リスクがないと判断された学校も，4年に1度は学校訪問を受け，評価指標のうちいくつかの側面について教育監査を受けることになっている。Inspectie van het Onderwijs, *Toezichtkader PO/VO 2012*, Utrecht: Inspectie van het Onderwijs, 2012.［http://www.onderwijsinspectie.nl/binaries/content/assets/publicaties/2012/brochure-toezichtkader-po-vo-2012.pdf］（2015年11月22日確認）

21) Inspectie van het Onderwijs, *Toezichtkader 2009 Primair Onderwijs Voortgezet Onderwijs*, Utrecht: Inspectie van het onderwijs, 2009.［http://www.avs.nl/sites/default/files/documenten/artikelen/6546/Toezichtkader-2009-po-vo.pdf］（2015年11月22日確認）

表 4.2　2002 年教育監督法と 2012 年教育監督法の比較

	2002 年教育監督法	2012 年教育監督法
機能と意図された効果	・法的要求の遵守という点で質を保証する。 ・質の側面や（生徒の学習達成度という点での）学校の付加価値についての学校の機能の改善を刺激する。	・（主に）生徒の学習達成度の結果という点で，質を保証する。 ・ベンチマークの情報を提供することを通じて教育改善を刺激する。
監査活動	・法的要求と質の側面に基づいた質のアセスメント ・比例重点制；学校の質を判断し，自己評価の信頼性を決定するために質保証と自己評価の結果を使う。信頼できる自己評価を行えていれば量的にも質的にも監査訪問が軽減するかもしれない。 ・「質のカード」やインターネットでの監査報告書において監査枠組についての個々の学校の機能の監査報告書の公開。	・法的要求と質の側面，教職員の質，学校ガバナンスの質と財政的合法性の評価を通した質のアセスメント。 ・最低限の生徒の学習達成度が法的要求として説明される。 ・監査訪問や調査が必要かどうかを決定するための，生徒の学習達成度結果，自己評価報告書，財政的報告書　保護者やメディアの不満にもとづくリスクにもとづいた学校監査 ・現実チェック；リスクにもとづいた監査方法と配分された監査活動を実証するための 4 年ごとの学校訪問 ・学校に帰された監査アレンジメント，失敗しており発達していない学校のリストの公開
メカニズム	・量的にも質的にも監査訪問を軽減するという約束が，学校が付加価値の向上を同時に導く質保証や自己評価に従事することを動機づける。 ・学校の長所と短所についての直接的なフィードバックが改善を導くだろう。 ・比例重点制は質が悪い学校への監査能力の効率的な配分を導くだろう。 ・監査報告書の公開は，よく情報を知らされた学校選択や保護者の声を刺激するよう期待されていた。	・監査活動のコミュニケーション，成果や失敗している学校の学校理事会への介入を通して，学校改善が刺激される。 ・失敗している可能性のある学校を早期に認識することで学校の失敗を防ぐ。 ・リスクにもとづいた監査は，学校が失敗する可能性を見抜き，（モニタリングの増加，学校理事会への教授や学校への制裁の可能性を含めて）これらの学校の監査活動を増加させることによって，学校監査の効果を向上させることが期待されている。 ・質が悪い学校のリストの公開が学校が改善するよう動機づけるべきである。

Ehren, M.C.M., & Honingh, M.E., "Risk-based inspections in the Netherlands: A critical reflection on intended effects and causal mechanisms", p.245 の表を筆者が訳出。

られるようになったとされる[22]。この背景には，学校の自己評価の結果が求められる信頼性や妥当性を満たせていなかったこと，そのために学校教育の質に応じて監査の量や質を決定するという本来の比例重点制の意図を実現できていなかったことがあるという[23]。

　最後に監査結果の公開についてである。行われた監査についての報告書は現在も公開されている。しかしながら，『監督枠組』で示される評価指標全てについて監査される学校が一部の学校に限定されてしまったことから，監査結果は以前のような形では公開されない。学校が受けた監督形態と報告書が公開されている。「質が非常に悪い」学校については，リスト化されて公開されている。なお，表4.2は，エレンによって作成された2002年と2012年の教育監督法を比較した表である。

　こうした2012年教育監督法への変化の背景には，政府が，コスト効率が良いと考えられる方法を求めていることがあるという[24]。ただし，その他の見逃せない要因として，2002年教育監督法下では教育水準が低いと判断された学校で改善がうまく進まなかったこともあげられよう。2002年教育監督法下では，教育監査が「教育の自由」のもとで強制力をもたないが故に学校自らの改善を促すことができないという側面が存在した。これは，法的要求のみならず，それ以外の教育の質も監査されていたためである。その場合，法的要求さえ満たされていれば，その他の教育の質の水準が低かったとしても，「教育の自由」のもと学校はそれを「改善」する義務はない。また教育監査局がそれに対して介入することも難しい[25]。学習達成度が制裁を避ける

---

22) Ehren, M.C.M., & Honingh, M.E., "Risk-based inspections in the Netherlands: A critical reflection on intended effects and causal mechanisms", *Studies in Educational Evaluation*, Vol.37, 2011, pp.239–248.
23) *Ibid.*
24) *Ibid.*, pp.239–240.
25) Inspectorate of Education, *The state of education in the Netherlands 2008-2009*, Utrecht: Inspectie van het Onderwijs, 2010.[http://www.onderwijsinspectie.nl/binaries/content/assets/Onderwijsverslagen/2010/the-state-of-education-in-the-netherlands-2008_2009-printversion.pdf]（2015年11月22日確認），Ehren, M.C.M., & Honingh, M.E., *op. cit.*

ために必要な法的要求として規定された背景には，教育の質が（非常に）悪いと判断されるような学校に通う子どもたちにこそ質の良い教育が必要であるという考えのもと，そうした学校に介入して確実に改善を行えるようにするためという側面もあったのである。

実際，2012年教育監督法のもとでは，エレンが2002年教育監督法に対して批判していたことの多くが解決されている。2012年教育監督法は，児童の学習達成度を法的に要求し，その他の質の側面については教育監査ではなく内部監督にその保障を委ねていた。これにより，2002年教育監督法下で問題とされていた，「教育の自由」が保障されているにも関わらず，法的要求以外の質のスタンダードが監査されるという問題は解消されるようにみえる。すなわち，児童の学習達成度さえ標準を満たしていれば，学校がその教育についてより自由に決定できるようにするという形で「教育の自由」を保証することをオランダは選択したといえる。

それでも，2002年教育監督法に対して否定的な評価を行っていたエレンは，2012年教育監督法をより批判的に捉える。その理由には，次のようなものがある。まず，子どもの学習達成度をリスクの有無の判断規準とした場合，すでに質が悪くなった学校しか特定できないからである。本来，子どもの学習達成度が標準以下になる前でなければ，質の低下を防止することはできないはずなのである。次に，2012年教育監督法では，中央政府のみが学校のガバナンスを行うという一極集中型ではなく，学校自身等もガバナンスの行為者となる多極分散型のパラダイムへの転換が目指されているが，オランダの教育システムでこれを効果的に実現できるかどうかに疑問があるためである。教育監査局による年次報告[26]やホーヘ（Hooge）らの報告書[27]によれば，構造化された質の管理システムを実現できている学校や学校理事会はほんの限られた数であること[28]や，学校理事会は学校の教育の質というよりも，

---

26) Inspectie van het Onderwijs, *op. cit.*

職員や財政面に焦点をあてがちであることが指摘されている。最後に、リスク分析の主要な指標として、子どもの学習達成度に焦点をあてることで、望ましくないテスト準備が行われるようになるなどの副次的弊害が生じる危険性があるからである[29]。

もちろん、子どもたちの学力を保障することは、教育の質を保証する上で重要である。しかしながら、「教育ガバナンス」や2012年教育監督法に対する批判を考え合わせれば、2012年教育監督法を通じて、「教育の自由」が守られているのか、教育の質が保証されるのかについては疑問が残るといえよう。

「教育ガバナンス」の問題と全国最終試験の導入
——小さなまとめ

以上より、オランダでは、「教育ガバナンス」を背景として、2012年に教育監督法が改訂されていた。そこでは、児童の学習達成度が法的要求として

---

27) Honingh, M.E., & Hooge, E.H., *Goed Bestuur in het primair onderwijs Eindrapportage ; Monitor Goed Bestuur primair onderwijs 2010-2012*, 2012．〔https://www.poraad.nl/files/themas/goed_bestuur/eindrapportage_monitor_goedbestuur_in_het_primair_onderwijs_2010_2011.pdf〕（2015年11月22日確認）。ただし、これは最終報告書である。エレンが引用しているのはこの報告書ではなく、これよりも1つ前の報告書である。

28) 初等教育の質の管理を扱うために設置された国のプロジェクトグループQ*Primairが、2001年から2006年にかけて初等学校での質の管理が進歩したかを調査した研究においても、当初Q*Primairが設定していた達成目標のほとんどは未達成であったとされている。この達成目標とは、「学校の質やその成果を頻繁に体系的に評価している」（学校評価に関して）、「法的要求がどのように満たされているのかを明確に示す質の管理の資料をもっている」（質の管理についての資料に関して）、「学校の質をモニターし特別な行動を取る」（学校改善に関して）などを含む12の目標であり、2006年までに80％の学校で達成されることが目指されていた。ただし、ほとんどが80％に満たなかったとはいえ、それぞれの目標を達成している学校が期間中に増加していることは確認されている。(Hofman, R.H., de Boom, J., & Hofman W.H.A., "Quality control in primary schools : progress from 2001-2006", *School Leadership and Management*, Vol.30, No.4, 2010, pp.335-350)

29) 一方で、エレンらは、2012年教育監督法のもとでの教育監査は、学校理事会に対しては一定の効果があることを明らかにしている。監査訪問を受けた学校理事会は、質の管理やデータの使用でのガバナンスや、学校の機能について集めるデータの量などに変化が生じるという。

規定され，質の管理についての学校理事会や内部監督者の役割が強化されていた。これにより，2002年教育監督法下で問題とされていた「教育の自由」が保障されているにも関わらず法的要求以外の教育の質が監査されることからくる問題は解消されるようにみえた。すなわち，オランダは，児童の学習達成度という法的要求を満たしていれば，学校がその教育についてより自由に決定できるようにするという形で，「教育の自由」の保証と子どもたちへの学力保障を両立しようとしたといえる。

しかしながら，ヤンセンスらが指摘していたように，オランダの「教育ガバナンス」は効果的に機能するとは考え難い。むしろ，子どもの学習達成度を一定水準に保つことを必ず「遵守」しなくてはならないものとして学校に受け止めさせ，それのみにもとづいて管理を行っていく体制を促しうるといえるだろう。特に，質が（非常に）悪いと判断された場合に，以前のようにサポートではなく，制裁が加えられるようになったことで，副次的弊害が生み出される危険性は増しているといえる。

この場合，結局子どもに保障しようとする学力は，監査対象となる特定の学力テストで測られる結果へと矮小化されてしまう。必ずしも子どもの豊かな学びの保障になるとは限らない。また，学校が，矮小化された教育の質を高めることを目指す授業を実施するようになれば，「教育の自由」で本来認められているはずの教育を組織する自由にも抵触するといえる。

こうした「教育ガバナンス」にもとづく学校評価の転換は，学校の内部評価を重視していると主張・解釈されることがある[30]。確かに，教育の質を守ることをまずは学校理事会や内部監督者といった内部の管理に委ねていると考えれば，内部評価が重視されているとも捉えられよう。しかしながら，「教育ガバナンス」のもとでは，2002年教育監督法時のように学校に独自の自己評価を期待するようにはなっているとは言い難い。そうではなく，学校理

---

30) 例えば，吉田重和「オランダの教育監査制度における重点実施の原則」（『国際教育評論』第10巻，2013年，pp.35-46）のような指摘がある。

事会や内部監督者による学習達成度を中心とした質の管理が求められている。

　このように，子どもの学習達成度を一定水準に保てるようにするために外部規制をかける前段階として内部管理が求められることを考えると，本当に内部評価が重視されるようになったとは言い難い。それとは裏腹に，学校がこれまで大切にしてきた教育の質がなおざりにされてしまい，むしろ内部評価の形骸化と軽視へとつながっているように思われる。学校は，教育監査局といった外部だけでなく，学校理事会や内部監督者といった内部からも児童の学習達成度についてのプレッシャーをかけられるようになるのである。

　このような状況のもとで，学校の教職員が自己評価を行ったとしても，評価される質の中心は，政府によって定められる特定のテストでの子どもの学習達成度となろう。学校に求められる評価結果の活用は，狭い意味での学習達成度を一定水準に保っているというアカウンタビリティを行うことであり，またその学習達成度を保つことに焦点化した「改善」ということになってしまう危険性があるのである。

　さて，以上のような動向と並行して，オランダでは全国最終試験が導入されることとなった。次章では，全国最終試験の前身であるCitoテストはどのようなものであったのか，さらに全国最終試験の導入に際してどのような議論がなされたのかについてみていこう。

第5章

中央最終試験の導入と問題点

前章で述べたように，近年オランダの教育監査には変化がみられる。主な変化としては，教育監査において学力テストが以前よりも重視されるようになったこと，そして学校理事会の役割が強化されるようになったことがあげられよう。なかでも，学力テストについては，中央最終試験等の義務化を掲げた法案が議会を通過し，2014／2015年度にはじめて実施された。中央最終試験の前身は，これまで約85％の学校が利用していたCitoテストである。Citoテストは，初等学校最終学年で行われる代表的な学力テストであり，中核目標に対応して作成されていた。中核目標とは，初等教育の終わりに児童たちが知っておかなくてはならないこと，できなくてはならないことを示した目標である。

　本章では，まず，中央最終試験の前身であるCitoテストが，どのような試験であったのかを明らかにするために，Citoテストの教科目の1つである算数に影響を与えているとされる「現実的な数学教育（Realistic Mathematics Education；以下，RME）（オランダ語でRealistisch Reken- en Wiskunde- Onderwijs）」や，中核目標を参照することで，Citoテストの特徴を具体的に明らかにする。その上で，中央最終試験の導入に際して「教育の自由」への影響を視点にどのような議論が行われたのかを検討する。

第1節　「現実的な数学教育」——オランダで目指される教育像

1.「人間の活動としての数学」——「現実的な数学教育」の理論

　まず，ここではCitoテストや中核目標に影響を与えているとされるRMEの理論と実践を取り上げる。それにより，中核目標やCitoテストが目指そうとする教育理論や教育実践のイメージを明らかにすることで，Citoテストを分析する視点を得たい。

　RMEとは，フロイデンタール研究所によって1971年[1]以来開発されてき

た数学の教授・学習に向けた理論的アプローチである。研究所の名前となっているフロイデンタール（Freudenthal, H.）とは，20世紀を代表する数学教育学者の1人とされる人物である。RMEは，フロイデンタールの「人間の活動としての数学」という考え方から大きく影響を受けている。

　RMEにおいては，その名の通り現実世界と数学教育の関連が重視されている。しかしながら，ここでの「現実的」とは，現実世界だけを指す訳ではない。そこには，子どもたちにとって「リアル」に感じられるという意味が込められている。そのため，おとぎ話のファンタジーの世界や，学問的な数学の世界であっても，子どもたちが「リアル」だと感じられる文脈であれば，必ずしも現実世界との関連がなくてもよい。

　RMEにおいては，現実的な文脈を重視するあまり，数学的世界で数学に取り組むことが軽視されている訳ではない。これは，RMEにおいて「水平的」数学化と「垂直的」数学化の両方が重視されていることと関係する[2]。水平的数学化とは，現実生活の状況における問題を数学的に操作可能となるようにすることである。フロイデンタールによると，水平的数学化は「生活」世界から「シンボル」の世界への動きに関わるという[3]。一方，垂直的数学化とは，数学的システムのなかで再び数学的に組織を行うプロセスである。垂直的数学化は「シンボル」の世界のなかでの動きであると理解されている。フロイデンタールは2つの数学化はともに同じくらい価値があることを強調しており，数学的活動におけるあらゆるレベル，つまり数を数えるというようなレベルの活動においてさえ，両方の数学化が行われうるという。ただし，

---

1) 当時は，数学教育開発研究所（Instituut voor de Ontwikkeling van het Wiskunde Onderwijs；IOWO）。1991年にフロイデンタール研究所と改称した。
2) 教育の文脈において水平的数学化と垂直的数学化をわけて命名したのはTreffers, A. である。Treffers, A. *Three Dimensions. A Model of Goal and Theory Description in Mathematics Instruction-the Wiskobas Project* (Dordrecht: Reidel Publishing Company, 1987, p.247) などを参照されたい。
3) Freudenthal, H., *Revisiting Mathematics Education. China Lectures*, Dordrecht: Kluwer Academic Publishers, 1991, p.41.

フロイデンタールによれば，現実生活の世界とシンボルの世界の間の境界はあいまいであり，明確に線引きされるものではない[4]。

こうしたRMEについては，フロイデンタール研究所の人物の一人ファン・デン・ヘーベル-パンハイズン（van den Heuvel-Panhuizen, M.）が次の6つの原則をあげている[5]。

1つめは，「活動の原則」である。RMEにおいては，子どもは既存の数学をただ受動する存在ではなく，教育プロセスにおける積極的な参加者であると捉えられる。そのため，子どもたちが数学を「追発明（re-invention）」[6]するように教えられるべきであるとされている。

2つめは，「現実の原則」である。RMEでは，先述したように現実とのつながりが重視されている。ファン・デン・ヘーベル-パンハイズンは，子どもたちが経験された現実とは切り離された形で数学を学ぶ場合，それはすぐに忘れられ，子どもたちはそれを応用（apply）することはできないだろうこと，数学の学びは後に応用されると考えられる抽象的概念や定義で始められるのではなく，数学化されうる現実的な文脈で始めなくてはならないことなどといったフロイデンタールの言葉を引用しながら，文脈の重要性について言及している。

3つめは，「レベルの原則」である。RMEにおいては，子どもは様々な理解のレベルを通過して数学を学んでいくと考えられている。この考え方の基礎には，ファン・ヒーレ（Van Hieles）の学習水準理論がある[7]。そこでは，理解のレベルは連続したものではなく非連続したものと捉えられる。最初，

---

4) *Ibid.*, pp.41-44.
5) Van den Heuvel-Panhuizen, M., Mathematics education in the Netherlands: A guided tour, *Freudenthal Institute Cd-rom for ICME9*, Utrecht: Utrecht University, 2000, pp.4-9. ただし，van den Heuvel-Panhuizen, M., *Assessment and realistic mathematics education*（Utrecht: CD-β Press, Center for Science and Mathematics Education, 1996, pp.10-14）も参考にした。
6) フロイデンタールの「追発明」概念については，例えば伊藤伸也「H. フロイデンタールの『教授学的現象学』における教授原理『追発明』の位置」（『筑波数学教育研究』第24号，2005年，pp.47-56）などに詳しい。

子どもはあらゆる種類の操作を行い問題に取り組む（低いレベル）。次第に子どもはもっと簡単に解ける方法を考えたり，図式化を行ったりして，その他の問題にも適用できるような「モデル」[8]を様々なレベルでみつけていく（高いレベル）。この時，子どもが低いレベルから高いレベルへと移るために必要なものが振り返る能力であり，振り返りは子ども同士の相互作用によって引き出される。この原則により，子どもたちがこれまでに学んだことと今後学ぶことの間の関係に焦点があてられることで，カリキュラムに長期的に一貫性がもたらされることがその長所としてあげられている。

　4つめは，「結びつき（Inter-twinement）の原則」である。これは，数学の学習領域（strands）は明確に区別できないというものである。RMEにおいては現実的な文脈が重視されるため，例えば1つの問題に取り組むにあたって，測定・割合・幾何といった複数の領域にわたる数学的要素を使用する必要がある場合もあるだろう。この原則についても，しばしば区別されがちな数学の学習領域の相互関係や，同じ学習領域であってもそこで取り扱われる内容の相互関係への着目を促すという点で，カリキュラムに一貫性がもたらされることがその長所とされている。

　5つめは，「相互作用の原則」である。RMEにおいては，数学の学習は社会的活動と考えられている。したがって，子どもたちが自らのストラテジーや発明を互いに共有する機会が保障されるべきであるとされている。さらに，

---

7) ファン・ヒーレについては，日本では以前からその理論の紹介がなされ，研究されてきている。ファン・ヒーレの幾何教育における5つの「思考水準」については，例えば橋本是浩「幾何教育への試み（第1報）―Van Hieleの理論について―」『大阪教育大学紀要　第Ⅴ部門』（第36巻第2号，1987年，pp.199-211）などに詳しい。

8) RMEの「モデル」については，日本でも研究がなされてきている。例えば，小林廉はRMEの「モデル」の発達を視点として授業を設計している（小林廉「現実的な文脈を取り入れた数学科授業の設計に関する研究―Realistic Mathematics Educationにおける『モデル』のアイデアを手がかりに―」『数学教育論文発表会論文集』第40巻，2007年，pp.181-186）。また宮内雅史はRMEの「モデル」を視点に教科書『数学中学校用第一類』を分析している（宮内雅史「フロイデンタール研究所の自己発達モデルに関する一考察―数学中学校用第一類の分析を通して―」『数学教育論文発表会論文集』第41巻，2008年，pp.807-812）。

先述したように，相互作用は振り返りを引き起こし，子どもが高いレベルの理解へと到達することも可能にする。ただし，RMEでは全ての子どもが同じ軌跡をたどり，同時に同じレベルの発達へと到達することが目指されている訳ではなく，それぞれの子どもが個人の学習経路をたどることが重視されている。

最後に6つめは，「ガイダンスの原則」である。ファン・デン・ヘーベル-パンハイズンによれば，数学教育におけるフロイデンタールの鍵となる原則の1つは，数学を「追発明」するために「ガイドされる（導かれる）」機会を子どもたちに与えるべきであるというものである。ここからは，子どもが知識を獲得する際に，教師と教育的プログラムの両方が重要な役割を果たすことが示唆されているとされる。この原則のもとでは，望ましいゴールにもとづいて長期的な指導・学習軌跡を考慮することが求められている。カリキュラム編成といった長期的視野をもつ理論であるという点で，RMEは学習理論ではなく教育理論であるとされている。

2. 割り算をどう教えるか——「現実的な数学教育」の実践

ここでは，RMEが推奨していると考えられる授業実践の1つを取り上げる[9]。フロイデンタール研究所のファン・デン・ヘーベル-パンハイズンが「オランダにおける数学教育」という論文で紹介している実践例の1つである。先にみたRMEの原則のうち，特に「レベルの原則」に関わる授業である。以下，授業の流れをみていこう。第3学年（8〜9歳）の子どもたちを対象と

---

9) Van den Heuvel-Panhuizen, M., *op. cit.*, 2000, pp.21-24. もともとは Van Galen, F., & Feijs, E., A mathematics lesson on videodisc (Streefland (Ed.), *Realistic Mathematics Education in Primary School*, Utrecht: CD-β Press/Freudenthal Institure, Utrecht University, 1991) において，教師教育における相互作用的ビデオが果たす役割についての研究のなかで，取り上げられた実践例である。ただし，ファン・ハーレン（Van Galen）らは異なる子どもたちを取り上げている。本章では，基本的にはファン・デン・ヘーベル-パンハイズンの記述によりながら，ファン・ハーレンらの文章も参照しつつ記述を行った。なお，本実践はデ・ランヘ（De Lange, J.）によっても取り上げられているとされている。

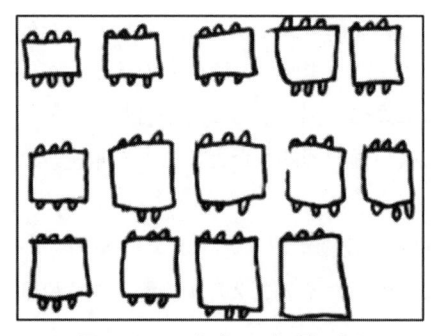

図 5.1 バダ（Badr）君の図

した割り算の導入の授業である。子どもたちはすでに，掛け算九九については勉強している。最終的には割り算の筆算ができるようになることが目指されている。

まず，教師が次のような問題を提示することから授業は始められる。「今夜は保護者会です。…（中略）…みなさんから受け取った出席表によると，81人の保護者が参加する予定です…（中略）…保護者会は大きなホールで行われます…（中略）…保護者は大きなテーブルに座ることになります…（中略）…1つのテーブルに6人が座れます…（中略）…」教師は黒板にまず，テーブルのまわりに6つイスを並べた絵を描き，続いて2つめのテーブルとして四角のなかに6と書き込んだ図を描く。そして「81人の保護者のために，いくつのテーブルが必要でしょう？」と問いかける。

児童たちは各自問題に取り組み始める。教師は，必要な時にはいつでも支援できるように，教室を歩いてまわる。約10分後，教師は数人の子どもに，どのように解いたのかをみせて説明するよう求める。

最初に，バダ（Badr）君である。バダ君は，図5.1のように保護者全員が座るために必要な数のテーブルを全て絵に描くことで，答えを導いている。

次に，ロイ（Roy）君である。ロイ君も最初，バダ君と同じように左下にテーブルの絵を描いている。しかし，2つテーブルを描いた後，彼は絵ではなく四角形を描き，そのなかに数字の6を入れ始める。さらに，ロイ君は四角形を描いている途中で，テーブルが5つあれば30人の保護者が座ることができるということに気づき，5つめのテーブルの横に30と書き込む。ロイ君はさらに5つ四角形を書き足し60と書き込む。もう2つ四角形を書き足し，72と書く。さらにもう1つ四角形を書き足し78と書く。最後にロイ

君は3という数字を書きこんだ四角形を書き，答えを導いている。

最後に，アブデルアジズ（Abdelaziz）君である。彼も，最初は黒板に書かれたテーブルの絵を左上に写すことから始めている。しかし，彼はすぐに6の倍数が36であるという既有知識を使うことを思いつく。6×6＝36，これを倍にすると72となる。それからもう2つテーブルがあれば84人が座れるというように考え，答えを導いている。

3人の解き方をみると，子どもたちはそれぞれのレベルで数学化を行っていることがわかる。クラスでの話し合いのなかでは，この他に，テーブルを描かずに10×6を行い，それから6を加えていくといった方法で解いた子どもの解き方も取り上げられている。

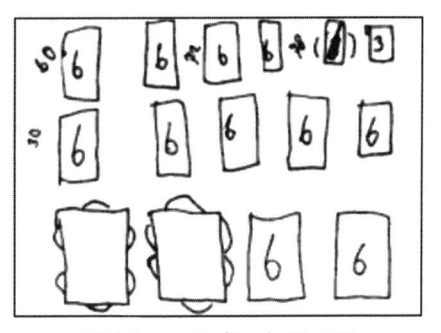

図5.2 ロイ（Roy）君の図

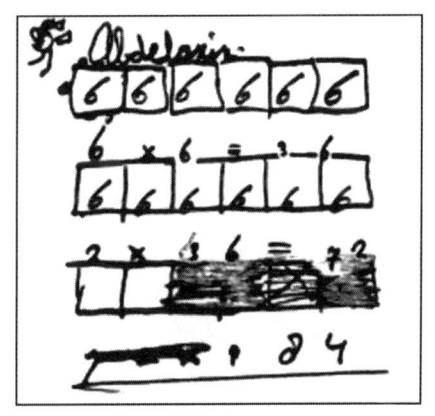

図5.3 アブデルアジズ（Abdelaziz）君の図

こうした話し合いの後，続けてコーヒーについての問題が提示される。「コーヒーを81人の保護者に準備します…（中略）…コーヒーポット1つから7つのカップにコーヒーを注ぐことができます…（中略）…コーヒーポットはいくつ必要でしょう？」コーヒーの問題も最初の問題と同様に割り算の問題である。しかしながら，子どもたちにとっては完全に異なる問題であるとされている。むしろ，テーブルと違ってコーヒーポットは絵で描きにくいことから，最初の問題より難しくなっているという。

169

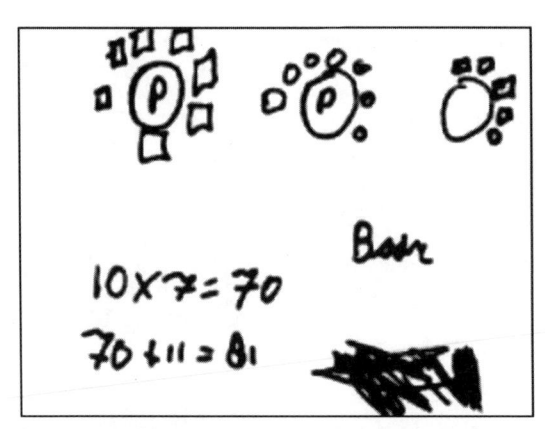

図5.4 バダ（Badr）君の図

　コーヒーの問題に取り組む際においても，バダ君は最初，前回の問題と同様に絵を描くことから始めている。まず，コーヒーポットをあらわすPと書きこまれた丸と，コーヒーカップをあらわす7つの四角を描いている。しかし，3つめのポットを書いている途中で，バダ君は最初の問題について，×10の掛け算を使えばもっと速く答えが求められると話し合ったことを思い出す。そこで，バダ君は絵を描くのを途中でやめ，10×7＝70，さらに70＋11＝81と計算を行うことで，全部で12のポットが必要であるという答えを導いている。
　以上が授業の流れである。これは割り算の導入にあたる授業であるが，81÷6，81÷7といった割り算の表記法は導入されない。2つの類似した問題に子どもたちに取り組ませることで，最初は低いレベルにいた子どもがより高いレベルへと移ることができるよう意図された授業である。
　以下，この授業におけるRMEの特徴を考察してみたい。その際，先にあげたRMEの原則との関係は括弧内において示すこととする。まず，RMEの特徴として，教師は保護者会という現実的な文脈の問題を子どもたちに提示しており，現実とのつながりが重視されていることがわかる(現実の原則)。

子どもたちが問題に取り組む際に，教師があらかじめ割り算について教えることはなく，まずは子どもたちが自分のレベルで問題に取り組むことが尊重されていることもわかる。その上で，話し合いをはさんで2つの同様な問題を子どもたちに解かせることによって，教師はバダ君がより数学的な解き方を自分で発明できるように導いており（ガイダンスの原則），自発的な「追発明」を促していることも指摘できよう（活動の原則）。さらに，バダ君が最初の問題の解き方についてクラスメイトと話し合ったことを思い出すことでコーヒーの問題に×10の掛け算を適用できている点からは，子ども同士の相互作用を通して振り返りが引き出され（相互作用の原則），バダ君が理解の低いレベルから理解の高いレベルへと移ることができたことがわかる（レベルの原則）。

また，この授業は割り算の導入の授業であるにも関わらず，子どもたちはすでに勉強した掛け算九九を用いて問題に取り組んでいる。そして，最終的には割り算の筆算ができるようになることが目指されている。この点で，複数の学習領域に関連がもたらされ（結びつきの原則），最終的には割り算の筆算ができるようになることを目指してカリキュラムが組まれている（ガイダンスの原則）。

このように，RMEでは学習プロセスのなかで子どもたちの理解のレベルを明らかにし，それに応じて子どもたちが「追発明」を行えるような授業を組織することが重視されていることがわかる。そこでは，子どもたちの話し合いが重視されており，指導形態としては一斉に学ぶ授業の形式が取られているようである。こうした指導形態は，第Ⅰ部で述べたような，教育監査局によって推奨されている個に応じた指導という指導形態とは趣を異にしていることがわかる。

第2節　「現実的な数学教育」の影響
──中核目標と Cito テスト

1. 中核目標にみられる「現実的な数学教育」の影響

　ここでは，前節で取り上げた RME を視点に，算数の中核目標を分析してみよう。中核目標は，1993年から設定されている。その後は，1998年，2006年に改訂されている。資料5.1は，2006年版中核目標である。みてみると，最初に「特徴」が述べられており，その後「数学的な洞察と操作」「数と計算」「測定と幾何」についての目標が示されている。

　資料5.1の「特徴」をみると，「徐々に─子どもたちにとって有意味な状況の文脈において─」学んでいくことが重視されている。また，数学に取り組む上で数学の世界だけにとどまらず日常生活やその他の発達領域も意識されている。このように，現実的な文脈が重視されている点は，先にみた RME の「現実の原則」と関係するといえよう。さらに，「子どもたちが数学的活動を実行することに挑戦したいと感じ，個人でもグループの一員としても彼らのレベルで満足や喜びをもって数学することができるように」といった記述からは，子どもが自分のレベルで数学に取り組むことが重視されていることがわかる。これは，RME の「レベルの原則」において子どもたちが様々な理解のレベルを通過して数学を学んでいくと考えられていたことと通じるものがあろう。また，ここでの「数学する」という表現も，「活動の原則」と関連すると思われる。そして，それができるような指導が求められるという点では，「ガイダンスの原則」にも関わるといえよう。加えて，「彼らは，他者の考え方に敬意をもって，数学的な批判を与え受け取ることを学ぶ」という箇所からは，他者との相互作用のなかで数学を学ぶことが尊重されていることがわかる。「相互作用の原則」において数学が社会的活動と考えられ

資料5.1　2006年版　算数/数学の中核目標

〈特徴〉
　初等教育において，子どもたちは徐々に—子どもたちにとって有意味な状況の文脈において—数，測定，形，構造そしてこれらに適用される関係や計算との親しみを獲得していくだろう。子どもたちは「数学的な言語」を使うことを学び，「数学的リテラシー」や計算法におけるスキルを獲得するだろう。この数学的な言語は，算数的・数学的・幾何学的な語や，公式的・非公式的表記法，図式（schematic representations）・表・グラフ，そして電卓のための練習と関わっている。「数学的リテラシー」と計算法におけるスキルは，特に数における一貫した洞察・測定における洞察・3次元の洞察や，準備できている知識（ready knowledge）のレパートリー・重要な参照数（reference numbers）・測定，特徴的な例と応用，そして算数・測定・幾何学における実践に応用される。幾何学は3次元のオリエンテーション，現実における現象の描写，そして2・3次元におけるイメージにもとづいて理由づけをする能力に関わる。子どもたちが「数学的リテラシー」を発達させるに従って，教科（subjects）は異なる起源をもつ：日常生活，その他の発達領域，そして数学そのものである。テーマ（subject）を選択し提供する時，子どもたちが数学的活動を実行することに挑戦したいと感じ，個人でもグループの一員としても彼らのレベルで満足や喜びをもって数学することができるように，子どもたちの知識と能力のレベルは，他の領域の発達，彼らの興味や話題性と同様に心にとめておかれる。要するに，彼らは数学的な問い（questions）を尋ね，数学的問題（problems）を公式化し解くことができる。算数・数学の授業の間，子どもたちは数学的な方法で問題を解くことを学び，数学的な言語で解決法を他者に説明することを学ぶ。彼らは，他者の考え方に敬意をもって，数学的な批判を与え受け取ることを学ぶ。批判の提供と受容と同様に，説明，公式化そして表記法は，特に，子どもたちに個人でも他者と一緒であっても，思考方法を組織し動機づけ，間違いを避けることを教える数学的な方法の一部である。

〈中核目標〉
数学的な洞察と操作
23　児童たちは数学的な言葉を利用することを学ぶ。
24　児童たちは実際的，そして公式的な算数的問題や数学的問題を解決し，はっきりと論証することを学ぶ。
25　児童たちは算数的/数学的問題を解決するためのアプローチに動機づけられることを学び，解決法（solutions）を評価することを学ぶ。
数と計算
26　児童たちは，量，整数，小数，パーセント，割合の一般的な構造や相互関係を理解し，実際的な状況において算数するためにこれらを使うことを学ぶ。
27　児童たちは，20まで足したり引いたり，掛け算を暗記したりして，少なくとも100までの整数を使って頭のなかで基本的な計算を素早く実行することを学ぶ。
28　児童たちは概算で数えたり計算したりすることを学ぶ。
29　児童たちは足したり引いたり掛けたり割ったりするための巧みな（clever）方法を学ぶ。
30　児童たちは，多かれ少なかれ短い（contracted）標準的な手続きを通して，紙上で足したり引いたり掛けたり割ったりすることを学ぶ。
31　児童たちは洞察をもって電卓を使うことを学ぶ。
測定と幾何
32　児童たちは単純な幾何学的問題を解くことを学ぶ。
33　児童たちは，時間，お金，長さ，円周，表面積，体積，重さ，スピード，温度などの単位や測定値を利用して，測定したり計算したりすることを学ぶ。

出典：SLOウェブサイト［http://www.slo.nl/primair/kerndoelen/］（2015年11月22日）における中核目標のオランダ語版・英語版を参考に筆者が訳出。

ていたことと通じていると思われる。

続いて資料5.1の「中核目標」をみていこう。そこでは,「数学的な洞察と操作」において数学を行う上での行動が示されており,「数と計算」「測定と幾何」において子どもたちが学ぶ数学的領域が示されていることがわかる。数学的領域については,例えば26において「量,整数,小数,パーセント,割合の一般的な構造や相互関係を理解し」とあるように,数学の学習領域の相互関係へも着目がなされており,「結びつきの原則」と通じていると思われる。

以上より,中核目標におけるRMEの影響をみて取ることができた。そこでは,現実的な文脈を重視するとともに,子どもたちが自分のレベルで数学に取り組むことや他者との相互作用のなかで数学を学ぶことなど,先にあげたRMEの原則全てに通じる叙述が含まれていた。それでは,これらから影響を受けており初等教育最終学年で行われていた代表的な学力テストであるCitoテストについて次にみていこう。

2. 対策可能な多肢選択式問題──Citoテスト

Citoテストは,約85%の学校で利用されていた初等教育最終学年向けのテストである。国語,算数,学習スキル,ワールド・オリエンテーションの4科目があった。ワールド・オリエンテーションとは,歴史,地理,自然,生物などを含む総合的な教科である。4科目のうちワールド・オリエンテーションは選択科目である。もともとCitoテストは複線型である中等教育への進学の際の進路選択資料として使われてきた。ただし,進路の決定に際しては,児童が所属している各初等学校からのアドバイスも重視されていたため,Citoテストの結果だけで児童の進路が決定される訳ではなかった[10]。こ

---

[10] 初等教育から中等教育への進学プロセスについては,吉田重和「オランダにおける中等教育への進学プロセス─全国共通学力テストと学校アドバイスに着目して─」(『早稲田大学大学院教育学研究科紀要』別冊第16号-2,2009年,pp.62-69)に詳しい。

資料 5.2 Cito テスト算数の問題例①

12人の人たちが1380万ユーロの1等賞を勝ち取りました。
それぞれの勝者は何ユーロもらえるでしょう？
   A.　€1015000 B.　€1120000 C.　€1150000 D.　€2500000

出典：Cito, *Eindtoets voor ouders*, 2013.〔http://www.cito.nl/nl/onderwijs/primair%20onderwijs/eindtoets_basisonderwijs/eindtoets_ouders.aspx〕（2013年1月25日最終確認）より筆者が訳出。

資料 5.3 Cito テスト算数の問題例②

ソフィーは写真を拡大しました。彼女の写真は10×15でした。拡大の際の比率は同じままでした。どのサイズで写真は印刷されたでしょう？
   A.　13×18 C.　30×40 B.　20×25 D.　40×60

出典：Cito, *Eindtoets voor ouders*, 2013.〔http://www.cito.nl/nl/onderwijs/primair%20onderwijs/eindtoets_basisonderwijs/eindtoets_ouders.aspx〕（2013年1月25日最終確認）より筆者が訳出。

のCitoテストの結果が，近年教育監査において重視されるようになっていた。

　Cito テストの問題は全てが公開されている訳ではない。資料5.2と資料5.3は公開されている算数の問題例の一部である[11]。まず，資料5.2の問題では，1380万ユーロを12人でわけることが求められている。問題においては，1等賞の賞金をわけるという現実的な文脈が設定されており，RMEの影響を

11）Cito, *Eindtoets voor ouders*, 2013.〔http://www.cito.nl/nl/onderwijs/primair%20onderwijs/eindtoets_basisonderwijs/eindtoets_ouders.aspx〕（2013年1月25日最終確認）。

資料5.4　Cito テストワールド・オリエンテーションの問題例

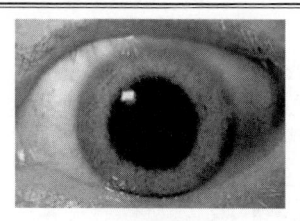

　　　Koen の目 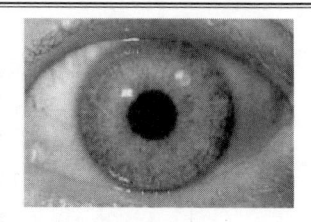　　　　　　　Pauline の目

Koen の目の瞳孔は Pauline の目の瞳孔とは異なり広がっています。
なぜこの違いは生まれているのでしょう。
A.Koen は男の子で，Pauline は女の子である。
B.Koen は眼鏡をかけて見ている，Pauline はそうではない。
C.Koen は暗いところで見ている，Pauline は明るい所で見ている。
D.Koen は近くで何かを見ている，Pauline は遠くから見ている。

出典：Cito, *Eindtoets voor ouders*, 2012〔http：//www.cbs-de-rank.nl/media/bestanden/cito_eindtoets_ouders1.pdf〕（2015年11月22日確認）より筆者が訳出。

みて取ることができる。中核目標との関係でいえば，おそらく「30　児童たちは，多かれ少なかれ短い（contracted）標準的な手続きを通して，紙上で足したり引いたり掛けたり割ったりすることを学ぶ」や「33　児童たちは，時間，お金，長さ，円周，表面積，体積，重さ，スピード，温度などの単位や測定値を利用して，測定したり計算したりすることを学ぶ」に対応すると考えられる。1380万ユーロを1400万ユーロと見立てれば，「28　児童たちは概算で数えたり計算したりすることを学ぶ」にも対応する可能性もある。

　続く，資料5.3の問題でも，写真の拡大という現実的な文脈が設定されており，RME の影響をみて取ることができる。比率を保ったまま拡大することが求められていることから，中核目標における「26　児童たちは，量，整数，小数，パーセント，割合の一般的な構造や相互関係を理解し，実際的な状況において算数するためにこれらを使うことを学ぶ」に対応すると考えられよう。こうした点で Cito テストには一定程度 RME の影響がみられる。

　一方，その回答方法は多肢選択式である。これは，算数以外の教科におい

ても同様である。例えば，ワールド・オリエンテーションの問題は，資料5.4のような形で問われる。多肢選択式テストの場合，そこで評価できる理解は限定される。また，記述式テスト等と比べれば，練習によって対策が行われやすいことが想定される。実際，多肢選択式の問題に取り組むことに特化したCitoテスト対策練習を提供する民間機関が存在し，Citoテスト前にはその機関への予約が埋まる様子もオランダのニュースで紹介されている[12]。Citoテストの結果が過度に重視されるようになれば，中核目標に示されていたような，子どもが自分のレベルで数学に取り組むことや他者との相互作用のなかで数学を学ぶといった学びが，尊重されなくなってしまう危険性がある。しかしながら，先にみたRMEでは，本来は，学習プロセスのなかで子どもたちの理解のレベルを明らかにし，それに応じて子どもたちが「追発明」を行えるような授業を通して，子どもたちの理解を保障していくことこそが重視されているのである。

ただし，同ニュースによれば，「問題がどのように問われるのかについて少し知っておけるように，テストを知っておくことは当然間違ったことではありません。しかし，特別な訓練は実際必要ありません」とのCitoのスポークスマンの発言も合わせて提示されており，Citoとしては練習によって成績が大きく変わるとは考えていないことがわかる。

3. 成果志向を求めて――Citoテストの義務化

このようなCitoテストは，テストを受けること自体が義務化されていた訳ではなかった。約85％の学校がCitoテストを利用してはいたが，学校はその他のテストを利用することも可能であった。しかしながら，2012年1月31日にこのCitoテストを中央最終試験に変更して義務化するなどの内容を含む法案[13]が第二議会へ提出された。この法案は，審議の過程でいくつか

---

12) 2011年2月3日のNOSニュース [http://nos.nl/artikel/216349-citotoets-snoep-op-tafel-helpt.html]（2015年11月22日確認）

の変更を経て成立した。そして，ついに中央最終試験は 2014／2015 年度にはじめて実施された。以下，2012 年に提出された法案にさかのぼり，概要をみていこう[14]。

法案においては，Cito テストを中央最終試験に変更して義務化することだけでなく，全学年通しての児童および教育モニタリングシステム（以下，モニタリングシステムと記す）を義務化することが記述されていた。中央最終試験の教科は国語，算数，ワールド・オリエンテーションの3科目である。このうち，義務化が検討されているのは国語と算数のみである。これはおそらく，これまでの Cito テストにおいてもワールド・オリエンテーションが選択科目であったためであろう。

まず，中央最終試験についてである[15]。先述したように，Cito テストの結果は，従来中等教育への進学の際の進路選択資料として使われてきた。法案では，中央最終試験についても，同様の役割を果たすことが想定されていた。しかしながら，当時，Cito テストが例年 2 月の最初の週に実施されていたのに対し，中央最終試験は 4 月に実施されることが想定された。これは，最終学年において教育のために利用可能な時間をより効果的に使用するため，中等教育への移行の際の進路決定についての初等学校からのアドバイスのウエイトをこれまでよりも大きくするためであるとされている。実際，2014／2015 年度には，中央最終試験は 4 月に実施された。初等学校は，3 月 1 日までに，すなわち，4 月に実施される中央最終試験を待たずにアドバイスを示

---

13) 中央最終試験の実施に関する法案（Voorstel van wet in verband met de invoering van een Central eindtoets）などと呼ばれるが，実際は初等教育法その他の修正法案である。

14) 法案については，法案，法案の後に添付されている添え書き（Memorie van toelichting）および次のオランダ政府のウェブサイトのまとめ［http://www.rijksoverheid.nl/nieuws/2012/01/31/wetsvoorstel-centrale-eindtoets-ingediend-bij-tweede-kamer.html］（2015 年 11 月 22 日確認）を参照した。

15) 法案においては，中央最終試験については 2012／2013 年度からの実施が求められていた。しかし，その実施は延期され 2012／2013 年度は従来通り 2 月に Cito テストが行われ，2014／2015 年度から実施された。なお，法案では特別支援教育校においても 2015／2016 年度から中央最終試験を実施することが求められている。

さなくてはならず，大きな話題となった。これまでのように，テストの結果を中等教育への進路決定のアドバイスに活かせなくなったのである。中央最終試験の結果は，前章で述べたように，教育の質を監督するために教育監査局によって使われる。

次に，モニタリングシステムについてである。これは，定期的に児童たちにテスト等を実施してその進歩をモニターするものである。法案においては，初等教育の全ての学校が何らかのモニタリングシステムを実施することが求められていた。法案において求められているのはモニタリングシステムの実施のみであるため，学校は必ずしもCitoのモニタリングシステムを使う必要はない。ただし，実情としては，当時約95％の初等学校がすでにモニタリングシステムを利用しており，そのうちの97％の学校はCitoによるモニタリングシステムを利用していた。

このように学力テストを義務化するのは，教育において成果志向（opbrengstgericht werken）を促進させるためであるとされている。当時の教育文化科学省大臣であるファン・ベイステルフェルト（van Bijsterveldt, M.）は「成果志向によって，私たちは子どもからそこにあるもの全てを引き出したい」[16]，「これらの測定はそれ自体が目標ではなく，子どもたちに適する教育を与えるための方法である。中央最終試験は子どもが算数と国語の領域でどこにいるのかについての識見を与え，児童たちに才能のさらなる発達をもたらしうる適切な中等教育を与えるための重要な手段である」[17]と述べる。

オランダで成果志向が強調される背景としては，PISA2009の結果があるとされている。リークレ（Lyckle, G.）によれば，2009年以前は，「PISAの結果は，オランダ国内において，教育制度が一定のクオリティを保っていると受け止められた」[18]という。しかし，2009年の調査の結果が公表されると，次の2つの指摘がなされたとされる。それは，成績が下降傾向にあることと，

---

16) 前掲のオランダ政府ウェブサイト参照。
17) 同上。

資料 5.5　アクションプランの柱

1. オランダ語，数学，科学などの主要教科重視
2. 国家レベルの学力調査の導入と拡充
3. 優れた生徒や才能時の早期発見と能力促進
4. 教員の学位取得促進や専門性の向上
5. 学校やパフォーマンスに対する中央のモニタリングとコントロール

出典：グリーク・リークレ，大野亜由未「世界の教育事情　PISA調査の結果で世界はどう動いたか⑭　オランダ編　知識経済トップ5をめざす」p.23。

低学力層に比べ高学力層のパフォーマンスが芳しくないという指摘である。

これを受けて，2010年12月，当時の教育文化科学省大臣であるファン・ベイステルフェルトは，「より良い達成を（Beter Presteren）」という新しいアクションプランを発表している。このアクションプランの柱について，リークレは資料5.5のようにまとめている。このように，中央最終試験の導入や，教育監査において学力テストの結果が重視される背景には，PISAの結果によって，成績の回復や高学力層への教育の充実が課題として突きつけられたことがあると考えられる。

以上のように，オランダでは教育における成果志向を促すために，2012年中央最終試験およびモニタリングシステムを義務化する法案が議会へ提出された。この結果は，前章で述べたような教育監査によって学校のリスクを判断するために使用することが想定されていた。このように，ハイ・ステイクスとなりゆく学力テストの義務化は当時のオランダにおいてどのように受け止められていたのかについて，次にみていこう。

---

18)　グリーク・リークレ，大野亜由未「世界の教育事情　PISA調査の結果で世界はどう動いたか⑭　オランダ編　知識経済トップ5をめざす」『週刊教育資料』No.1289, 2014年, p.22。

第3節　法案に対するオランダ国内での評価

1. 一般の人々による肯定的な評価と副次的弊害への指摘——インターネット協議

　ここでは，中央最終試験実施に関する法案が，当時オランダ国内でどのように評価されていたのかをみていこう。法案については，2011年3月1日〜4月6日にインターネット上で一般の人々から意見が集められている[19]。インターネット協議の結果は全てが公開されている訳ではない。また，回答者に偏りがあることが考えられる等の限界もある。しかしながら，それらをふまえても，これを検討することはオランダにおける法案に対する主要な見解を捉える上で意味があるといえよう。

　インターネット協議の回答は220以上とされており，うち113が公開されている。回答を行った人々の内訳は次の通りである。64％が初等教育機関で働いている人々，約19％が親，約15％が「その他」からの回答である。その他とは，例えばテスト開発者，出版関係者，教育学者などからの回答である。よって，回答の多くは主に教育関係者によるものと考えられる。

　協議においては，次の5点について意見が求められた。①中央最終試験に賛成か反対か，②中央最終試験は国語と算数だけであるべきか，それともワールド・オリエンテーションも加えられるべきか，③テストの実施時期を2月の最初の週から4月中旬〜5月中旬へと移動することをどう思うか，④モニタリングシステムの義務化をどう思うか，モニタリングシステムの適切な使用は，より良い教育の質やより高い学習成果に向けた取り組みの1つとして有効だろうか，⑤最初試験（begintoets）[20]の実施による付加価値の測定，さ

---

19)　インターネット協議については次のウェブサイト参照［http://www.internetconsultatie.nl/eindtoetspo］（2015年11月22日確認）。

らにそのパイロット試験の設計に対して意見はあるかというものである。以下，この5点をみていきたい。

　まず，①中央最終試験については，約60％の人が賛成している。これはおそらくすでに多くの学校が当時Citoテストを利用していたためであろう。次に②中央最終試験の教科については，回答の約63％がワールド・オリエンテーションも試験に加えるべきであると考えている。ここでは，「教育の貧困化（verschraling van het onderwijs）」に対する危惧が議論される。教育の貧困化とは，テストがハイ・ステイクスになることで，学校のカリキュラムや教授において，認知的な成果やテストスコア（のみ）に焦点があてられ，例えば社会感情的発達などに関心が払われなくなることを指す[21]。したがって，国語と算数だけでは一面的な子どものイメージしか得られないという危惧や，それを防ぐためにワールド・オリエンテーション，さらには社会感情的発達や芸術的形成，教育カリキュラム全体をも試験に含むべきであるという意見も存在した。

　続いて③試験の実施時期については，回答の3分の2が賛成している。賛成回答では，実施時期を延期させることで，教育のために利用可能な時間をより効果的に使用できるようになること，そして初等学校からのアドバイスが進路選択の際により中心的な役割を果たすようになることが評価されている。一方，試験の実施時期延期に反対する残りの3分の1は，中等教育へ児童のことを伝える際に問題が生じうること[22]や，テストの実施時期が変わることでテストが異なる目的をもってしまうことなどをあげている。つまり，試験の目的が，児童の進路選択の際に初等学校が行うアドバイスのためのサ

20）　最初試験とは，最終試験に対し，付加価値を明らかにするために幼い児童に行われるテストである。
21）　「教育の貧困化」という語については，エレンからのメール（2012年11月23日）での説明を参照した。
22）　この点について，2014／2015年度に試験が実施された際には，学校アドバイスよりも結果的に試験結果が良かった場合には，学校はアドバイスを再考することが求められた。

ポートではなく，アカウンタビリティとなることが懸念されている。

　さらに④モニタリングシステムの義務化については，70％の回答が賛成している。ただし，条件つきでの賛成も存在する。例えば，モニタリングシステムは学校が選択できるようにすること，お役所仕事による多忙化が生じないようにすること，「責任文化（afrekencultuur）」への注意などがあげられている。「責任文化」とは，オランダにおいてテスト結果がますます重要になり，標準テストにおいて測定されるような達成目標を満たすことが学校にとってハイ・ステイクスになりゆく状況のなかで，（学校改善のためのサポートではなく）学校に責任を帰す文化のことを指す[23]。一方，反対理由としては，すでに多くの学校が利用しているなか，なぜそれをなお義務化する必要があるのかといった理由があげられている。

　最後に，⑤最初試験については，約半分の回答が反対しているという。また，約35％の回答は反対はしていないものの[24]，反対回答と同様の注意点をあげていたという。それは，幼い子どもへのテストは難しいこと，そうしたテスト結果には信頼性や妥当性がないこと，幼い子どもの発達には学校外の要因も大きな影響をもつこと，全ての子どもは自分独自のテンポで発達することなどである。なお，パイロット試験についてはほとんど意見が寄せられなかったとされている。これは，そもそも最初試験について反対する声が多いためであると思われる。

　以上より，最初試験に対する反対は強いものの，中央最終試験やモニタリングシステムの義務化については，すでに普及しているテストを下敷きにしていることなどから一般的には反対の声はあまり多くないといえる。しかしながら，反対意見においては，「教育の貧困化」といった副次的弊害が生じる危惧や，「責任文化」と呼ばれる風潮に対する警戒が掲げられていた。と

---

23)「責任文化」という語については，エレンからのメール（2012年11月23日）での説明を参照した。
24)　この質問に対しては未回答のものもあったとされている。

はいえ，これらを全体的にみれば，むしろそうした副次的弊害を防ぐために試験の教科数を増やした方が良いという意見もあるなど，法案はオランダ国内では一般的に肯定的に受け止められているといえよう。

2. 法案をめぐる批判――国政審議会からの勧告

　オランダでは，法案が議会へ提出される前に国政審議会(Raad van State)[25]から勧告（Advisering）を受けることとなっている。中央最終試験の実施に関する法案に対しても，2011年11月17日に国政審議会からの勧告が提示された[26]。勧告では，初等教育審議会(PORaad)や教育審議会(Onderwijsraad)といった教育諸機関の見解が参照され，法案をめぐる批判や議論が整理されている。したがって，勧告の内容をみることでオランダの審議会レベルでの法案の受け止められ方が明らかになるだろう。勧告においては，主に次の5点が取り上げられている。①憲法23条に規定されている「教育の自由」，②副次的弊害，③付加価値の測定，④テスト開発のCitoによる独占，⑤特別支援教育に関してである。

　まず，①「教育の自由」についてである。ここで問題となるのは，なかでも教育を組織する自由である。まず，中央最終試験について，勧告ではその意義が認められながらも，「教育の貧困化」が生じ，事実上教育の組織や内容が強く外から標準化されることで「教育を組織する自由」が不必要に制限される危険性があることが指摘されている。学校に高すぎる要求や詳細すぎる条件が課されると，学校はテスト教科の教育をテストに合わせざるをえず，多くの時間をそれに費やさざるをえなくなる。そこで，それを防ぐために最終試験等の結果がどのような状況であれば「健全な教育の質を保つための条

---

25) 国政審議会とは，立法，行政について政府に独立して勧告を行う，国の最高一般行政判事である。
26) 次のウェブサイトを参照[http://www.rijksoverheid.nl/documenten-en-publicaties/kamerstukken/2012/01/31/advies-raad-van-state-inzake-centrale-eindtoets.html]（2015年11月22日確認）。

件（deugdelijkheidseisen）」に適わず，その学校が予算の制裁を受けることになるのかについて，その際の改善行程やサポートの行程を含めて明らかにする必要があるとされている。さらに，中核目標，参照レベル[27]，最終試験の相互関係についても明らかにする必要があるとされている。

続いて，モニタリングシステムについてである。勧告では，それが教育プロセスにおいて児童の才能を育むための方策となりうることが認められている。ただし，モニタリングシステムが詳細に規定されることにより教育内容について規準が課されることに対して慎重になるべきであり，重要な根拠が必要であるとされている。学校独自の裁量の余地があまりにも外から制限され，教師たちの自律性が侵害されるためである。これらの指摘からは，テストがハイ・ステイクスになることで結果的に「教育の自由」への侵害を生み出す危険性が認識されていることがわかる。

次に②副次的弊害に関してである。そこでは，批判があるにも関わらず，法案の添え書き（de toelichting）できちんと取り上げられていないと判断された課題が4つ提示されている。1つめは，教育において成果志向を促進することを目指す政府の意図に反して，現在多くの学校でモニタリングシステムの利用が成果志向へとつながっていないことが指摘されており，その原因解明が求められている。

2つめは，中央最終試験とモニタリングシステムの教科が国語と算数だけであることに関してである。これは，法案の添え書きでは，国語と算数の基礎技能の学習達成度を高めるためとされている。しかしながら，これについては，国語と算数の授業時間数の拡大は，これらの基礎技能の学習達成度を高めるための最良の方法ではないというケンブリッジ初等教育調査の報告書[28]の見解が引用されている。そこでは，幅広い教育内容や，教師と児童，

---

27) 参照レベル（referentieniveaus）とは，中核目標をさらに詳しく補足するものである。
28) Alexander, R. (Ed.), *Children, their World, their Education, Final report and recommendations of the Cambridge Primary Review*, Routledge: London, 2010, pp.254, 321, &493.

および児童相互間の相互作用が重要であるとされている。また，国語と算数の授業時間数が増加されることで，生物や歴史といった他教科の授業時間数が減らされることへの懸念も指摘されている。

　3つめは，試験が過度に強調されるリスクについてである。これについては，指導が「試験のための指導」となってしまう危険性や，「成果志向」ならぬ「試験志向」がおこる危惧が指摘されている。「試験志向」の場合，成績の良い子どもたちは試験の成功を極端に意識するようになる一方で，成績の良くない子どもたちは幼い頃からフラストレーションをため自尊心の欠如を招くこととなるという。しかしながら，法案の添え書きでは，テストという手段に埋め込まれているものや意図についての考察，テスト文化という意図しない望ましくない弊害をどのように未然に防げるのかについての考察，そして相対的にテスト結果へ与えられる重要性についての考察を欠いているという。そのため，これらについて，さらに詳しく調査することが求められている。

　4つめは，学校や教師の専門職性が制限されることに関してである。勧告においては，成果志向を促し教育の質を高めることを求める政府と，教育を組織する学校や教師たちの責任との間の緊張関係に教育審議会が注意を促していること[29]が引用されている。その上で勧告では，政府と学校側との間のバランスの取れた方法を探ることの重要性が述べられている。具体的には，中央最終試験については，学習達成度が低かった学校に対してはまずそれらの学校をサポートすること，そしてそうした学校が学習達成度をより向上できるような条件を作ることが目指されるべきだとされている。また，政府は意図されていない副次的弊害を常に意識していることも重要であるとされている。モニタリングシステムについては，それがコントロールやアカウンタ

---

29) Onderwijsraad, *Een stevige basis voor iedere leerling*, Den Haag : Onderwijsraad, 2011.〔http://www.onderwijsraad.nl/upload/documents/publicaties/volledig/een-stevige-basis-voor-iedere-leerling.pdf〕（2015年11月22日確認）

ビリティといった機能としてではなく，教師および学校にとって自身の教育実践を改善するための手段でなくてはならないと考えられている。学校がモニタリングシステムを扱う方法があまりに詳しく規定されると，教師の自律性は侵害されてしまう。したがって，勧告によれば，モニタリングシステムの実施のみが法案で義務づけられるべきであり，その実施方法については規制するべきではないとされている。これらの指摘は，「教育の自由」への侵害とも関わっており，試験の過度な強調から生じる副次的弊害に対する懸念が認識されていることがわかる。

　さらに，③付加価値の測定に関してである。これについて，法案の添え書きでは，学校教育の付加価値を測るための測定のツールの開発が言及されている。しかしながら，先述したインターネット協議では65％の回答が付加価値の測定に異議を唱えているという。また，ほぼ全ての勧告において付加価値を測定することの目標，実現可能性，信頼性に疑問が投げかけられているという。つまり，最初のレベルを確かめられるような試験の開発に困難が指摘されているのである。そのため，勧告は，最初試験の導入に疑問を呈している。勧告は，先述のような批判点を調査し，また付加価値を測定するためのツールを開発するという意向をさらに詳しく説明するよう求めている。なお，こうした経緯から，実際，2014／2015年度に中央最終試験は実施されたものの，最初試験は導入されていない。

　続いて，④は，Citoが中央最終試験を開発するということに関してである。法案の添え書きによれば，中央最終試験の設計は，質，アクセシビリティ，供給安全性に関する公的利益の存在から，非経済的サービスであるとされる。このことから，ヨーロッパ法の側面に関して，それ以上の調査はなされていない。勧告では，当時最も使われていた最終試験やモニタリングシステムがCitoによって提供されていたことから，いずれにせよ学校がCitoが開発したテストを選ぶことは考えられるとしている。しかしながら，さらに詳しく競争的側面およびヨーロッパ法的側面を調査することが求められている。な

お，結果的には，2014／2015 年度から実施される中央最終試験は Cito によって開発されている。

　最後に，⑤特別支援教育についてである。これは，特別支援教育を受けている子どもたち用の最終試験およびモニタリングシステムを開発することに関してである。これは，前章で取り上げた，「良い教育良いガバナンス法」において，特別支援教育も対象となったことに由来する。これについては，試験，学習成果や説明責任を強調することは特別支援教育の性質に合っていないことが指摘されている。特別支援教育の質は，特に，良い障害児教育的アプローチによって決定されるという。このため，これらの必要性を充分説明することが求められている。なお，2014／2015 年度は，特別支援教育を行う学校が中央最終試験に参加するかどうかは自由となっている。しかしながら，現在，特別支援教育用に調整された試験が開発中であり，いずれ義務化されることが想定されている[30]。

　このように勧告においては，特に①②より，中央最終試験とモニタリングシステムの義務化の有効性が認められながらも，先述された問題等について法案はさらに詳しく検討されなくてはならないと結論づけられていた。以上より，審議会レベルでは，法案に対して，試験が過度に強調されハイ・ステイクスになることで学校教育にゆがみが生じるなど，憲法で保障された「教育の自由」を侵害し副次的弊害を生み出す危険性が認識されていたことがわかる。ただ政府の意向に沿って無批判に中央最終試験の実施を開始するのではなく，一般の人々も含めて意見を収集し，議論を通じて法案を分析している。その上で，政府と学校側双方の間のバランスの取れた方法を模索し，学校が改善するためのサポートを明確にしておくことや，政府が教育内容などに関して詳細に規定するのを避けることが勧告として提出されていた。

---

30) 試験協会（College voor Toetsen en Examen）のウェブサイト［https://www.hetcvte.nl/item/centrale_eindtoets_primair］（2015 年 11 月 22 日確認）。

3. 特別なニーズを要する子どもに学力テストが与える影響

　ここまでで取り上げてきたような中央最終試験とモニタリングテストの義務化をめぐる議論は，主に教育を提供する側への影響として語られていた。しかしながら，こうした学力テストのハイ・ステイクス化は，特に特別なニーズが必要な子どもに影響を与えやすいと考えられる。実際，法案では，特別支援教育の子どもたちにも，学力テストを実施することが想定されている。ここでは，オランダで特別なニーズをもつ子どもの母親レジーナ（Régine）のCitoのモニタリングシステム（レジーナはCitoテストと呼ぶ）についての見解を紹介したい[31]。レジーナは，筆者が受講していた2012年ユトレヒト高等職業教育校（Hogeschool Utrecht）におけるサマーコースの授業「インクルーシブ教育」で，ゲストティーチャーとして母親の経験を語っていた人物である。彼女は2人の特別なニーズをもつ息子をもつが，資料5.6は主に長男について書かれたものである。

　レジーナによれば，Citoのテストは子どもたちがテストを受ける時期や環境を考慮にいれていないという。こうした問題はCitoテストに限ったことではないだろう。しかしながら，中央最終試験が義務化されることで，ますます一人ひとりの子どもが抱えるニーズが見落とされてしまいやすくなる危険性はある。さらに，レジーナの文章からは，学校が子どもの評価をモニタリングシステムに頼り，真に目の前の子どもの力を見取れていないことも示唆される。テストの性質の違いなどからIQテストの結果が良くてもCitoテストで成功するとは限らないだろう。ただしそれをふまえても，時期や環境を整えれば能力を発揮しうる子どもに対し，学校がその障害特性を考慮せず他の子どもと同様にテストを受けさせ，それをもって子どもの評価として

---

31) レジーナ（Régine）の原稿（2012年7月18日）およびEmail（2012年7月19日）より。文中に，自閉症・アスペルガー・広汎性発達障害と複数の診断名が出てくるが，これは原文のママである。

資料 5.6　特別なニーズをもつ子どもの母親レジーナの見解

自閉症の子は Cito テストに失敗する
残念なことに私は息子たちの Cito テストの結果を見抜くことができてしまう
　Cito テストはアスペルガーの子どもが休暇，行事，お休みといった子どもの注意をそらすものから，影響を受けやすいことを考慮に入れていません。
　10月の秋休みの後，学校は「シンタクラース」という12月5日の祝祭の準備を始めます。それが終わるとクリスマスの準備が始まります。教室にはクリスマスツリーが飾られ，学校ではジングルベルが聞こえてきます。その時に Cito は結果が欲しいのです。子どもたちがテストされる12月，子どもの注意をそらすものは最大化しています。毎年私は教師たちに，12月に息子をテストするのは「ミッションインポッシブル」だといいます。私の警告にも関わらず，毎年彼はテストされ，毎年失敗します。
　2月，全ての子どもたちがカーニバルという祝祭の間に何を着るのかについてわくわくしています。3月と4月は問題ありません。5月はたくさん休日があるので再び困難が生じます。6月は大丈夫です。Cito テストは最も難しい月，2月と5月に行われます。毎年，私の息子は失敗します……。
　毎年，教師は私の息子はテストが難しいと結論づけます。「彼の正確な知識レベルがわからないわ……」と。ひどい場合には，彼らはこれが息子の正常なスコアであると考えます。「これは障害の結果なの，あなたはこれを受け入れなくてはならないわ……彼はこれ以上のスコアは出せないのよ」と。
　私の息子はもうすぐ16歳です。6歳の時に広汎性発達障害（PDD-NOS）と診断されました。10年間，私は教師たちに違った方法で息子にテストをしてほしいと教師たちにいってきました。しかし Cito です……彼は自信をかなり失いました。最高の状況で適切な時に行われた民間による IQ テストでは，彼の IQ は122でした。彼は失敗しなかったのです！

出典：レジーナからメールで提供を受けた文書（2012年7月18日）を筆者が翻訳。

いることがうかがえる。

　こうしたテストの結果がますますハイ・ステイクス化していけば，レジーナの息子のように特別なニーズをもつ子どもにも，既存の標準テストの結果がそのまま子どもの評価として用いられ，子どもに十分なケアがいきとどかないままに，学校から切り捨てられてしまう危険性は高くなるといえるだろう。実際，半数以上のオランダの初等学校は私立校であり，そうした学校では，その学校の理念に合わなければ子どもの入学を拒否することができる。そもそも「教育の自由」が歴史的に「親の教育の自由」に強く対応していた

ことを考えた時，最も適切な教育を必要とする子どもたちが自分に合う教育を受けることができなくなってしまうとすれば，「教育の自由」は守られているとは言い難いといえよう。

「教育の自由」のもとでのジレンマと乗り越える方途の模索
――小さなまとめ

　以上のように，オランダでは，Cito テストをもとにした中央最終試験やモニタリングシステムの義務化が検討されていた。Cito テストには，RME の影響が見て取れた。しかしながら，Cito テストの結果が過度に重視されるようになれば，中核目標に示されていたような，子どもが自分のレベルで数学に取り組むことや他者との相互作用のなかで数学を学ぶといった学びが，尊重されなくなってしまう危険性があるといえた。

　ただし，中央最終試験に関しては，ただ政府の意向に沿ってそのまま実施が開始されるのではなく，一般の人々も含めて意見を収集し，副次的弊害などに関する議論を通じて法案が分析されていた。実は，その結果として，実際に議会で承認された法律には，当初の法案と変わっている部分がある。なかでも「私たちの大臣は…（中略）…中央最終試験以外の他の最終試験の使用を認めることができる」という文言が入ったことは，注目に値しよう。これまでに，特定の学力テストがハイ・ステイクスになることによって生じる危険性が審議会等で指摘されていたことを述べてきた。そうした議論の結果が，反映されていると捉えることができるのである。

　もちろん，学力テストが中央最終試験のみに限定されないことで全ての問題が解決される訳ではない。他の最終試験の使用が認められたとしても，Cito テストの頃と同様に，多くの学校が中央最終試験を用いることは想像に難くない。実は，オランダでは，各学校における過去数年の Cito テストの結果を地図上に表して簡単に比較できるようにするウェブサイトが存在するな

ど，危惧された副次的弊害は現実のものとなりつつある。法案については，先に述べたように，「教育の自由」が歴史的に「親の教育の自由」に強く対応していたことを考えれば，親に対しての「教育の自由」という視点からの考察も必要であろう。しかしながら，成果至上主義的な考え方が叫ばれるなかにあっても，それを無批判に取り入れるのではなく，議論の結果，副次的弊害をいかに抑えながら取り入れるかを探っているオランダの姿勢から学べる点は大きいように思われる。

　以上，本書でこれまでに行ってきたオランダにおける学校評価の検討から，次の2点が指摘できよう。1点めは，教育の質を守るために，良いと考えられる特定の指導形態を推奨することに関してである。2002年教育監督法のもとでは，WMKを通じて，教育監査局が特定の種類の個に応じた指導の在り方を推奨していると，多くの学校が受け止めていると思われた。ただし，WMKを購入した学校は最初の3年間質の管理についての研修を受けることになっていた。それにより，学校自らが大切にするヴィジョンなどを自覚化することで，教育監査されるポイントを学校が無批判に「改善」するという危険性は減じられていると考えられた。ただし，研修がその場限りのこととなりうまく機能しない場合などにおいては，幅広い目標や子どもの豊かな理解という視点と切り離された形で，個に応じた指導という指導形態が導入される危険性や，個に応じた指導とは趣を異にするRMEのような教育理論・教育実践の蓄積が顧みられなくなる危険性があると考えられた。
　2点めは，2012年教育監督法のように，教育プロセスには干渉しない代わりに，学力テストを通じて教育の質を保証しようとする場合に関してである。これにより，「教育の自由」があるにも関わらず法的要求以外の教育の質が教育監査局によって監査されるという矛盾はある意味で解消されるかのようにみえた。しかしながら，この場合も，結局，試験が過度に強調されハイ・ステイクスになることで学校教育にゆがみを生じるなど，「教育の自由」を

侵害し副次的弊害を生み出す危険性が認識されていた。

　これらをふまえれば，教育プロセスであっても教育成果であっても，特定の側面だけに光をあてて質を保証しようとすると副次的弊害を生みやすいということになろう。ここには，まさに「教育の自由」と質の保証を両立することの難しさがあらわれているといえる。先述したように，「教育の自由」を尊重しようとすると，学校は，法的要求さえ満たしていれば，その他の教育の質の水準が低かったとしても，それを改善する義務はない。また教育監査局がそれに対して介入することも難しい。それが，オランダの多くの人々が重要であると共通に合意した質であったとしてもである。そこでは，教育の質が（非常に）悪いと判断されるような学校に通う子どもたちにいかに質の良い教育を提供できるかが問題となる。一方で，それでは，そうした学校に通う子どもたちへの教育の質の保証を目指し，子どもたちの学習達成度を法的要求に加えてしまうと，その学習達成度を測るテストがハイ・ステイクスとなってしまう。子どもたちに質の高い学力を保障するどころか，学校教育にゆがみを生じ，今度は「教育の自由」の実質的な崩壊の危険性まで危惧されるのである。

　このジレンマを乗り越えるためには，2002年教育監督法が本来目指した意図に立ち戻ることが重要であるように思われる。そこでは，「教育の自由」のもとで，各学校独自の自己評価を尊重しながら，一定水準の質の保証が目指されていた。確かに，2002年教育監督法のもとでは，教育監査局が特定の種類の個に応じた指導の在り方を推奨していると，多くの学校が受け止めているという側面はあった。しかしながら，これまでにも述べてきたように，本来，2002年教育監督法のもとでは，まずは学校自らが重視する教育の質を学校の自己評価で自主的に管理すること，その上で教育監査では，特定の指導方法などを押しつけることなく，学校の質の管理の在り方を含め，全ての学校に共通して重要であると考えられた教育の質の側面をチェックすることが求められていた。教育監査局は，学校に何かを選択するよう押しつける

Column 3
イエナプラン

> 単なる言葉の上の知識ではなく，自分自身の行為を通して得た固有の知識をもつならば，われわれは共働して貴重な問題解決や基礎づけを行いうるのである。
> ペーター・ペーターゼン著，山崎準二訳「小イエナ・プラン」長尾十三二監修，三枝孝弘，山崎準二著訳『学校と授業の変革―小イエナ・プラン―』明治図書，1984年 pp.134-135

　イエナプラン教育とは，もともとドイツの教育学者ペーター・ペーターセン (Peter Petersen; 1884-1952) がイエナ大学の大学附属学校において実践してきた教育改革案である。イエナプランという名称は，1927年に「新教育連盟 (New Education Fellowship)」第4回国際会議で，連盟の秘書であったクララ・ソーパーらに命名されたとされている。ペーターセンは，フレーベルから影響を受け，1934年には大学附属学校にフレーベル幼稚園が併設されている。

　ペーターセンの主著『小さなイエナ・プラン』(1927年) によれば，ペーターセンは「下から」の「学校共同体」が形成されるべきであり，そこでは，授業が常に第二義的なものとして捉えられると述べている。学校生活そのものを変えることがまずは目指された上で，授業は，生命への畏敬を伴い，教育理念の下で技能や知識や意識性へと導くような計画的にかつ有意義に執り行われるものの総体とされたのである。そのため，年齢別学年学級を廃止して異なった年齢の児童を一緒にした基幹集団を形成して教育を行うこと，児童の活動性を重視すること，部屋を一種の「学校居間」とすることなどが重視された。そこでは，従来就学前にのみ支配的であるような自然に行われる遊びや行事といった学習の形式をも取り入れた談話（歓談），遊び，作業，行事という4つの基本形式にもとづく教育が行われた。

　オランダにイエナプランが紹介されたのは，1955年のことである。当時，スース・フロイデンタール (Susan Freudenthal-Lutter) という女性が，先に

述べた新教育連盟のオランダ支部で書記をしており，そこでイエナプランを知ってオランダに紹介した。スース・フロイデンタールは，実は第5章で取り上げている「現実的な算数・数学教育」のフロイデンタールの妻である。オランダに導入される際には，必ずしもドイツでのイエナプラン教育をそのまま模倣するのではなく，ペーターセンの基本的な考え方を維持しつつオランダに合う形での導入が模索されたという。

オランダのイエナプランについては，近年積極的に日本に紹介され，2010年には日本イエナプラン教育協会も設立されている。本書でも，第6章で簡単に紹介しているが，関心のある方はぜひリヒテルズ直子『オランダの個別教育はなぜ成功したのか─イエナプラン教育に学ぶ─』（平凡社，2006年）などを参照されたい。

イエナプラン教育では，写真のようにイスを円状に並べて輪を作って話し合うサークル対話が重視されている。現在では，イエナプラン教育を行う学校だけでなく，オランダの多くの学校で取り入れられている。

のではなく，学校にその長所・短所を伝え，学校が取った選択を説明するように求めるはずであった。そこで用いられる『監督枠組』の評価指標も，多くの人々の合意にもとづいて決定されていた。

ただし，こうした仕組みが実際に機能するためには，学校自らが適切な自己評価をできることが前提となる。これまでにみてきたように，当時の学校の自己評価については，信頼性や妥当性を確保できていなかったこと，そのために学校教育の質に応じて監査の量や質を決定するという本来の比例重点制の意図を実現できていなかったこと等が指摘されていた。こうした指摘は，2002年教育監督法に特有のものではなく，2012年教育監督法のもとでも同様になされている。2012年教育監督法に対しては，学校の自己評価だけではなく内部監督に対しても，適切な評価ができるかどうか疑問が投げかけられていた。

自己評価の在り方については，第2章，第3章で取り上げたZEBOやWMKを用いた学校評価の在り方において，共働的な質の管理を生み出すための示唆が含まれていた。しかし，ツールの場合，結局は使用する学校の質の管理の在り方に左右される部分があることも事実である。学校の自己評価を軸とした質の保証を行うためには，学校にただ自己評価を委ねようとするのではなく，学校がその子どもたちや環境に応じて評価を行い，豊かな質の改善を導けるようにする仕組み作りが重要な鍵となるといえる。

以上の点を念頭においた上で，次章ではオルタナティブ教育連盟が提案する学校評価の在り方をみていこう。オルタナティブ教育連盟は，本章でみてきたような，特定の学力テストの結果を過度に重視する動きに対して，早くから警鐘を鳴らしていた。こうした学力テスト重視の動きに対して，オルタナティブ教育連盟がどのような批判やそれに代わる提案をしていたのかについてみていこう。

第 6 章

オルタナティブ教育連盟による学力テスト偏重批判

第6章 オルタナティブ教育連盟による学力テスト偏重批判

　第4章・第5章で述べてきたように，オランダの学校評価は近年，特に学力テストを重視するようになっている。こうした動きに対して，オルタナティブ教育連盟（Samenwerkingsverband van Organisaties voor Onderwijsvernieuwing；以下SOVO）は，早くから批判や新しい学校評価の在り方を示す提案を展開していた。SOVOは，2005年版『監督枠組』を批判し，それに代わる望ましい学校評価を構想した報告書を作成している[1]。2005年といえば，未だ2002年教育監督法のもとでの教育監査が行われていた頃である。それにも関わらず，SOVOは当時からその後の学力テスト重視の方向性への警鐘を鳴らしていたのである。

　SOVOには，イエナプラン，ダルトン・プラン，モンテッソーリといった様々なオルタナティブ教育協会等の組織が参加している（コラム2〜4参照）。このうち，2005年版『監督枠組』を批判する上で中心的な役割を果たしたのはイエナプランの人々である。コラムでも少しふれたが，オランダのイエナプラン教育は，異年齢学級編成やサークル対話と呼ばれる輪を作っての話し合い，ワールド・オリエンテーションという総合学習などを特徴とするオルタナティブ教育である。こうした独自の教育を支持・実現している人々が構想する学校評価を検討することは，自由にもとづく多様性を認めながら教育の質を保証していくための足がかりを得る上で重要であると思われる。

　したがって，本章では，まず時代を遡って2005年版『監督枠組』の特徴を示す。そして，イエナプラン教育の特徴をおさえた上で，イエナプラン教育協会やSOVOが2005年版『監督枠組』の何を問題点と捉え，それを克服

---

1)　報告書は，SOVOに加盟する機関のうち，発達志向の教育アカデミー（Academie voor Ontwikkelingsgericht Onderwijs），オランダダルトン協会（Nederlandse Dalton Vereniging），フレネ運動（Freinetbeweging），オランダイエナプラン協会（Nederlandse Jenaplanvereniging），シュタイナー学校協会（Vereniging van vrijescholen），オランダモンテッソーリ協会（Nederlandse Montessori Vereniging），養育・教育・社会刷新研究会（Werkgemeenschap voor Vernieuwing van Opvoeding, Onderwijs en Maatschappij），基礎教育の学校共同体協会（Vereniging voor Funderend onderwijs in Schoolgemeenschappen）の意見が集約されている。

199

しうる学校評価としてどのような在り方を構想したのかについて検討したい。

第1節　学校の自律性や多様性の尊重
——2005年版『監督枠組』の概要

　まず，2005年版『監督枠組』の概要を示したい。これまでにみてきたように，2002年教育監督法では，各教育機関が行う自己評価が重視されていた。教育監査が実施される際には，具体的な監査方法を規定する『監督枠組』にもとづいて実施される。『監督枠組』は何度も改訂されている。第1章でも述べたように，『監督枠組』の設定・修正の際には，様々な教育関係者と教育監査局の人々との会合が開かれる。そこには，例えば，イスラム教やヒンドゥー教といったオランダでは少数派にあたる宗教の関係者やオルタナティブ教育の関係者などとの協議も含まれる。2005年版『監督枠組』[2]も，そのようにして作成された。2005年版『監督枠組』は，監督の内容，方法，報告という主に3つの内容から構成され，付録として評価指標リスト（資料6.1）が加えられている。以下，3つの内容をみてみよう。

　まず，監督の内容については，資料6.1のようになっている。みてみると，評価指標は教授・学習プロセスの組織（1～8），教育成果（9），質の管理（10）の3つに大きくわけられる。教授・学習プロセスの組織については，カリキュラム（1），時間（2）などの8項目があげられている。2005年版『監督枠組』においても，教育活動を児童の教育的ニーズに合わせることがいくつもの指標で強調されていることが指摘できる。そこでは，テストなどを使用して児

---

2) Inspectie van het Onderwijs, *Toezichtkader Primair Onderwijs 2005: Inhoud en werkwijze van het inspectietoezicht*, Utrecht: Inspectie van het onderwijs, 2005. [http://www.onderwijsinspectie.nl/binaries/content/assets/publicaties/2005/Toezichtkader+primair+onderwijs+2005.pdf]（2015年11月22日確認）。

童の進歩をたどり（5.1／8.1），その結果に応じてカリキュラムや時間，指導を児童の教育的ニーズに合わせること（1.4／1.5／2.2／5.2／8.2）が重視されている。ただし，第1章で取り上げた2003年版『監督枠組』と同様に，評価指標上は,特定の教育内容や教授方法を押しつけるような指標とはなっていない。「教育の自由」にもとづく多様な教育実践への配慮と捉えることができよう。

　続いて，教育成果についての指標（9）をみると，（テストの）結果などが一定レベルに達することが求められている。当時，教育成果を判断する際には，多くの場合，前章で取り上げた初等教育最終学年で実施されるCitoテストや，就学期間中に実施されるCitoによるモニタリングテストの結果が利用されていた。前章で指摘したように，特定のテスト結果によって，学校教育の質が判断されることになれば，特に学力が低い子どもを多く抱える学校において，そのテスト対策のために学校独自の教育理念や教育組織がないがしろにされる危険性は否定できない。

　しかしながら，教育成果の評価指標をみてみると，社会的技能を求めるものが含まれている（9.2）。また，改めて教育プロセスの指標に目を移すと，市民性の重視（1.6）や，子どもたちが互いに敬意をもって接すること（3.1）を求める評価指標が存在することがわかる。このことから，2005年版『監督枠組』では，必ずしも特定のテスト結果だけが重視されている訳ではないことがわかる。これらは，第1章で取り上げた2003年版『監督枠組』には含まれていなかった。すなわち，学校教育が学力テストで結果を出すことのみに偏重した教育となることを防ぐ評価指標が加えられているといえる。

　最後に，質の管理についてである。先述したように，オランダでは学校自らによる質の管理が求められている。学校が自ら教授と学習の質を評価し，その質の維持・改善を行い，それを報告することが求められていることがわかる。

　2005年版『監督枠組』では，以上のような評価指標が定められている。しかしながら，監査の際に，評価指標は学校によって拡大・拡張されることもあり，オーダー・メイドな監督が目指されている。それでもなお，学校の

資料6.1　2005年版『監督枠組』の評価指標

1. カリキュラム（Aanbod）
1.1　オランダ語と算数・数学で教えられる教育内容は中核目標をカバーしている。☆
1.2　オランダ語と算数・数学の教育内容は8年生まで（*1）の十分な人数の児童に教えられている。☆
1.3　異なる学年での教育内容は互いにリンクしている。
1.4　オランダ語と算数・数学の教育内容は個々の児童の教育的ニーズに適合している。
1.5　加重予算システムの対象となる（*2）児童が相当数いる学校は言語能力に欠陥がある児童の教育的ニーズに合うオランダ語の教育内容を提供している。☆
1.6　学校は，社会の多様性についての知識の伝達や，社会の多様性への導入を含めて，社会的インテグレーションや市民性を推進することを目的としたカリキュラムをもつ。

2. 時間
2.1　教師は計画された指導時間を効率的に使用している。
2.2　学校はオランダ語と算数・数学の教授と学習の時間を児童の教育的ニーズに適合させている。

3. 教師の教育的（Pedagogisch）パフォーマンス
3.1　教師は児童がお互いに敬意をもって接するように努めている。

4. 教師の教授上の（Didactisch）パフォーマンス
4.1　教師はタスク志向の作業雰囲気を実現している。☆
4.2　教師は明快に説明している。☆
4.3　教師は思考と学習のためのストラテジーを明白に指導している。

5. 児童の教育的ニーズとの調和
5.1　教師は児童の進歩を体系的にたどっている。
5.2　教師は指導や（指導後に）児童が取り組む作業を，児童間の発達の違いに合わせている。

6. 児童の積極的で自立した役割
6.1　児童は積極的に学習活動に従事している。☆
6.2　児童は，自身の発達レベルに合う学習プロセスの組織に対し，責任をもつ。

7. 学校の雰囲気
7.1　親／保護者の参加を目的として学校が行う活動において，親／保護者は学校に関わっていることを示す。
7.2　児童，教職員は学校が確実に安全であると感じている。

8. テストツールを含むケアとガイダンス
8.1　学校は児童の学習達成度や発達をモニターするための一貫したツールや手続きを利用している。☆
8.2　収集されたデータの分析にもとづいて，学校は特別なニーズを持つ児童へ与えられるケアの性質を決定している。
8.3　学校は計画的にケアを実行している。☆
8.4　学校は与えられたケアの効果を検証している。

9. **成果（Opbrengsten）：児童の結果と発達における彼らの進歩**
9.1 就学期間最後の児童の（テストの）結果は少なくともその児童集団の特徴から期待されうるレベルに達している。☆
9.2 児童の社会的技能は期待されうるレベルに達している。
9.3 就学期間におけるオランダ語と算数・数学の児童の（テストの）結果は少なくともその児童集団の特徴にもとづいて期待されうるレベルに達している。☆
9.4 特別な教育的ニーズをもつ児童は彼らの能力に応じて発達している。
9.5 原則的に，児童は8年間という期待される期間以内に学校を卒業する。

10. **質の管理：学校はその教育の質を体系的に保ち改善している。**
10.1 学校は児童集団の教育的ニーズの違いを理解している。
10.2 学校は体系的に毎年その成果の質を評価している。
10.3 学校は規則的に学習と教授を評価している。
10.4 学校は計画的に改善活動に取り組んでいる。
10.5 学校は教授と学習の質を保証している。
10.6 学校は実現されている教授と学習の質をわかるように関係者に報告している。
10.7 学校は児童や教職員に社会的安全を保証している。

出典：2005年版『監督枠組』およびその英語版を参考に筆者が訳出。
　　　（なお，それぞれの指標に付してある番号は，筆者が記入した。また，☆が付してある指標は，規準指標（Normindicatoren）と呼ばれる特に重視される指標である。）
*1　オランダの初等学校は8年生までである。ただし，8年生の子どもの年齢は基本的に日本の6年生の子どもの年齢と等しい。
*2　オランダでは，学習遅滞の解消を目的に，子どもの文化的背景や保護者の学歴にもとづいて加重予算が子どもの在籍校へ配分されていた。なお，2015年現在は「保護者の学歴」のみが基準となっている。

　特定の状況や哲学が正当に評価されていないと学校が考える場合，学校は自らの選択や意図する結果を学校計画書や学校ガイドにおいて，また自己評価を通じた質の管理において明らかにし，説明することが求められる。これは「（枠組の）適用か，説明か（pas toe of leg uit）」という言葉が2005年版『監督枠組』の原則であることによる。学校は必ずしも『監督枠組』に応じる必要はなく，適切に説明できれば，場合によっては『監督枠組』から逸脱することも認められている。
　ただし，2005年版『監督枠組』には，その学校が「質が非常に悪い学校（Zeer zwakke scholen）」であるかどうかを判断するための「決定規則（beslisregels）」が明確に述べられている。決定規則によれば，最終成果が不十分で

あり，かつ教授・学習プロセスについて特に重視されている規準指標と呼ばれる指標（資料6.1における☆の指標）が２つ以上不十分である時に，その学校は「質が非常に悪い学校」であるとの評価を受ける。なお，最終成果が評価できない場合，質の管理に関する指標のうち少なくとも半分が不十分であり，かつ教授・学習プロセスについての規準指標が２つ以上不十分であるかどうかで判断される。

次に，監督の方法に関してである。2002年教育監督法に則り，学校が自ら自己評価を行い，質を管理することが重視されている。自己評価の結果が監査官の結論に指針を与えるためには，次の４つの条件を満たす必要があるとされている。それは，①自己評価の結果が，評価の枠組において監査官が調査・評価するとされている質の側面と関連していること，②学校が自らの判断の基礎におくデータが十分に裏づけられており信頼でき，監査官がもつデータよりも新しいこと，③学校での質の管理システムが，自己評価のデータは十分に信頼できるという信用を監査官に与えていること，④学校が設定する質の目標が十分なレベルであることの４つである。

これらによって，学校が最低限の質を満たしていることが保証されれば，それぞれの学校の質や質の管理にともなって監督活動はできる限り変えられる。学校自身が信頼できるデータを提供している場合には，監査官がそれについて繰り返し調査することはない。これが，第１章でも示した比例重点制である。しかしながら，求められるような自己評価を実施できている学校は少なく，2005年版『監督枠組』によれば，この仕組みは未だ実現されているとは言い難いという。

具体的な教育監督のサイクルは，資料6.2のようになっている。平均的な良い学校は，４年に１度，定められた評価指標を用いた「定期的な質の監査（Periodiek Kwaliteitsonderzoek；以下，PKO）」と呼ばれる監査を受ける。この評価指標は状況に応じて拡大・拡張される。通常，PKO後２年間は，書類上で学校の成果についてのみ評価がなされる。再びPKOを受ける前年に

資料 6.2　教育監督のサイクル

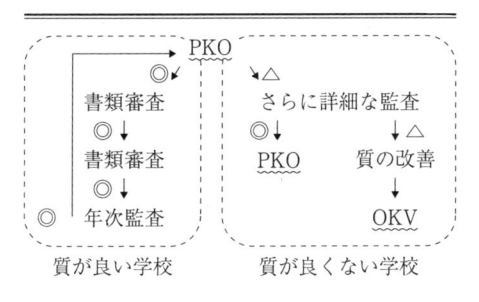

```
質が良い学校                質が良くない学校

  →PKO                    ↘△
  ◎↓                      さらに詳細な監査
  書類審査                 ◎↓      ↓△
  ◎↓                      PKO    質の改善
  書類審査                          ↓
  ◎↓                              OKV
  ◎ 年次監査
```

教育の質	監督のアレンジ
良いもしくは十分	4年後にPKO
悪い	2年後にPKO
非常に悪い	OKV

出典：2005年版『監督枠組』をもとに，筆者が作成。

は，翌年の PKO にそなえて「年次監査（jaarlijks onderzoek）」と呼ばれる簡単な学校訪問が行われる。

　PKO で質に欠陥があることが疑われる場合には，「さらに詳細な監査（nader onderzoek）」が実行される。そこで質の欠陥に対する疑念が取り去られれば，再びその学校は PKO を受けることになる。一方，そこで質に不足があると判断された場合「質の改善に向けた監査（Onderzoek naar de Kwaliteitsverbetering；以下，OKV）」と呼ばれる監査が行われることになる。OKV に先立ち，現在の状況や改善の必要に対して今後どのように経営上反応するかについて学校の関係当局は教育監査局に送ることになる。その後，その経営上の反応についての監査局の見解が学校に知らされ，その最大2年後に学校で質の改善が実現したかどうかについて OKV と呼ばれる監査が行われる。ただし，監査が必要なほどに質に欠陥がみられる場合には，OKV は2年待つことなくすぐに行われる。OKV で，もし学校が一定のレベルに達していなかった場合には，1年以内に達成できると考えられれば，質の改

善期間はもう1年間延長される。

　それでも質が改善されなかった場合[3]，どういった質の欠陥が確認されたのかや，考えられる原因・説明が大臣に伝えられる。その際には，取られるべき方策の提案もともに伝えられ，行政措置が取られることになる。行政措置としては，外部専門家による学校運営のサポート，特定の状況のもとでのさらなる財政資源の追加の可能性などが想定されている。制裁などが課されることはない。

　最後に，基本的に学校についての監査結果は，行政公開法（de Wet Openbaarheid Bestuur）にもとづいて公開されている。監督で中心的な役割を担うPKOやOKVでの監査結果は，監査報告書に記録される。これは，学校とその関係当局のために記述される[4]。教育監査局はこうした報告書が公開されることのインパクトを認識しており，その報告書の質について意識的に注意を払っている。報告書の作成にあたっては，前もって報告書の草稿が学校と協議される。また，学校の関係当局が報告書で自らの見解を示すための章を作ることもできる。場合によっては学校が自らの見解や最新の情報をのせた自身のウェブサイトの情報等を報告書や教育監査局のウェブサイトで示すこともできる。

　こうした報告書に加えて，第1章で示したようないわゆる「質のカード」という形で監査局は学校の情報をウェブサイトで公開している。これは，特に児童や保護者，一般市民を対象としている。この情報は特にPKOの結果にもとづいている。これにより，異なる学校の情報の比較も可能であった。

　以上が，2005年版『監督枠組』の概要である。教育機関自らの質の管理を重視しつつ，「教育の自由」にもとづく多様な教育実践への配慮がみられ

---

[3] 学校の教育の質が非常に深刻である場合，例外的にもっと早く行政措置が取られることもある。
[4] 関係当局や学校長等に報告書を送る際には，MR（Medezeggenschap Raad：経営参加協議会）など学校の様々な人々がみられるようにすることが求められる。親や保護者，望ましい場合には児童にも監査の結果を知らせることが求められる。

る評価指標を用いて，オーダー・メイドな監督を目指すなど，2002年教育監督法のもとで一定程度学校の自律性や多様性を尊重しようとしている様子がみられた。また，当時は，学校が基準を満たしていなくても，制裁といった手段が取られることはなく，まずは学校やその関係当局が主体となって質の改善に取り組むことが目指され，サポートの在り方が考えられていた。監査結果の公開についても学校や関係当局の見解を同時に示すなどの配慮がなされていた。それでは，この2005年版『監督枠組』のどういった点が批判されたのかについて具体的にみていこう。

第2節　副次的弊害への懸念
　　　　——2005年版『監督枠組』への批判

1. 共に生きる社会——イエナプラン教育の特徴

　まず，ここでは，批判に入る前に，イエナプラン教育の特徴を示したい。SOVOが2005年版『監督枠組』を批判する際に中心的な役割を果たしたイエナプランの人々であったためである。イエナプラン教育については，リヒテルズ直子が，2週間にわたる観察等に基づき，「生と学びのための学校—リビングルームとしての教室—」「マルチエイジの根幹グループ」「サークル対話」「ワールドオリエンテーション—探究する心・共に生きる社会—」「循環する活動，科目によらない時間割」「静かな学びの場」「学校職員のチームワーク」「保護者の参加」という8つの側面から具体的に紹介している[5]。
　ここでは，①異年齢学級編成を指す「マルチエイジの根幹グループ」，②「サークル対話」と呼ばれる輪を作っての話し合い，③「ワールドオリエン

---

5)　リヒテルズ直子『オランダの個別教育はなぜ成功したのか—イエナプラン教育に学ぶ—』平凡社，2006年に詳しい。

テーション―探究する心・共に生きる社会―」と呼ばれる総合学習の3つについて，リヒテルズに依拠して取り上げたい。

　まず，①異年齢学級編成についてである。イエナプランでは，3学年混合のクラスを「根幹グループ（ファミリー）」と呼び，学校での様々な活動の基本的な単位にしている。根幹グループは，幼児グループ（4～6歳児）・低学年グループ（6～9歳児）・高学年グループ（9～12歳児）にわかれる。こうした学級編成を行う利点として，子どもたちがそれぞれ，年少・年中・年長の3つの立場を順に体験するようになることがあげられている。これにともない，子どもたちは，教えたり助けたりする立場，教えられたり助けられたりする立場というような役割を，交互に体験することになる。このため，学年ごとの学級編成の場合のように，「できる子」「できない子」といったレッテルは貼られにくくなる。リヒテルズは，「リビングルームとしての教室の中に，子どもの成長の重要な要素である，情緒面での発達，社会的能力の発達などに役立つであろう教え合う・助け合うといった共同作業を，積極的に取り入れることによって，一人ひとりの子どもが，人間としてより調和の取れた発達をすることを期待している」[6]という。

　こうした異年齢学級で，新しい知識や技能について学ぶ際には，グループリーダーと呼ばれる教師が指導を行う。グループリーダーの指導は，一部の例外を除きほとんど年齢別に行われるという。例えば，10人以内の1年生だけが，黒板の近くにあるテーブルでグループリーダーを囲んで座り，グループリーダーから新しい知識や理論，問題の解き方などを学ぶ。その間，他の年齢の子どもたちは自分の席で学習をする。

　グループリーダーが同年齢の子どもたちを集めて指導する際には，まず，例えば10人の子ども全員に対してゆっくりと説明をする。1回目の説明で，理解した子どもがいれば，この子どもたちを自分の席に返し，残った子ども

---

6)　同上書，p.94。

を相手にもう一度説明を行う。ここでわかった子どもたちも席に返し，自立学習を行わせる。そして，それでも理解できない少数の子どもたちに対して，もう一度わかるように説明を行うという。このように，子どもたちの理解度に合わせて，丁寧に指導が行われる。

こうした形式の指導が，学級の他の年齢の子どもたちにも繰り返される。このようにして，全ての子どもたちが指導を受け終わると，残りの時間は与えられた課題を子どもたちが自分でこなすことに使われる[7]。

次に，②サークル対話である。イエナプラン教育でサークル対話を重視する背景には，「学校というものが，子どもにとって単に知識を学ぶ場というだけではなく，生活の場として，他の子どもや大人と関わり合う場でもある，という考え方があります」[8]とリヒテルズは述べる。日々のサークル対話には，登校してまもなく行われる「始業のサークル」や，帰宅前の「下校時のサークル」があるという。また，学習場面でも，読み聞かせや朗読練習を行う「読みのサークル」，作文を読み合う「作文サークル」，ワールド・オリエンテーションのなかで1つの事象を観察して意見を出し合う「観察サークル」や，見学，観察，調査，実験などの結果を報告する「報告サークル」などが作られる。リヒテルズは，こうしたサークル対話について，「学習の場・共同生活の場である学校のなかで，子ども同士，子どもたちとグループリーダーの間に，信頼関係を築くためのものであるというばかりではなく，子どもたちに共同社会への参加の仕方を教えるものでもあることに気づきます」[9]という。

最後に，③ワールド・オリエンテーションについてである。「何か1つのテーマを決めて，1つの科目に限定されずに，科目をまたいで行われるのがイエナプラン教育のワールドオリエンテーション」[10]であるという。リヒテ

---

7) 同上書，pp.97-103。
8) 同上書，pp.104-105。
9) 同上書，p.109。
10) 同上書，p.112。

ルズは，教育実習生による，年長のグループ（9〜12歳）を対象とした「北極探検旅行」をテーマにした総合学習を紹介している。

　北極探検をテーマとした学習は，北極へ行く準備，北極で過ごす期間，北極から帰ってきてからという3つの状況を想定して2週間ほどの時間をかけて行われたという。例えば，準備期間は，次のような学習で始まっている。

　　　まず，グループリーダー（ここでは実習生）が，クラス全員の子どもと共にサークルを作り，地球儀について学びます。地球儀はどのようにできているのか，北極はどこにあるのか，オランダはどこにあるのか，地球儀での方角と，実際の教室での方角はどう違うのか，といったことです。それから，子どもたちはテーブルグループにわかれて方位磁石を作ります。棒磁石を使って縫い針に磁気を与え，それを発砲スチロールの一片にテープで張りつけ，小さな器の水に浮かべるのです[11]。

　こうしたワールド・オリエンテーションという総合科目は，第5章でCitoテストにも含まれていた。これについて，リヒテルズは，そうしたワールド・オリエンテーションという総合科目は，「イエナプラン教育の『ワールドオリエンテーション』がモデルになったもの，と思われます」[12]と述べる。

　以上のように，イエナプラン教育では，情緒面での発達，社会的能力の発達などを重視しつつ，一人ひとりに合った学びを実現しようとしていることがわかる。イエナプラン教育での個に応じた指導は，こうした幅広い教育理念のもとで一人ひとりの確かな理解を保障するためのものとして位置づけられていることがわかる。

---

11)　同上書，p.110。
12)　リヒテルズ直子『オランダの教育』平凡社，2004年，p.67。

2．「違いから始める」ことの不徹底——2005年版『監督枠組』への批判

　それでは，SOVOが2005年版『監督枠組』を批判する際に中心的な役割を果たしたイエナプランの人々が，どのように2005年版『監督枠組』に対して批判を行っていたのかについて確認しておこう。

　イエナプラン教育協会は，初期段階から『監督枠組』に対して批判的であったとされている。そのため，先述したような2005年版『監督枠組』は，そもそもイエナプラン教育協会の批判をふまえて2003年版から改訂されたものであった。確かに，2005年版『監督枠組』には，一定程度学校の自律性や多様性を尊重しようとしている様子がみられた。しかしながら，イエナプラン教育協会によれば，2005年版『監督枠組』はそれでもなお多様性に対して十分に配慮できているとは言い難く，その『監督枠組』の主要な点はイエナプラン教育協会の意図とは異なるままであったという。そこでイエナプラン教育協会は，2005年の『監督枠組』をなお承認できないことを協会の機関誌「メンセン・キンデレン（Mensen-kinderen）」[13]の特別号「監督についての見解（Zicht op toezicht）」で表明する[14]。

　なお，イエナプラン教育協会は，これまでに教育監督以外にもオランダの教育政策に積極的に関わりをもつことで，教育に関する法や制度に一定の影響力をもってきたという[15]。第1章で述べたように，1985年初等教育法[16]にも，その草稿段階（1970年）からイエナプラン教育の影響がみられるとされ

---

13) 「人々・子どもたち」の意。
14) Boes, A., "Zicht op toezicht", *Mensen Kinderen : Tijdschrift voor en over jenaplonderwijs*, Extra nummer, 2005.
15) リヒテルズによれば，イエナプラン教育の推進者たちは，個別教育を基本とするイエナプラン教育をオランダで普及させるために，国の教育改革と歩調を合わせながら，その議論に積極的に参加し，また国の機関に協力して，個別教育の浸透をできる限り可能にするような法づくり，制度づくりに関わってきた。（リヒテルズ，前掲書，p.170）
16) 初等教育法は，その後特別教育をも含むことになり，基礎教育法（Wet op het Basisonderwijs）から初等教育法（Wet op het Primair Onderwijs）へ改称された。ただし，ここでは全て「初等教育法」という語をあてることとする。

資料6.3　イエナプラン教育協会による2005年版『監督枠組』への異議の概要

1. 『監督枠組』は（今もなお）オランダの教育にみられる多様性を十分正当に取り扱っていない。
2. 「違いから始める」といった初等教育法で意図されているような教育実践が，教育監督の出発点となっていない。
3. 私たち（イエナプラン）の学校は，監督のプレッシャーのもとで，監督の発達は「進んでいる」というよりもむしろ「後退している」いう印象を持たざるを得ない。
4. 枠組の重要な部分が初等教育法と緊張関係にある。
5. 「成果」の狭く一面的な解釈のために，初等教育法と相反する。
6. 本来，中等教育を選択する際の個人へのアドバイスに使われることが意図されていたCito最終テストのデータが不適切に使用され続けている。
7. 枠組の根底にある成果の評価のための出発点には疑問の余地がある。
8. 教育の評価のために使える評価ツールはもっとたくさんあるにも関わらず，評価ツールの選択が，COTAN[17]によって信頼性や妥当性が保障されたものに制限されすぎている。
9. イエナプラン校は，監督実践の際にあまりにも多すぎる違いを経験している。

出典：Boes, A., "Zicht op toezicht"をもとに筆者が訳出・作成。

ている。そのため，イエナプラン教育協会やSOVOは，初等教育法を支持する立場にある。また，彼らは2002年教育監督法もあらゆる種類の教育形態を認めうると捉えていた。具体的な監査方法を規定する『監督枠組』に対して，彼らは異議を唱えたのである。

　具体的に，イエナプラン教育協会が機関誌の特別号「監督についての見解」で示した2005年版『監督枠組』への異議の概要は資料6.3の9点である。いくつかの点に注目してみよう。まず1で，オランダには，イエナプラン教育など様々なオルタナティブスクールなどの存在があるにも関わらず，それらの多様性が正当に取り扱われていないことが指摘されている。続く2では，

---

[17] COTAN (De Commissie Testaangelegenheden Nederland) とは，NIP (Het Nederlands Instituut van Psychologen) というオランダにおける最大の心理学者の職業協会のテスト事項委員会のことである。学力テストからアンケートによる評価ツールに至るまで様々な評価ツールの信頼性や妥当性などの質について評価を行っている。

『監督枠組』は，初等教育法で意図されているような「違いから始める」教育実践ではなく，多くの初等学校で実施されている教育実践にもとづいているとされている。これまでにみてきたように，教育監査局も子どものニーズに合った教育活動を行うことを奨励していた。しかしながら，イエナプラン教育協会は「大多数の学校は未だ，教育の内容（onderwijsaanbod）は全ての子どもに対して同じものだと思っている。問題がある時には，もし職員や教材の補給が認められれば，追加的な方策が講じられる。とても本質的な『違いから始める』ということが共有財産になっていない」[18]と述べる。このことから，イエナプラン教育協会は，結局，多くの学校では，本当に子どもたちのニーズに応えるような教育活動ができていないと捉えていることがわかる。

　これは，特に5と関わると思われる。イエナプラン教育では幅広い教育理念が掲げられていたのに対して，『監督枠組』では「成果」が一面的であり，初等教育法と相反することが指摘されているからである。確かに，資料6.1の『監督枠組』をみると，成果に社会的技能が加えられてはいるが，結局，規準指標として，テストで測定されるような認知的側面の成果に重点が置かれている。このように認知的側面の成果のみが強調された場合，先にイエナプラン教育の例としてみたワールド・オリエンテーションで行われていたような豊かな教育実践が軽視されてしまう危険性は否定できない。第5章で示したような多肢選択式のCitoテストのワールド・オリエンテーションで良い結果が出すことだけが目的であれば，あのような授業は必ずしも必要ないからである。これとの関連で，8では成果を評価するツールにも偏りがみられることも指摘されている。

　ところで，実は，イエナプランが日本に紹介されるにあたって，次のような見解がある。それは，これからの教育を考えていく上で，学びの「個別化」とともに「協同化」や「プロジェクト化」を推進することが重要であるとい

---

18) Boes, A., *op. cit.*, p.11.

うものである。この学びの個別化・協同化・プロジェクト化の融合型の教育プランとして，イエナプラン教育が紹介されているのである[19]。そもそも，第 1 章で述べたように，オランダの文脈での「個別教育」は，「個別指導」だけに留まらず，子どもの個人差に応じた多様な教材によって行われる「自立学習」，他の子どもとの関係の築き方や役割分担の仕方を学ぶ「共同学習」をも重視していることがリヒテルズによって指摘されていた。

　しかしながら，オランダで一面的な成果に強調が置かれてしまえば，イエナプランで行われているような個別化・協同化・プロジェクト化の融合がなされない危険性がある。つまり，共同学習の側面が十分に重視されない事態が懸念されるのである。その場合ともすると教育監査局が推奨していると受け止められうると指摘してきた特定の種類の個に応じた指導，すなわち個別化のみに重点が置かれかねないといえよう。

　さらに資料 6.3 の 6 では，本来，中等教育を選択する際の個人へのアドバイスに使われることが意図されていた Cito テストの結果が不適切に使われていることや，7 ではテストによって副次的弊害が生み出される懸念も示されている。ただし，イエナプランではテストそのものが批判的に捉えられる訳ではない。「監督についての見解」の執筆者アド・ブース（Ad Boes）は，本来テストは教育活動の改善を目的とするものと考えており，それが学校間の比較など不適切に使用されることに危惧を感じているのである[20]。

　これらの見解を受けて，SOVO が「全ての学校は 1 つ（Elke school is er een）」[21]という報告書を発行した。ここで，SOVO は，2005 年版『監督枠組』に対して異議を唱えるとともに新たな学校評価の形を提案している。これは，イエナプラン教育協会の主導で行われた。実際，SOVO の報告書は「監督

---

19)　苫野一徳『教育の力』講談社，2014 年。
20)　Boes, A.W. (Both, K. (Red.)), "Toetsen, zin en onzin", *Jeugd in School en Wereld*, jaargang 87, nummer 4, 2002.
21)　Boes, A., *Elke school is er een*, Valthe: Network SOVO, 2007. [http://www.netwerksovo.nl/cms/upload/docs/elke_school_is_er_een.pdf]（2015 年 11 月 22 日確認）。

資料 6.4　オルタナティブ教育連盟による 2005 年版『監督枠組』の問題点の概要

1. 学校の自己評価が過小評価されていること。教育監督法では，学校が自己評価を通して自らの成果を確認し，教育監査はその結果にもとづいて自己評価で取り上げられていなかった点を補足的に調査することが示されているにも関わらず，実際にはそのようにはなっていない。
2. もしテストが学校をランクづけするために用いられ，その結果がインターネットを通じて公開された場合，学校が評価結果を操作・改ざんする誘惑にかられうる。
3. 成果のデータを公開することによって生じ得るカリキュラムの矮小化，参与の喪失などといった副次的弊害。比較できない単位である学校を統一テストを用いて比較することは間違っている。
4. 規定されたカリキュラムの一部分しか監督やテストで取り上げられないことで，その一部分に学校が重点をおいてしまう。監督で教育の質が調査される際には，主に国語教育と算数教育に制限される。さらに，多くの学校が使用する初等学校最終学年で行われる Cito テストでは，中核目標で規定されていることの 30% しか取り上げられない。そのため，カリキュラムの一部分に学校が重点をおいてしまう。
5. ワールド・オリエンテーション，スポーツ，遊び，音楽，芸術的形成といったカリキュラムの重要な側面が監督の対象となっておらず，軽視されている。
6. 学校においてテストの準備のために多くの時間が使われ，貴重な教育時間が無駄になってしまう。
7. 教育監査の時が近づいてくると学校で緊張が増大し，ストレスをもたらす。
8. 移民の子どもを多く抱える「黒い学校」に対して，学校間の比較が負担を与えている。監督によって「白い学校」と「黒い学校」の分離が助長されている。
9. 教師が自分の考えや原理ではなく，他人が重要であると考えることに焦点をあてて方略的な行動を取るようになる。

出典：Boes, A., *Elke school is er een* をもとに筆者が訳出・作成。

についての見解」の執筆者と同じアド・ブースという人物によって執筆されている。資料 6.4 は SOVO が報告書「全ての学校は 1 つ」であげた 2005 年版『監督枠組』の問題点の概要である。なお，これらは SOVO が示す学校評価の構想が実現した際には，克服されると考えられている。

　資料 6.4 をみてみると，まず 2002 年教育監督法では学校の自己評価が重視されているにも関わらず，それが実際には機能していないこと（1）が指摘されている。SOVO によれば，学校が教育成果を確かめる際に，使われるテストや評価ツールが制限されている。COTAN という評価ツールの評

価を行う委員会によって信頼性や妥当性があるとされたテストや評価ツールしか認められないというのである。SOVOは，自己評価の意義はその学校の状況に沿って評価を行い，教育状況を改善することであると考える。科学的に認められたテストや評価ツールのみを使用するだけでは，学校の状況に即した評価になるとは限らず，本来の自己評価の意義が果たせないと考えられている。

　続いて，評価結果の操作・改ざんの問題 (2) や，カリキュラムの一部分だけしか評価できないテストを用いて学校間比較がなされることで，カリキュラムの矮小化 (3，4，5) やテスト対策による教育時間の浪費 (6)，学校への負担やストレス (7，8)，学校の独自性の喪失 (9) といった副次的弊害が生じ得ることが問題とされている。これらを総じてみると，SOVOの批判の中心は，各学校それぞれの状況が適切に考慮されていないこと，そしてカリキュラムの一部分だけにもとづくテストによる学校間比較からくる副次的弊害にあると考えられる。これらは，イエナプラン教育協会の批判のうち，副次的弊害に関する点をふくらませたものとなっているようである。こうした批判は，これまでにみてきたように，その後オランダの学校評価で学力テストの結果が一層重視されゆくことを考えれば意味をもつものである。

　それでは，学校の自律性や多様性を尊重しながら教育の質を保つためにSOVOはどのような学校評価の在り方を構想したのだろう。そこでは，各学校それぞれの状況にどのように対応しているのか，またカリキュラムの一部分だけにもとづくテストの結果が過度に強調される事態をどのように防ごうとしているのかに着目して，以下，SOVOが提案する構想をみていこう。

第3節　「全ての学校は1つ」
——オルタナティブ教育連盟による学校評価の構想

　まず，簡単にその特徴を述べてみると，SOVOは学校のアウトプットだ

けではなく，それぞれの学校が整えるカリキュラム全体に関わる条件（conditie）を中心とした学校評価を提案している。そこでは，学校はその教育理念や児童の特徴に応じて，①望ましい結果に到達できるような条件をそれぞれ独自に創造すること，また②目標として設定された望ましい結果が達成されたかについて，学校自ら調査を行うことが求められる。つまり，学校に独自な教育を実現することを認めるとともに，その質の管理に責任をもたせる形となっており，学校の自律性が尊重されていることがわかる。そして，教育監督はこの2点を中心になされることが主張されている。それでは以下詳しくみていこう。

まず，1点めの条件の創造に関してである。条件は多岐にわたるが，性質によって責任の所在が区別されている[22]。具体的には，資源，プロセス，文化や文化の伝達，アイデンティティの4つの領域にわけられている。資源の領域とは，資産や建物など政府や学校理事会が責任を負うべき領域である。プロセスの領域とは，方略的（strategisch）かつ方策的（tactisch）な方針や組織文化，そして学校が力強い学習プロセスや発達プロセスのための条件を生み出し，生き生きとした健全な組織でいられるような手続きに関わる全ての部分である。これは，学校理事会や学校長が責任をもつ部分とされる。さらに，文化や文化の伝達の領域は，教師等が最初に責任を負う実際の教育の領域である。そして，アイデンティティの領域とは，学校に独自の性質を与える部分であり，アイデンティティを担う人々が責任を負う領域である。

このように学校や教師にのみ責任を求めるのではなく，条件の性質に応じて政府や学校理事会の責任も明確にされている。ただし，学校が責任を負えない条件として，家庭の教育のサポートレベルや，子どもたちの初期環境でのリテラシーの程度，家庭の豊かさや生活環境などがあげられている。もちろん，こうした条件を教師が知り，改善を試みることは大切であるとされて

---

22) 報告書では，クイン（Quinn, R.E.）（ミシガン大学経営学大学院教授．組織行動論，人的資源管理が専門）を参考にして，条件は区別されている。

いる。しかしながら、それらの多くは教師の直接的な影響外におかれているため、学校に責任があるとみなしてはいけないという。

　学校で行われる教育の条件に関しては、教育の成果と関係があることははっきりしているものの、どの程度どういった関係があるかについては未だ不明な点が多い。学校が、できる限り最適な成果をもたらすためにどのような手段を講じうるのかについては具体例が示されている。例えば、「教育の組織や内容については、子どもたちの違いの受け入れが出発点である。こうした考え方は、とりわけ『もう一度一緒に学校へ（Weer Samen Naar School；WSNS）』プロジェクト[23]実施以降の初等教育法の中核に関わる」のように教育活動の出発点を示すもの、「子どもたちは体系的なフィードバックを彼らの作業に得る。それが評価との頻繁な対決ではなくむしろ子どもたちの発達への貢献であることは明らかである」といった授業一般に関するもの、「ワールド・オリエンテーションでは、外部の専門家を定期的に受け入れるのと同様に、遠足を重要な作業形態とする」といった具体的な授業に関わるものもあげられている。学校はこうした条件を整えることで、最大限の教育成果を生み出すように努めることが求められている。

　次に、2点めの目標達成に関する調査についてである。調査は、評価するものの性質に応じて、短期的・長期的かつ体系的に行うことが重要であるとされる。例えば遊びには、観察を通した「質的データ（zachte data）」を通して評価がなされることが望ましい一方で、算数には教科書とは独立した（methodeonafhankelijke）テスト[24]が適しているかもしれない。学校評価アンケートや特定の標準テストといった形ではなく、子どもの学習経験や学力に即して望ましい結果が達成されたかが調査される[25]。その際、学校が自由に評価ツールを選択できるようにすることが求められている。このように学校

---

23) WSNSとは、特別なニーズをもつ子どもたちができる限り普通学校へ通うことを目的とするもの。
24) これは、教科書に付属されている教科書での学びを評価するテストではなく、いわゆる実力テストなどの標準テストを指す。

がそれぞれの状況や子どもたちに合った評価方法を自由に選択することが徹底されれば，少なくとも同一のテストによる結果の比較は行いにくくなり，そこからもたらされる副次的弊害も生じにくくなるだろう。

　続いて，教育監査に求められる役割をみてみよう。教育監査の際には，学校に求められている2点を中心に調査がなされる。監査では，①学校が創造したとする条件が実際の教育実践と一致しているかや，②学校が行った調査結果が調べられる。その際には，学校が望ましい結果に到達できるような条件を創造できているのか，そしてそれは許容できるレベルであるのかが評価される。そこでは，特定の評価指標が用いられるのではなく，常にその学校が目指した条件と照らし合わせて評価が行われる。改善が望ましい，もしくは必要である場合には，監査において具体的にそれが示されることとなる。加えて，監査の際には，勧告を行ったり，例を示したり，学校間の交流を促進したりするといった，先述の2点を学校が実行するにあたっての援助も行われることとなる。ただし，予算を受け取るために必要な条件を学校が満たしているかどうかは共通に問われる。SOVOに属する多くのオルタナティブスクールは，公的予算を受け取りながら公教育の枠組で運営されている。その意味ではSOVOは中核目標を含め，初等教育法も2002年教育監督法もあらゆる種類の教育形態が属しうるものと認めていると思われる。

　こうした学校評価の形を取るにあたって，特に重視されているのが各学校の教育理念や児童の特質を尊重することである。教育理念に関しては，監査官がその学校教育をみるべき「眼鏡」を提供し，監査官と学校チームの間での話し合いの議題を決定するとされている。例えば，イエナプラン校では，（部分的に）オープン・エンドな科目であるワールド・オリエンテーションが中核目標をカバーできるようにいかなる方策が取られているかが監査で尋

---

25) これに関してSOVOは新たな成果評価を探るプロジェクトを行っている。それは，教育成果をテストの結果などではなく初等教育8年間の間に児童に実現されたものと捉え，総合的に評価をしようとするものである。

ねられるといったように，その学校の教育理念や特徴に応じて教育監査がなされることが求められている。また，児童の特質に関しては，学校は児童の特徴を正確に知ることで，それぞれの子どもたちに合う教育形態を決定できるとされている。教育監査では，そうした児童の特質を考慮して教育の内容や組織を尋ねることが求められている。そこでは，例えば「オランダ出身ではない親の大部分は伝統的な教育のイメージをもっている。学校はそれをどう調整するのか？」といったテーマなどが議論になりうる。教育理念や児童の特質に応じて，学校に独自な教育を認めようとする点で学校の多様性が尊重されていることがわかる。

　以上のように，SOVOは，予算の条件を満たしている限り，教育理念や児童の特質に応じて学校に独自な教育を実現することを認めるとともに，その教育に即した方法で学校自らに質の管理を行うことを求め，それが適切に機能しているかどうかを監査するという学校評価の在り方を構想したのである。

オルタナティブ教育連盟による提案の限界と「訪問視察」の可能性——小さなまとめ

　本章では，2005年版『監督枠組』に対してSOVOが表明した批判とそれに代わる学校評価の在り方を示す提案を検討してきた。

　その結果，2005年版『監督枠組』では，学校の自律性や多様性を尊重しようとしている様子が一定程度見受けられた。しかし，それに対してイエナプラン教育協会やSOVOは，学校の自律性や多様性はなお十分に尊重されていないと捉えていた。カリキュラムの一部分だけにもとづくテストの結果が過度に強調され，そこから副次的弊害が生じうるのではないかと批判を展開していた。

　SOVOによる学校評価の構想をみると，教育理念や児童の特質に応じて

学校に独自な教育を認めるとともに，その教育に応じた方法で質の管理をすることを求め，それが適切に機能しているかどうかを監査するという学校評価の在り方を構想していた。これを再度，学校評価の主体，評価される質の中身，評価結果の活用という視点で整理すると次のようになる。まず，学校教育の質を管理する主体は，まず何よりも学校自身であり，教育監査はあくまでも学校のサポート役に位置づけられている。そこで評価されるのは，法的要求以外には，あくまでもそれぞれの学校が大切にする教育の質である。評価結果は，その質の改善に資することが求められている。これが実現されれば，学校の自律性や多様性がより尊重されるとともに，同一の基準やテストによる結果の比較は行いにくくなり，そこからもたらされる副次的弊害も生じにくくなると思われる。こうした構想は，学校それぞれの文脈において，子どもの学習経験や学力を中心に据えた学校自らの改善を確立しようとしている点で示唆に富んでいるといえる。

　しかしながら，先にみたように，その後オランダの学校評価の在り方は学力テストの結果を一層重視する方向へ進んでいく。つまり，SOVOによる批判と提案ではこうした方向性に歯止めをかけることはできなかったといえる。SOVOの構想をもとに公教育として一定の教育水準を保とうと思えば，学校には質の管理をする力が強く求められる。先述したように，2002年教育監督法でも学校自らの質の管理は重視されていた。第I部で取り上げたZEBOやWMKにはそれを支える示唆が含まれていたにも関わらず，結局多くの学校の自己評価は求められる信頼性・妥当性を満たせなかったことなどが指摘されていた。これをふまえれば，個々の学校にその状況に合った質の管理をすることを手放しに委ねるのではなく，信頼性・妥当性があると認められたツールのみを使うのとは異なる方法で，いかに学校が確実に教育の質の維持・改善を行えるのかを実現する方途までを視野に入れてSOVOは提案をする必要があったように思われる。それが可能になってこそ，教育の質が悪いと判断された学校が自律的に改善を行っていく道が開かれることに

なろう。

　以上をみてくると，SOVOも，学校の自律性や多様性を尊重する学校評価の鍵は，学校自らの質の管理にあると考えていたことが明らかとなった。それにも関わらず，各学校でそれを有効に実行することが難しいが故に，国として教育の質を保証するための仕組みにそれをうまく位置づけられない点に問題が生じていると捉えることができよう。そうした意味では，SOVOに参加しているオランダダルトン協会などが実施している訪問視察と呼ばれる学校評価は一定の可能性をもつように思われる。オランダダルトン協会では，それぞれの学校の自己評価にもとづきながら，ダルトンスクールの教職員が視察官となり相互評価的な学校評価を行うことでダルトン・プラン独自の質の維持・改善を図っている。これにより，学校が自己評価力を高め，教師や子どもの姿に即した，具体的な改善活動を導けるようにする仕組みが構築されていると考えられるからである。

　そこには，教育監査で求められるような教育成果の評価は含まれていない。しかし，2007年以降，訪問視察の評価指標に，ダルトン・プランの原理にもとづく範囲で『監督枠組』の評価指標へと合わせるように新たな評価指標を加えている様子がうかがえる。『監督枠組』で重視されていたような，子どもたちの教育的ニーズに合わせた教育活動を行うことに関する評価指標を取り入れているのである。ダルトン・プラン固有の質だけでなく，一定の教育水準の保証が意識されているといえよう。こうした知見は，本章で検討したSOVOの報告書には活かされてはいなかった。そこで，次章では，オランダダルトン協会の訪問視察を検討してみよう。

第7章

ダルトン・プランの訪問視察

第7章　ダルトン・プランの訪問視察

　本章では，オランダダルトン協会（Nederlandse Dalton Vereniging；以下NDV）の訪問視察と呼ばれる学校評価を検討する。ダルトン・プラン（ドルトン・プランと表記されることもある）とは，コラム4で紹介するように，20世紀初頭にアメリカでヘレン・パーカースト（Parkhurst, H.；1886-1973）が創案した教育法である。オランダで最初にダルトンスクールが設立されたのは1928年である[1]。ダルトンスクールは，オランダのオルタナティブスクールのなかで現在最も学校数が多い学校となっている[2]。
　NDVなどの一部のオルタナティブ教育協会は，そのオルタナティブ教育の質の維持・改善を目的とした訪問視察を実施している。NDVの訪問視察ではダルトンスクール志望の学校がダルトンスクールになることができるかどうか，また既存のダルトンスクールがダルトンスクールであり続けることができるかどうかが判断される。こうした訪問視察では，それぞれの学校の自己評価にもとづきながら，ダルトンスクールの教職員が視察官となり相互評価的な学校評価を行うことでダルトン・プラン独自の質の維持・改善を図っている。これにより，学校が自己評価力を高め，教師や子どもの姿に即した豊かな質の改善を導けるようにする仕組みが構築されていると考えられる。さらに，訪問視察では，ダルトン・プラン固有の質だけでなく，一定の教育水準の保証が意識されているように思われる。そこでは，信頼性・妥当性があると認められたツールのみを使うのとは異なる方法で，いかに教育の質の維持・改善を行おうとしているのだろうか。
　そこで，本章では，オランダにおけるダルトン・プランの位置づけや教育実践をふまえ，NDVが行う訪問視察という学校評価について検討する。それによって，多様な教育を尊重しながら，教育の質を評価し，保証するため

1）　旧NDVウェブサイト［http://www.dalton.nl/html/engels/page_3_1.php］（2012年9月20日最終確認）。（以下，NDVウェブサイトはNDVhpと示す）
2）　NDVhpによれば現在初等学校数は368校である［http://dalton.nl/wie-zijn-wij/vereniging］（2015年11月22日確認）。

の学校評価の在り方について，示唆を得ることを目指したい。

なお，現在のオランダのダルトン・プランは，中核価値として，共働，自由と責任，効果，自立，省察の5つをあげている。これは，2012年に，発達心理学および教授学的見識や社会的見識の変化からダルトン・プランの出発点に批判的な熟考を加えた結果，改訂された新しい原理であるという。ただし，本章では，ダルトン・プランが教育監査の評価指標へと合わせるように新たな評価指標を加えている様子がうかがえた頃，すなわち2010年前後の取り組みを取り上げることとする。そのため，以前のダルトン・プランの原理「自由」「自立」「共働」を主に取り上げ，当時の訪問視察のあり方を考察する。

第1節　実験室のないダルトン・プラン
――オランダにおけるダルトン・プラン

1. 自立的批判的に考える人を育てる教育――ダルトン・プランの受容と展開

オランダにダルトン・プランが最初に紹介されたのは1924年のことである。これは，オランダにおいて1917年に私立学校と公立学校における財政の平等が規定され，「教育の自由」が完全に実現された直後のことであった。アメリカでパーカーストがその主著である『ドルトン・プランの教育(Education on the Dalton Plan)』[3]を著したのは1922年である。その2年後に紹介されていることがわかる[4]。

ただし，実は，オランダのダルトン・プランはアメリカから直接移入された訳ではない。1924年，「公共の利益のための協会(Maatschappij tot Nut van

---

[3] Parkhurst, H., *Education on the Dalton Plan*, New York: E.P. Dutton & Company, 1922.
[4] これは，オランダに限ったことではない。当時，新教育運動が世界的に広がっており，ダルトン・プランは同時期に日本やイギリスにおいても受容されている。

't Algemeen)」から設立された委員会が，オランダからイギリスへ赴き，ダルトン・プランについて調査を行った。「公共の利益のための協会」とは，オランダの国民教育において長い間重要な役割を果たしてきた組織である。その前身は元々1784年にエダム（Edam）で立ち上げられた組織である。

委員会はオランダに帰国後，公益レポート「私たちの国民教育の将来；クラスの結びつきがゆるい学校（De toekomst van ons volksonderwijs. Scholen met een losser klasseverband）」において調査報告を行った。これによってダルトン・プランははじめてオランダに紹介される。その委員会のメンバーには，コンスタム（Prof. Dr. Kohnstamm, P.H.），ビゴー（Bigot, L.C.T.），ディールズ（Diels, P.A.）らがいた[5]。このうちコンスタムは，特にオランダの教育に大きな影響を与えた人物の1人である[6]。彼は，この委員会のメンバーとなって，オランダへダルトン・プランを紹介しただけにとどまらず，思考心理学的な影響をオランダのダルトン・プランに与えたとされている。ただし，ダルトン・プランへ影響を与えた学習心理学は思考心理学だけではない。その他にも，能力理論（vermogenstheorie），表象論（voorstellingstheorie），行動理論（behavioristische theorie），ゲシュタルト理論（gestalttheorie）などがあげられている[7]。

当時，イギリスのダルトン・プランは，世界的な新教育運動のなかにあって大きな関心を集めていた[8]。イギリスにおいて特に関心を集めた学校の1つとして，ロンドンにあるリンチ（Lynch, A.J.）のウェスト・グリーン校（West Green School）があげられる。ウェスト・グリーン校には1年で23ヶ国以上，

---

[5] 彼らは主に初等教育の調査を行った。他にも，ボクホルスト（Bokhorst, S.C.）やデ・ハード（de Gaad, A.H.）が主に中等教育の調査のために，この委員会に参加していたという。
[6] ドイツ生まれのオランダ人哲学者であり教育学者。
[7] Wenke, H., & Röhner, R., *Leve de School : Dalton-onderwijs in de praktijk*, Nieuwegein : Arko, 2006, pp.27-40（Vierde herzine druk）。
[8] イギリスにダルトン・プランを紹介した最初の人物はレンニー（Rennie, B.）であるとされる。レンニーは，アメリカの様々なダルトンスクールを訪れ，1920年にイギリスへダルトン・プランを紹介した。

1000 人以上の人が訪れたという[9]。

　コンスタムらの委員会がイギリスへ渡り，リンチのウェスト・グリーン校などを訪問したのは，こうした状況のもとにおいてである。1924 年にリンチの『個人学習とダルトン・プラン (Individual Work and The Dalton Plan)』のオランダ語訳が出版されていることからも，リンチのオランダへの影響がうかがえる[10]。

　リンチのオランダへの影響に関しては，サキシオン高等専門学校（Saxion Hogeschool）のサンデルス（Sanders, L.J.M.）による指摘がある。サンデルスは，リンチの取り組みとオランダのダルトン・プランの検討などを行い，オランダのダルトン・プランはパーカーストが提唱したダルトン・プランよりも，イギリスでの実践との方が一致している点が多いと指摘している[11]。

　サンデルスによれば，リンチはダルトン・プランから 3 つの原理を引き出した。それは，自由（vrijheid），相互の共働（onderlinge samenwerking），個人作業 (individuele werk) である[12]。この原理に形式と内容を与えるために，ダルトンスクールには，教科教室，教科教育者，仕事，児童が行ったことを記録するリストであるコントロールカードの 4 つが必要であるとリンチは考えたという。これら 4 つは次の 2 つにわけられた。仕事やコントロールカードは個人作業を可能にする要因であり，教科教室と教科教育者はより良い結果を生み出すための要因である。そのため，教科教室や教科教育者は必ずしも個人作業のために必要ではないとされた。

　個人作業については，リンチはその形態を 4 つに整理しているとされる[13]。

---

9) Sanders, L.J.M., *Daltonplan, een tweedehands plan?*, 2007. [http://www.daltonplan.nl/]（2015 年 11 月 22 日確認）。
10) *Ibid.*
11) *Ibid.*
12) 実際のリンチの著書によれば，自由(freedom)，グループの相互作用(Interaction of groups)，個人作業(Indivisual work)であるとされる。Lynch, A.J., *Individual Work and the Dalton Plan*, London: George Philip & Son, 1924, p.30.
13) Sanders, L.J.M., *Daltonplan, een tweedehands plan?*.

個人作業の4つの形態とは①クラス全体が同じ仕事に同時に取り組む形態，②クラスにおいて同時に，児童が異なる仕事に向かって作業をする自由があるという形態，③教室に様々なテーブルグループが整えられ，例えばあるテーブルグループの子どもたちは算数，他のテーブルグループの子どもたちは歴史の仕事をするといった形態，④ダルトン・プランを創案したパーカーストが推奨する，専科教員が存在し，教科教室で作業がなされる形態である[14]。

　このうち，教科教室である実験室や専科教員の設置はせずにダルトン・プランを実践する3つめの形態が，多くのイギリスの学校で好まれたという[15]。リンチは，この形態は，ダルトン・プランの完全な実行に近いと考えていた。そこでは，子どもたちはグループからグループへ移動することができる。リンチは個人作業の原理は，この3つめの形態から実行可能になると考えていたという[16]。

　実は，『レーフ・デ・スホール（Leve de school）』という本においては，リンチの学校よりもローズ（Rose, K.）という人物のユダヤ人女子校の方が，オランダでは好まれるとバザイン（Bazuin, A.R.J.）が1927年に執筆した本において述べたことが引用されている[17]。リンチによれば，ローズは，完全なダルトン・プランの実行よりも，個人作業の3つめの形態を好んだという[18]。リンチとローズの違いは，次の点によるとされる。リンチは個人作業の形態を整理はしていたけれども，自身の学校ではクラスのつながりはなくし，子ども個々人が自分の作業を行うことを重視していた。それに対し，ローズの学校では，クラスのつながりは保たれており，子どもたちは同じ内容の作業にたずさわっていた。そこでは，速く作業ができた優秀な子どもには追加作業が与えられていた。バザインがローズの学校の方がオランダでは好ま

---

14) Lynch, A.J., *op. cit.*, pp.125–134.
15) Sanders, L.J.M., *op. cit.*
16) *Ibid.*
17) Wenke, H., & Röhner, R., *op. cit.*, p.14.
18) Lynch, A.J., *op. cit.*, p.128.

れるとした理由は，当時のオランダの教育法のもとでは，教師1人あたりの児童数が決められており，リンチの学校の取り組みをオランダで実現するのは困難すぎたからであった[19]。

ここから，当時のオランダにおいて，ダルトン・プランのような教育実践が全面的に受け入れられた訳ではないことがうかがえる。実際，当時のオランダ政府は，同年齢の子どもたちが同じ教育内容を同時に学ぶという方法（leeftijdsgebonden leerstofjaarklassen）で教育を組織することを期待していたという。ダルトン・プランが紹介されたのは，1917年に私立学校と公立学校における財政の平等が規定された直後のことである。実は，矛盾するようだが，第1章でも述べたように，1917年以来，政府は教育法を通して教育に干渉するようになる。学校が予算を受け取るためには，教育法で定められた教育を行う必要がある。個人志向的なダルトン・プランは，当時の教育の支配的な見解とは合わなかったと指摘されている。

それにも関わらず，ダルトン・プランがオランダへ導入された背景には，当時の政府が期待するような同年齢の子どもたちが同じ教育内容を同時に学ぶという方法に対し，批判があったためである。こうした方法では，個人の違いがみられず，子どもたちそれぞれの独自の性質が考慮に入れられないという。それに対し，民主主義の国（Democratisch ingerichte staten）は，人が自立的批判的に考える人を育てる教育に気を配らなくてはならないと考えられた。特に，イングランドへ調査に訪れたメンバーの1人コンスタムは，このことを憂い，学校は子どもたちを労働の雰囲気に導かなくてはならないと考えたとされている。これは，子どもたちが知識を応用することを意味するという。彼は学校において子どもたちを民主主義の市民に育てたいと考えたという[20]。

---

19) *Ibid.*, pp.14-15.
20) Sanders, L.J.M.,'*Scholen met losser klasseverband*'： *de introductie van het Daltononderwijs in Nederland*.〔http://www.daltonplan.nl/uploads/media/De_Toekomst_van_ons_volksonderwijs_Boekbespreking.pdf〕（2015年11月22日確認）。

第7章　ダルトン・プランの訪問視察

　オランダでいわゆる画一一斉授業を考え直すきっかけが生まれるのは，リヒテルズによると1960年代後半のことである[21]。第1章で述べたように，1960年代後半以降，「画一教育を廃して，可能な限り個々の子どもの適性とテンポに応じた教育を行うための制度づくり」[22]が行われたのである。そこでは，イエナプランをはじめとするオルタナティブスクールが大きな影響を与えたとされている。

　オルタナティブ教育への関心が高まったとされる1970年代，NDVは活動休止状態であったことから，ダルトン・プランが当時の教育改革へ影響を与えたとは考えにくい。しかしながら，こうした教育改革の結果，オランダにおいて個別教育が重視されることとなり，その方向性は結果的にダルトン・プランとも適合することとなった。初等教育法や，特別支援教育として進められていた「もう一度一緒に学校へ行こう政策（Weer Samen Naar School; WSNS）」，中等教育の第二段階[23]の「スタディーハウス（Studiehuis）」もダルトン・プランと適合するとされている[24]。実際，1979年のNDVの活動再開後，協会メンバー数は増加している。こうした展開から，ダルトン・プランは，国が推し進める教育の在り方と相反するどころか，国の方針に後押しされる形でメンバー数を増やしていったといえよう。

2.「制限のある自由」「自立」「共働」──ダルトン・プランの原理と実践

　ここでは，国が推し進める教育実践と適合することとなったダルトン・プランについて，その特徴を原理と実践から整理する。NDVのホームページによると，NDVが掲げるダルトン・プランの原理は2012年まで「制限のある自由（Vrijheid in gebondenheid）」，「自立（Zelfstandigheid）」，「共働（Samenwerk-

---

21）　リヒテルズ直子『オランダの個別教育はなぜ成功したのか─イエナプラン教育に学ぶ─』平凡社，2006年，pp.57-77。
22）　同上書，p.72。
23）　後期中等教育（HAVOの最後の2年間，VWOの最後の3年間）のこと。
24）　Wenke, H., & Röhner, R., *op. cit.*, pp.125-127.

231

ing)」の3つとされていた[25]。先述したように，現在は，この3つの原理を発達させ，新しく5つの中核価値[26]が示されている。5つの中核価値とは，共働，自由と責任，効果，自立，省察である。しかしながら，本章では取り上げる訪問視察の時期と対応させ，以前の3つの原理を扱うこととする。

実は，パーカーストが，その主著『ダルトン・プランの教育』においてあげている原理は自由と共働の2つである[27]。そのため，オランダの3つの原理については，パーカーストが掲げた原理に，自立という原理が加えられていたことがわかる。この3つの原理を明確にしたのは，NDV[28]であるという[29]。

以下，3つの原理を具体的にみていきたい。第1に，自由についてである。パーカーストは，「自由とは，自分の必要なだけの時間をとること」[30]であると述べる。一方，オランダのダルトン・プランにおいては，自由とは「責任」を扱えることを意味する[31]。そのため，オランダにおいては，特にダルトンスクール志望の学校に対して，自由という言葉を責任という言葉で置き換えることが推奨されている。その理由は次の2つである。1つは，自由という言葉はしばしば規則なく全てが許されてしまう「放縦（losbandigheid）」であるとの誤解を招きやすいためである。これは，オランダにおいて「制限のある」自由という言葉が用いられる理由でもあると考えられる。もう1つの理由は，オランダではオルタナティブスクールの1つであるシュタイナース

---

25) 旧NDVhp［http://www.dalton.nl/］（2011年8月30日最終確認）。なお，「自由（自由を扱うことを学ぶ）」，「自己活動（自立的に作業することを学ぶ）」，「共働（共働することを学ぶ）」の3つとされる場合もある（Wenke, H., & Röhner, R., *op. cit.*）。ただし，自立的に作業することを学ぶことが自己活動であるとされているため，自立と自己活動が意味するものは同じであると捉えられよう。
26) NDVhp［http://www.dalton.nl/］（2015年11月22日確認）。
27) パーカースト著，赤井米吉訳，中野光編『ドルトン・プランの教育』明治図書，1974年，pp.25-38。
28) 特にバッケル（Bakker, P.）という人物。
29) Wenke, H., & Röhner, R., *op. cit.*, p.19.
30) パーカースト，前掲書，p.28。
31) 旧NDVhp［http://www.dalton.nl/］（2011年8月30日最終確認）。

クールのことを「フリースクール」と呼ぶことから、自由の原理を強調することによって、ダルトン・プランと「フリースクール」とを保護者が混乱して捉えないようにするためである[32]。

NDVによると、自由は子どもが独自の選択を行い独自の道をみつけるために必要であるという。その出発点は、子ども自身がもつ力への信頼であるとされている。教師と児童が一緒に学習内容について約束を行うこと、児童自身が仕事を終えるために必要なことや必要な時間を見積もること、その後児童が教師に対して説明責任を果たすことが求められている[33]。このように自由と責任を結びつけたNDVの見解は、パーカーストが「およそ自由と責任が統一されれば、必ず奇蹟があらわれる」[34]と述べていることから、パーカーストの見解と大きく異なる訳ではないと考えられる。

第2に、自立についてである。オランダでこの原理が加えられた背景には、イギリスへダルトン・プランの調査に訪れた委員会のメンバーの1人であるコンスタムの思考心理学（denkpsychologische theorie）的影響があるとされている。思考心理学において、思考とは、問題を解決するために洞察力をもって整理方法や解決方法をみつけたり扱ったりすることである。また、そこでの学習とは解決方法や整理方法を組み合わせ、みつけ、利用することとされている。コンスタムは、オットー・ゼルツ（Otto Selz）が提唱した思考心理学の理論[35]を教授学（didaktiek）へ結びつけることによって、補助手段や解決方法を扱いながら自分の責任のもとで考えることを学ぶことを重視し、自立的な学習という概念を導入したという[36]。

---

32) Wenke, H., & Röhner, R., *op. cit.*, p.20.
33) 旧NDV［http://www.dalton.nl/］（2011年8月30日最終確認）。
34) パーカースト、前掲書、p.35。
35) ゼルツの理論の中心点は、次の5つであるとされている。①思考の大部分は図式的ではない、②思考プロセスには関連がある、③思考は目標志向である、④問題状況の解決はその課題によって予想される。これはいわゆる思考プロセスの予想スキーマである、⑤思考は解決方法を扱うことからなる。
36) Wenke, H., & Röhner, R., *op. cit.*, p.38.

NDVによると，ダルトン・プランは子どもたちを自立的に考え，行動できる大人へと育てることを目指しているという。そのためには，子どもたちが情報を集める方法，ものごとの価値を見積もる方法，選択を行う方法を学ぶことが必要であるとされている。これらは人によって異なるという。こうした考えにもとづき，ダルトン・プランでは子どもが自立的に作業を行うことが重視されている。教師の役割はそれぞれの児童のガイダンスとコーチであり，イニシアチブはできるだけ多く児童にあることが求められている[37]。自立では，自分なりの学ぶ方法を子どもたちが獲得することに重点がおかれていると捉えられる。

　自立は，パーカーストが原理の1つとしてあげているものではない。しかし，パーカーストが，ダルトン・プランでは「彼らのエネルギーを解放して，自分の研究を自分なりに進め，組織する方法を教えるのである」[38]と述べていることをふまえれば，パーカースト自身も学ぶ方法を教えることを一定程度重視していたと考えられる。したがって，自立の重視もパーカーストのダルトン・プランについての見解と大きく異なることではないだろう。

　第3に共働である。共働についても，プリンス (Prins) という心理学者によってその重要性への裏づけが与えられている[39]。NDVによると，子どもたちが将来大人として社会へ参加できるようになるためには，共働を学ぶ必要があるという。社会では，ともに働く人を選ぶことはできない。そのため，ダルトンスクールではグループでの遊びや作業に多くの関心が払われる。これは，それぞれの人は自分自身や自分の環境に責任があるという考えにもとづいている。

　以上より，オランダのダルトン・プランにおいては，パーカーストが提唱した自由・共働の原理に心理学的な影響から自立の原理が加えられていたこ

---

37) 旧NDVhp［http://www.dalton.nl/］(2011年8月30日最終確認)。
38) パーカースト，前掲書，p.152。
39) Wenke, H., & Röhner, R., *op. cit.*, pp.38-39.

とがわかる。ただし，これらの原理はパーカーストが目指したダルトン・プランと大きな差異はないと考えられる。

　こうした原理にもとづき，ダルトン・プランは次のように実践されている。次の例は，2009年にダルトンスクールとして承認された初等学校であるU校が，承認に向けて行った教育実践である[40]。U校は，2009年に「ダルトン・ハンドブック」を作成し，資料7.1にある13の取り組みを紹介している。「ダルトン・ハンドブック」には，それぞれの取り組みにおいて，責任（自由），自立，共働がどのように実現されるかが個別に記されている[41]。これらの取り組みはそれぞれ別々のものではなく，互いに関連しあって実践されている。ここでは，ダルトン・プランの代表的な取り組みである「3. 仕事作業」を中心に，他の取り組みと関連させながら，その実践の全体像をみていきたい。なお，本文中で資料7.1の取り組みにふれる際には，初出で「」をつけることとする。

　U校においては，子どもたちは教師と約束した「仕事」をこなすという形で学習を進める。仕事とは，子どもが決められた期間内に処理しなくてはならない一定の学習内容である。仕事については，その仕事を行うのに費やされる時間，いつまでに終わらせるかという期間，仕事のサイズと内容に関して約束がなされる。

　幼児クラスである1，2年生の頃から，子どもたちは仕事に取り組む。1，2年生の場合には，計画を立てるために，選択ボードや計画ボードが用いられる。これは，仕事が示されたマグネット式のホワイトボードであり，壁にかけられている。幼い児童でも仕事を簡単に理解できるようにするために使われる。子どもたちは，ボード上で仕事を選んだり，計画を立てたりして，終わるとそれを示す。また，ボードと並行して，それぞれの子どもは仕事用

---

40) U校の取り組みについては，2010年09月23日にU初等学校の教師に行ったインタビューの内容と，その時入手したU初等学校作成「ダルトン・ハンドブック」（Eerste versie, 2009）にもとづく。
41) ただし，「1. 曜日の色を決める」のみに関しては，共働原理とは関わらないとされている。

資料 7.1　U 校でのダルトン教育実践

1. 曜日の色（Dagkleuren）	8. なされた作業の点検（Het nakijken van het gemaakte werk）
2. 1日の流れ（Dagritme）	9. 選択棚（De kieskast）
3. 仕事作業（Taakwerk）	10. 自立的な作業とまずは自分で取り組む作業
4. 日常の仕事ボード（Het huishoudelijk takenbord）	（werken uitgestelde aandacht）
5. 課題の行動指針（Handelingswijzers）	11. 共働（Samenwerken）
6. 用具（Materialen）	12. 作業場所（Werkplekken）
7. 教授と教授テーブル（Instructie en de instructietafel）	13. 評価と振り返り（Evaluatie en reflectie）

出典：U 校から提供を受けた資料（2010 年 09 月 23 日）をもとに筆者が作成。

紙（taakbrief）と呼ばれる 1 週間の学習計画表を用いる。子どもたちの仕事への取り組み方は，学年が上がるに従って自立的になっていく。4 年生以上になると，それまでのようなボードは使われず，基本的に 1 週間分の仕事が書かれた仕事用紙のみを用いて，自分の仕事の計画を立て，記録するようになっていく。

　U 校における 4 年生[42]以上の子どもたちへの仕事は次の教科を含んでいる。それは，ことば／読むこと，理解して読むこと（begrijpend lezen），スペリング，算数，地理，自然，歴史，交通，書くこと，選択棚，英語である。なお，「選択棚」とは教室に設置された教材がおかれた棚のことである。選択棚の時間には子どもはその棚から自由に教材を選んで取り組むことができる。

　学校での「1 日の流れ」はカードで示されている。それによって，仕事を進めて良い時間，教授を受ける時間などが示される。教授を受ける時間には，次の 2 つの場合を除いて全ての子どもたちが基本教授を受けることとなっている。1 つは，教師がその子どもには基本教授が必要ないと判断した場合で

---

42)　日本の小学校 2 年生にあたる。

第 7 章　ダルトン・プランの訪問視察

写真 7.1　教室の外で学習している子どもたち
写真は，2 階の階段上から 1 階のホールを撮ったもの。学校には，教室の外にも机とイスがあり，そこで子どもたちが作業をしてもよいことになっている。

ある。もう1つは，その子どものレベルが他の子どものレベルと異なる場合である。また，子どもたちは，時に基本教授に加えて，延長教授もしくは特別教授を受ける。延長教授とは，基本教授を受けてもまだ，全くもしくはほとんど理解できておらず，自立的に作業ができない子どものための教授である。これは基本教授の後にそのまま続けて実施される。特別教授とは，特定の内容がまだわかっていない子どもや，学習が進んでいる子どもに対して，別の時間に個人もしくはグループの形で行う教授のことである。このような形で個に応じた指導が実現されていることがわかる。

　仕事作業を進めて良い時間には，子どもたちは「作業場所」を選ぶことができる。場所の都合上人数は限られるものの，教室の外で作業を行うことも許されている。作業を行う際には，子どもたちが「まずは自分でその課題に取り組む」ことが重視されている。これは，オランダのダルトン・プランで自立性を発達させるために重視されていることの1つである。助けは，子どもが望む時にいつでもある訳ではないものの，後に教師に助けてもらえる機会があるという信頼のもと，子どもたちがまずは自分で，もしくは他者とともに解決法を探すことを学ばなくてはならないことを意味する。教師からの助けを待つ間に，子どもは，例えば，自分でもう1回よく考える，その課題をもう一度読み直す，同級生に助けを求める，何か他のことをして後で助けを求めるなどのことができるだろうとされている[43]。

　そのため，U校では教具として信号機が利用されている。それによって次のことが示される。信号が赤の時，子どもたちは静かに作業をしなくてはならない。信号がオレンジの時は，子どもたちはグループ内で（ひそひそと）質問をしてもよい。信号が緑になると，子どもたちは先生に質問を行ったり，グループ内外を問わず相談しあったりしてもよい。ただし，3年生以上の子どもたちは赤信号の時であっても，写真7.2のような，はてなカード（vraagtekenkaartje）

---

43) Röhner, R., & Wenke, H., *Dalton-onderwijs : Een blijvende inspiratie*, Nieuwegein : Arko, the Netherlands, 2004, 2ᵉ, pp.47-48.

第7章 ダルトン・プランの訪問視察

写真7.2 はてなカード
子どもたちは，質問したいことを示すために「？」のカードを机の上におく。

を自分の机の隅におき，質問したいということを示すことができる。信号機の利用は，オランダにおいて自立が原理に加えられ，子どもの自立的な作業が重視されているためであろう。

　仕事の計画や終わった仕事の記録には，「曜日の色」が用いられる。曜日の色とは，月曜日は赤色，火曜日は青色などのように曜日ごとに決められた色のことである。例えば，ある子どもがある仕事を月曜日に行おうと思えば，その仕事の計画欄には青色が塗られる。そして，計画通りその仕事を月曜日に行うと実施欄にも青色を塗ることとなる。こうした色を用いることで，幼い児童でも計画や記録を記入しやすくなっている。

　さらに作業後には，自己「評価」や自己「点検」を子どもたちが行うことも重視されている。自己評価は，仕事用紙に記載されている顔マークを色ぬりすることによって行われる。自己点検とは，子どもたちが行った作業を自ら丸つけすることである。これによって，子どもは教師の点検を待つ必要がなく，すぐにフィードバックを得ることができる。そして，その際に，どうして間違えたのかを自問するという点で学習効果が生まれるという。また，それを通して，自分は何ができ，何について教師に助けを求めなければならないのかについて子どもがより良く知ることができるとされる。ただし全ての作業が自己点検される訳ではない。テストの採点は教師が行う，自己点検されたものについては定期的に無作為抽出で教師が調査を行うなどの約束事が決められている。自己点検された作業は点検かごに提出される。

　仕事作業は基本的に1週間に1度評価される[44]。「何がうまくいった？」「何があまりうまくいかなかった？」「子どもたちは何を難しい／簡単と思った？」などが評価される。評価の対象となるのは，成果物だけではない。プロセスの評価も成果物の実現に向けて行われる。定期的に小さな振り返りが個々の児童と行われるという。

44）ただし，1～3年生の場合毎日なされる。

なお，資料7.1の「4．日常の仕事ボード」が指す仕事は，上述のものとは異なっている。これは，棚の片づけや植物への水やりといった日常の仕事が示されたボードである。

以上のような仕事に加えて，U校では，「共働」のための教員研修や，共働そのものを目指した取り組みも行われている。共働のための教員研修としては，例えば，この学校はエドゥニク社という教育サポートセンターから，ダルトン・プランとよく関連した協同的な (cooperatief) 学びについてのコースを受けている。協同的な学びの基礎的な特徴としては，①積極的な相互の依存，②個人の責任，③直接の相互作用，④共働技能，⑤グループプロセスの評価があげられている[45]。

また，共働そのものを目指した具体的な取り組みとしては，チュータ読みやペア読みなどがあげられている。チュータ読みとは，レベルの異なる子どもが一緒に読むことである。たとえば3年生は5年生と一緒に読み，4年生は7年生と一緒に読む。それぞれの学年の教師が，どの子どもとどの子どもが一緒に読むかを調整する。チュータと読み手は固定されたままではなく1年に数回変わる。ペア読みとは，同じクラスの同じくらいのレベルの子どもが一緒に読むことであり，これは様々な時間で取り入れられている。

以上のようなU校における教育実践は，先にサンデルスが指摘していたように，パーカーストが提唱したダルトン・プランの教育実践とは異なる点が多い[46]。曜日の色や信号機の使用などは，パーカーストが提唱したダルト

---

45) これは，ダルトン・プランの共働原理を述べる際に，引用されるエベンス (Ebbens, S.) による共働的な学びに関する5つの鍵となる理解のことであると考えられる。Wenke, H., & Röhner, R., *op. cit.*, p.23.
46) こうしたオランダ固有のダルトン・プランが行われている理由の1つとして，パーカースト自らがプランの修正を認めていたことがあげられよう。パーカーストは「自由がこの理想の必須条件であるから，わたしはこのプランをどこの，どんな学校にでも，すぐに役立つような鋳型にしようという誘惑におちいらないように十分注意してきた」（パーカースト，前掲書，p.33）という。パーカーストは，ダルトン・プランが鋳型にならないように，「このプランを生き生きとさせる原理が保たれている限りは，その学校の事情と教師の判断によって，実際にはどのようにでも修正することができる」（パーカースト，前掲書，p.33）と述べている。

ン・プランでは実施されていない。具体的な取り組みにおいて，オランダ固有の工夫がみられる。最も大きな違いは，教科教室である実験室や専科教員が導入されていない点であろう。クラスを保ったまま，仕事を中心として教育活動が営まれており，イギリスから受容されたダルトン・プランと近い在り方で教育実践が営まれていることがわかる。

　なお，このように，クラスを保つことによって，クラスの担任が全教科を通じて子ども一人ひとりの状態を見取り，子どもの教育的ニーズに合った教授を行うことが可能となる。そのため，学習に困難を抱える子どもを含め，一人ひとりの子どもが教育内容を理解した上で，責任をもって自立的に仕事を進めることができるようになると考えられる。ダルトン・プランの原理にもとづく教育実践を一層確かなものとするために個に応じた指導が位置づけられているといえる。

第2節　オランダダルトン協会による訪問視察

1.「説明責任を与え，説明責任を実行する」――訪問視察の背景と原理

　ここでは，上述のようなダルトン・プラン教育を評価する訪問視察がどのような経緯でどのような理念のもと，実施されることとなったのかについて整理を行う。先述したように，NDV は 1970 年代その活動を休止していた。活動が再開されたのは 1979 年のことである。当時は，メンバー数の増加などの量的成長に主眼がおかれていた。学校がダルトンスクールとなる際には，しばしば学校の巡回視察や校長との対談のみによって，学校はダルトンスクールとしての承認を得ることができていた。さらに，そのようにして一度ダルトンスクールとして認められれば，その学校はその後もずっとダルトンスクールであることが認められていた[47]。

　しかしながら，教育改革を経て，次第に NDV のメンバー数が増加してき

第7章　ダルトン・プランの訪問視察

た。すると，それにともない，ヘレン・パーカーストの思想が異なって解釈されたり，学校の質が多岐にわたっていったりするという事態が生じてきたのである。このようにして，1990年代NDVにおいて質への関心が高まり，1997年にはダルトンスクールとしての質を評価するために訪問視察という学校評価が実施されることとなった。1998～1999年には既存のダルトンスクールを含め，全てのダルトンスクールが5年ごとに訪問視察という学校評価を受けることが決められた。これによって，通常の学校がダルトンスクールになりたい場合には，訪問視察で承認されなくてはダルトンスクールと名乗ることができなくなった。また，既存のダルトンスクールも5年ごとに訪問視察を受け，NDVから承認を得なければダルトンスクールで在り続けることはできなくなったのである。

　こうした訪問視察の実施に向けた動きのなかで議論となったのは，ダルトンスクールそれぞれの多様性や独自のスタイルを妨げることなく，パーカーストが意図したような本質をどのようにモニターできるのかという点であった[48]。ダルトン・プランは規定された「システム」である必要はなく，パーカーストの模倣をするという意味で「影響」であると確信されていた。また，はじめから，ダルトン・プランとしての質の保証を考える際には，教育プロセスや教育的出発点に強調がおかれ，教育の成果はあまり強調されなかったという。

　訪問視察では，「説明責任を与え，説明責任を実行する（verantwoording geven en verantwoording afleggen）」という原理から学校の自己評価が重視されることとなった[49]。各学校は訪問視察を受ける前に自己評価を行うことが求められる。この自己評価は，映画の要約とみなされるという。なぜなら，学校が自身の発達を長期にわたって評価するものであるからである。自

---

47) Nederlandse Dalton Vereniging, *Dalton : 75 jaar modern*, Den Haag : Nederlandse Dalton Vereniging, 2007, p.30.
48) *Ibid*.
49) *Ibid*.

価は学校とつながっており，人々の動機づけを高め，関与を促進する。しかし，自己評価については比較可能性（vergelijkbaarheid）や信用性（geloofwaardigheid）が十分であるとはいえないという。この点で，映画そのものではな く，あくまでも要約なのであろう。

自己評価では，訪問視察の際に用いられる評価指標と同じ，NDVによって定められた指標が用いられる。このように訪問視察と同じ評価指標が自己評価で使われることによって，訪問視察の評価が一方的になることを防ぐとともに，学校の自己評価が適切に行われたかどうかを確かめることもできると考えられる。この訪問視察は，写真に例えられている[50]。1回きりのスナップショットではあるが，本物の写真を撮るため，しばしば学校に気づかれていない目に見えないようなシミをも目にとめるのである。

2. 教育監査との関係を探る――訪問視察の行程と評価指標

ここでは，2010年頃の訪問視察を具体的にみていく。そのため，下記の内容は，『初等教育用ダルトンメンバースクールの訪問視察―学校と訪問視察官のための手引き―』（2011年2月版）[51]にもとづいて，記述していく。まずは，訪問視察の行程である。訪問視察は，はじめて訪問視察を受けるダルトンスクール志望の学校に対しても，すでにダルトンスクールとして承認されている学校に対しても，ほぼ同様の行程で進められる。基本的に各学校は5年に1度訪問視察を受ける。訪問視察官になるのは，すでにダルトンスクールとして認められた学校の教職員である。したがって，訪問視察は視察を受ける学校の発達だけでなく，視察官自らの専門職発達をも促進するとされている。

---

50) Ibid., p.32.
51) Nederlandse Dalton Vereniging, *Visitatie lidscholen primair onderwijs : een handleiding voor scholen en visiteurs*, 2011.02. [http://www.dalton.nl/html/schoolleiding/page_6_2.php] (2011年09月26日最終確認)。

最初に，訪問視察前の準備である。訪問視察に先立って，学校は全ての教職員や一部の保護者たちに，NDV によって定められた指標リストを用いて自己評価を実施し，その結果の回答者グループごとの要約を訪問視察チームの議長に郵送することが求められている[52]。議長とは訪問視察に先立って，学校と連絡を取るチームの代表者であり，訪問視察当日は学校との会談で議長を務める。学校を訪れる訪問視察チームには，議長が必ず1人定められている。議長に対しては，自己評価結果の要約に加えて，前回の訪問視察報告書（すでに訪問視察を受けたことのある学校のみ），ダルトン発達計画（もしくはその学校のダルトン方針計画），学校ガイド，学校計画書，仕事用紙，ダルトン教育についてのその他の関連情報も郵送されなくてはならない。
　なお，ダルトン発達計画とは，はじめて訪問視察を受けるダルトンスクール志望の学校が，ライセンスの授与に向けて，どのようなステップを取るかについて大まかなタイムテーブルを示したアクションプランである。このプランの提出は，ダルトンスクールになるための必要条件とされている。また，ダルトン方針計画とは，すでにダルトンスクールとして承認されている学校が，前回の訪問視察での勧告を受けて，どのような取り組みを行ってきたのか，もし（まだ）その勧告を受けて何も行われていなければ，なぜなされていないのかなどについての記述を含む方針プランのことである。これらの資料に加えて，議長はその学校が地域活動とどのように関わっているかを調べるために，当該地域担当のダルトンコーディネーターと連絡を取る。
　訪問視察の流れについては，訪問視察に先立って訪問視察チームの議長と学校が相談して決定する。訪問視察は1日で行われる。当日の流れは「訪問スケジュール」に記される。訪問スケジュールには，資料7.2の内容を盛り込むことが求められている。この時，保護者の代表者，関係当局の代表者との話し合いが重視されており，これらが可能ではない場合，訪問視察は中断

---

[52] 訪問視察の日には要約だけでなく，指標リストに記入された自己評価の全ての結果を学校で閲覧できる状態にしておくことが求められている。

資料7.2　訪問スケジュールの内容

・教職員メンバーと知り合うため授業時間に自由に歩いてまわる時間。
・あなたや，可能ならばあなたのダルトンコーディネーターとの話し合い。30分。
・全ての学年（groepen）や各クラス（groep）への訪問スケジュール。約20分。
・共同でランチ，教職員メンバーと話し合うための機会として。
・指標リストに記入した数人の保護者＊との話し合い（MRやORのメンバー）。20分。
・関係当局の代表者との話し合い＊。20分。
・子どもとの話し合い，児童会がある場合にはこの委員会と。15分。
・訪問視察チームの協議のための時間と場所。45分。
・校長やダルトンコーディネーターと私たちの発見についての事前協議。20分。
・必要であれば関与している親や関係当局のメンバーも参加しての教職員との最終話し合い。この話し合いで，一般的なNDVの理事会への私たちのアドバイスが説明され，勧告が話される。45分。
＊の話し合いが可能でない場合，訪問視察は中断される。

出典：資料はNDVホームページ上の『はじめての訪問視察例（ライセンス授与）』『5年ごとの訪問視察例』[53]をもとに筆者が作成。

される。

　次に，訪問視察当日である。当日は，基本的に訪問スケジュールに沿って視察が行われる。ただし，訪問視察チームは訪問スケジュールから逸脱する権利を有している。当日，学校は誇りにしているところを示すとともに，ダルトンの全ての要素（自由／責任，自立，共働と直接教授）が視察官たちに明らかとなるよう試みることが求められている。

　当日，視察官たちはクラス訪問をするだけではなく，教職員，保護者，関係当局や児童との話し合いも行う。訪問視察後，その結果については，まず視察官たちだけで話し合いが行われる。その後，そこで話された視察官たちの見解について，校長やダルトンコーディネーターと事前協議がなされる。その上で，必要であれば保護者や関係当局の代表者を含め，教職員たちと最

53）『はじめての訪問視察例（ライセンス授与）（Voorbeeldbrief bij 1e visitatie (licentieverlening)）』『5年ごとの訪問視察例（Voorbeeldbrief bij 5 jaarlijkse visitatie)』（NDVhp〔http://www.dalton.nl/html/schoolleiding/page_6_2.php〕（2012年1月2日最終確認））。

終会談がなされる。ここで視察官たちから，学校への勧告や，その後NDVへと提出されることとなるアドバイスが暫定的に示される。この時，学校はその勧告に対して質問を行うことができる。このように訪問視察は，訪問視察チームによって一方的に行われるのではなく，授業を含め実際の学校の様子をみた上で，保護者，児童や学校理事会を含め学校側の様々な意見を取り入れながら進められていることがわかる。

　訪問視察の後，学校は改めて訪問視察報告書という形で訪問視察結果を受け取り，訪問視察チームからの勧告を全て学校報告書に記入することが求められる。その後，学校は学校報告書を議長へ送る。視察官全員が学校報告書を適切であると認めると，訪問視察報告書と学校報告書はNDVの事務局へ送られる。これらは，NDVの訪問視察委員会POという委員会[54]において話し合われる。その後，最終的な提言が訪問視察委員会POから，一般理事会（Algemeen Bestuur）へとなされ，最終的な決定がなされる。

　訪問視察の結果は，ダルトンスクール志望の学校に対しては，「ライセンスの授与」もしくは「2年後に再びライセンスの授与が可能かどうかを評価する訪問視察」のどちらかで発表される。また，すでにダルトンスクールとして承認されている学校に対しては，「5年間のライセンス更新」「訪問視察を受けるまでの期間が2年間に短縮されたライセンス更新」「2年後に行われた訪問視察で承認されず，ライセンスの無効化」のいずれかで発表される。訪問視察の結果に対して異議がある場合には，学校は異議を申し立てることができる。

　続いて，訪問視察で用いられる評価指標を取り上げる。評価指標は資料7.3の通りである。先述したように，教職員が行う自己評価においても同様の指標が用いられる。これらは，良い，十分，並，不十分の4段階で評価される。
　まず，ダルトン・プランの原理についての指標1〜3をみてみよう。原理

---

54) NDVの一般理事会で構成された，ダルトン教育の質のモニターや訪問視察の組織に責任を負う委員会。

資料 7.3　訪問視察指標リスト（2010 年 12 月版）

1. 自由／責任
1.1 責任を主導する様々な形がある。（教師主導，分配された主導，児童主導）
1.2 児童・教師は仕事作業や選択作業を一緒に決め，それを配分する自由がある。
1.3 児童・教師は，自由と責任に対処することができる。
1.4 信頼にもとづいて自由は設計されている。
1.5 教師は自らのイニシアチブを取る機会がある。
1.6 児童は自分の作業の評価に関与している。
1.7 児童はなぜ自分の時間を自分で配分してもよいのかを話すことができる。
1.8 児童は作業場所を選択する自由がある。
1.9 児童は補助教材を自分で手にしてもよい。
1.10 教師は思考と学習のための方略を教えている。
1.11 教師は児童の進歩を体系的にたどっている。
1.12 教師は（目的に）適した教授を行っている。
1.13 教師は差異化された課題を用意している。

2. 自立
2.1 自立的な作業，自立的な学習，自己責任学習や自己主導学習の範囲において自立性発達の多様な形がある。
2.2 児童・教師はまず子どもたちが自分で作業を行うようにできる。
2.3 教師は，仕事ボード，仕事用紙，計画ボードのような，児童の自立を促進する道具を提供している。
2.4 教師・児童は毎日評価し，振り返りをしている。
2.5 教師・児童は計画を立てることができる。
2.6 児童は補助教材を自立的に扱うことができる。
2.7 児童のための時間数は，自立という目標に到達するために十分である。

3. 共働
3.1 共働（samenwerken），共働的な学習，協同的な（cooperatief）学習や相互作用的な学習の範囲において，共働の多様な形がある。
3.2 児童の共働は互いに敬意をもっていることにもとづいて起こる。
3.3 教師の共働は互いに敬意をもっていることにもとづいて起こる。
3.4 教師は児童間の共働を刺激している。

4. ダルトン発達
4.1 学校は学校計画書やその他の計画書においてダルトン発達を記しており，明らかにその方針の発達，保証，評価に向けて構造的に働いている。
4.2 ダルトンのアイデンティティが学校ガイド，ウェブサイトや他の情報源において見つけられる。

4.3 学校は，教師が互いに相談し合う機会を作っている。
4.4 学校計画書や他の計画書においてダルトンのスクーリングが記載されている。
4.5 ダルトン発達が，たとえばコーディネーターによって目指されている。
4.6 その建物のダルトン的可能性が最大限活用されている。
4.7 曜日の色，仕事ボードや他の方法のように，ダルトンの作業方法に役立つ方法がある。
4.8 ダルトン活動の記録は誰にでもわかるようになっている。
4.9 仕事課題において児童間の違いが考慮に入れられている。
4.10 教材（methodes）はダルトンと親和性がある。
4.11 ダルトンの規則が全ての関係者に明確になっている。
4.12 学校内に明らかに一貫したダルトンの方針がある。
4.13 学校はダルトンの地域活動と関わっている。
4.14 学校は児童モニタリングシステムの方法で児童の進歩を体系的にたどっている。

5. ダルトン教育についての学校理事会の態度
5.1 理事会は学校のダルトン発達を支持している。

6. ダルトン教育についての保護者の態度
6.1 保護者はこの学校のダルトン発達を支持している。
6.2 保護者はダルトンの作業方法について知らされている。
6.3 保護者によるダルトンの作業方法についての発言や提案は，教職員の心に留められている。

である自由／責任，自立，共働については，それらを保障する多様な機会が認められ，求められていることがわかる（1.1/2.1/3.1）。ただし，どのダルトンスクールにおいても保障されるべき事項もあげられている。例えば，作業場所を選択する自由の保障（1.8）や，仕事ボード・仕事用紙・計画ボードのような児童たちの自立を促進する道具の提供（2.3）などがあげられる[55]。これらは，先述したU校でも取り入れられていた。そして，こうした教育の結果，教師や児童が自由と責任に対処することができるようになっているのか，計画を立てられるようになっているのかといった，授業のなかで教師や子どもの姿を見取るような評価指標も含まれている。これにより，教師や子

---

55) 仕事ボード・仕事用紙・計画ボードとは，児童が仕事を選んだり，計画したり，振り返ったりする際に用いられる教具である。

どもの姿に即して，授業改善などの改善活動を行う契機が与えられると考えられる。これらの評価指標は，あくまでも具体的なダルトン・プランの原理や教育実践に即して，立てられていることがわかるだろう。

　次に指標4〜6をみてみよう。ダルトン・プランが学校全体で実現され，その情報が関係者に提供されているかどうかや，ダルトン・プランを学校理事会や保護者が支持しているかどうかについての指標である。これらの指標によって，授業改善だけではなく，授業改善を支えることとなるような教職員相互の共通理解や関係者の理解を得て学校全体がダルトンスクールとして機能しているかといった側面が評価されていることがわかる。

　ただし，こうした評価指標のなかには，ダルトン・プランにまつわるものだけではなく，『監督枠組』の評価指標と重なるものがあることもわかる。なかでも，教育監査の評価指標で重視されていた，教育活動を児童の教育的ニーズに合わせることがNDVの訪問視察においても求められていることが指摘できる。特に下線部がある評価指標において，子どもたちの進歩を体系的にたどり（1.11），差異化された課題を用意すること（1.13）などが求められている。

　実のところ，下線部がある評価指標は，2007年以降に加えられた評価指標および文言である。そして，その前年の2006年には，教育監査局の監査官がNDVの訪問視察に同行して調査を行い，教育監査とNDVの訪問視察との相違点や共通点を明らかにしている。このことをふまえれば，下線部については，NDVの側が『監督枠組』の評価指標へと合わせるように新たな評価指標を加えたと解釈することができよう。ただし，これらは，あくまでもダルトン・プランの原理にもとづいて取り入れられている。特定の指導形態を無批判に摂取するものとはなっていない。ダルトン・プランの共働原理なども重視しながら，特に自由原理を確実に達成するための指標として個に応じた指導が位置づけられている。

　最後に，NDVの訪問視察での評価指標には，教育監査で求められるよう

な教育成果は含まれていない。これは，NDV が教育の成果ではなく教育的な出発点や教育プロセスを重視してきたためであろう。ところが，実は，オランダのダルトン・プランに関しては，成果主義に傾倒しているといった批判的な指摘がある[56]。そこでは，近年オランダでダルトンスクールが急増していることをあげ，「ダルトンプランスクールの教育理念および教育内容のみならず，全国共通学力テストの高いスコアなどの優秀な教育成果がその人気につながっているとの推察が可能であろう」と指摘されている。実際，2010年『ディダクティーフ（didaktief）』という雑誌には，ダルトン・プランが他の一般的な学校やモンテッソーリ教育，イエナプラン教育の学校と比べて国語や算数のテストでより良い成績を収めたという記事が載っている[57]。

　これに関して，確かにダルトンスクールとして認められるための評価指標において，そうした成果は重視されてはいない。重視されているのは，あくまでもダルトン・プランの原理に関わるような成果，すなわち自由／責任，自立，共働が子どもたちに実現されるという意味でのプロセスの成果である。しかし，実はこのことは，ダルトン・プランでは子どもたちが学習する中身が意識的に問われることはあまりないことを意味する。そのため，どのような中身の成果を求められたとしても，それを効率的に生み出すことが強調されかねない点に留意は必要だろう。それでも NDV がダルトン・プランの中核となるプロセスの成果を追求した結果として，テストの成績といった成果が生み出されていることは事実であろう。NDV が加えた評価指標は，あくまでもダルトン・プランの原理にもとづく範囲であることがうかがえる。また，その他の評価指標に目を移しても，NDV の評価指標と教育監査の評価

56）吉田重和「オランダのオルタナティブスクールの社会的受容」『早稲田大学教育学会紀要』第11号，2010年，pp.157-164。
57）ダルトン・プラン，イエナプラン，モンテッソーリという３つのオルタナティブ・スクールを加えたはじめての大規模コーホート調査についての記事であり，そこでは保護者の教育歴なども加味してテスト結果が比較されている。(Paas, T., & Mulder, L., "Dalton doet het beter dan doorsnee school", *Didaktief*, No.6, 2010.06)

資料7.4　NDVの一般理事会へのアドバイス

アドバイス	規準
ライセンスの授与	指標1, 2, 3と4が十分もしくは良い
2年後に再びライセンスの授与が可能かどうかを評価する訪問視察	指標1, 2, 3もしくは4が並もしくは不十分
ライセンスを授与しない	2年後にライセンスの授与が可能かどうか再び訪問視察を受けた後，指標0, 1, 2, 3もしくは4が1つもしくはそれ以上，並もしくは不十分
5年間のライセンス更新	指標0, 1, 2, 3と4が十分もしくは良い
訪問視察を受けるまでの期間が2年間に短縮されたライセンス更新	指標0, 1, 2, 3もしくは4が並もしくは不十分
ライセンスの無効化	2年後に行われた訪問視察の後，指標0, 1, 2, 3もしくは4が1つもしくはそれ以上，並もしくは不十分

出典：資料はNDVホームページ上の『初等教育用訪問視察報告書フォーマット』[58]より筆者が訳出。

指標とが相反するような関係にある評価指標はみられない。これは，オランダの教育改革を通じて，国の方針とダルトン・プランの方針が合っていることがその背景にあるためであろう。

　なお，評価の規準は資料7.4の通りである。資料7.4における指標0とは，前回の訪問視察で受けた勧告を指す。指標1～4は資料7.3の指標の項目を指す。資料7.4から，指標0～4が全て十分もしくは良いとされなければ，ダルトンスクールとして承認されないことがわかる。ただし，それが適わなければすぐにライセンスが剥奪される訳ではない。訪問視察においては，ダルトン・プランの教育実践を経験したことのある視察官から学校の不十分な点や改善に向けた勧告が示され，学校がそれに向けて取り組んだ後，2年後

---

[58]　『初等教育用訪問視察報告書フォーマット（Format visitatieverslag PO）』（NDVhp［http://www.dalton.nl/html/schoolleiding/page_6_2.php］（2012年1月2日最終確認））。

に再び行われる訪問視察において最終的な判断がくだされるのである。

相互評価的な学校評価の仕組みの構築——小さなまとめ

　このように，NDVの訪問視察は，国の教育政策に後押しされる形でメンバー数を拡大させた結果，ダルトン教育の質の維持・改善を図るために導入された学校評価であった。ここで，NDVの訪問視察を，改めて学校評価の主体，評価される質の中身，評価結果の活用という視点で整理してみよう。

　まず，評価の主体に位置づけられているのは，まず第1に学校自身であった。それにもとづいて評価を行う訪問視察官も，すでにダルトンスクールとして認められた学校の教職員であった。したがって，ダルトン・プランという教育理念や教育実践を共有する人々によって，学校評価の主体が形成されているといえた。

　評価される質は，あくまでもダルトン・プランの原理にもとづく教育実践から抽出されていた。具体的には，授業改善などの改善活動の契機となる評価指標だけではなく，授業改善を支えることとなるような評価指標も存在した。加えて，ダルトン・プランの原理にもとづく範囲で教育監査への歩み寄りとも取れる評価指標の追加が行われていた。こうした訪問視察の結果は，ダルトンスクールとしての認定および改善のために用いられていた。

　なお，実は，こうしたNDVの訪問視察の指標に対しては，ダルトン内部から，様々な種類の指標が混ざり合っていることや，指標が指すものがあいまいで明確でないこと，さらに指標は形態についてしか触れておらず，その質を問うていないことなどについて指摘がなされている[59]。こうした点をふまえ，近年訪問視察の評価指標や方法は改訂されている。

---

59) van der Ploeg, P.A., *Kanttekeningen bij evaluatie/visitatie in het daltononderwijs*, 2009. [http://www.daltononderzoek.nl/onderzoek/feedback-en-visitatie/kanttekeningen-bij-visitatie] (2015年11月22日確認)．

Column 4
ダルトン・プラン

> ダルトンは方法ではない，システムでもない。ダルトンは影響である。
> ヘレン・パーカーストが1952年にオランダを訪問した際に述べた言葉（Wenke, H. & Röhner, *Leve de School : Daltononderwijs in de praktijk*, Nieuwegein : Arko, 2006（Vierde herzine druk））

　ダルトン・プラン（Dalton Laboratory Plan）とは，20世紀初頭にアメリカでヘレン・パーカースト（Parkhurst, H.；1886-1973）が創案した教育法である。パーカーストは，小学校教師としての最初の赴任校で，年齢，能力，関心の異なる8学年にわたる40人の子どもを1人で指導した体験をもつ。このことがダルトン・プラン創案のきっかけとなったとされている。その後，本書でも取り上げているイタリアのマリア・モンテッソーリらから影響を受け，ダルトン・プランはマサチューセッツ州ダルトン市のハイスクールで全面的に実践されることになる。ダルトン・プランという名称は，このダルトン市に由来している。

　パーカーストの主著『ドルトン・プランの教育（Education on the Dalton Plan）』（1922年）によれば，ダルトン・プランは自由と協同を原理とする。学校には，主要教科の実験室とその教科の専科教員が整えられ，従来の学級組織や時間割は廃止される。子どもは，教師との間に交わした契約にしたがって，アサインメント（（学習）細目，学習割当（表），配当表などと訳される）にもとづき自分で計画を立て，自学自習を行う。ただし，パーカーストの目的は，必ずしも自学自習にあった訳ではなく，「学校の社会化」にあったことが指摘されている。1919年にパーカーストによってニューヨークに作られた「児童の大学」（別名ダルトンスクール）では，パーカーストが後年に考案した取り組みを引きつぎ，現在も実践が行われている。

　パーカーストがダルトン・プランを創案した頃は，世界的な新教育運動の只

中にあった。当時，ダルトン・プランはオランダに限らずイギリスなど世界各国に紹介されている。日本の大正自由教育にも影響を与えており，成城小学校などで導入されている。しかしながら，ダルトン・プランについては，国によって受容のされ方が異なるという指摘がある。実際に現在オランダで実践されているダルトン・プランも当初パーカーストが考案したプランとは異なる点が多い。むしろ，オランダのダルトン・プランは，イギリスで実践されたダルトン・プランと一致している点が多いと指摘されている。ただし，写真のような形で子どもが学習表にもとづいて自分で計画を立てて自学自習を進める点は現在のオランダでも守られている。オランダのダルトン・プランについての詳細は第7章を参照されたい。

7年生（日本の5年生）の学習表
左から，教科欄，子どもたちが取り組む課題の欄，それをいつ行うか，行ったかを示す曜日の色をぬる欄，顔マークを使った自己評価欄，注釈欄，課題点検方法欄となっている。

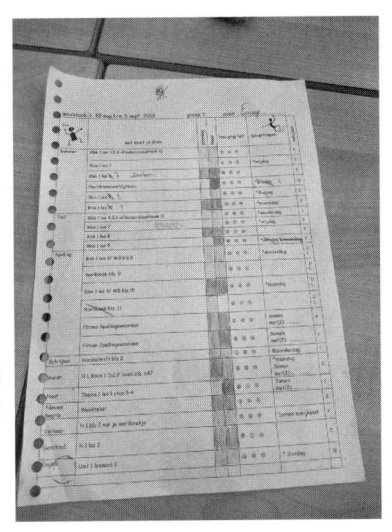

それでも，これまでみてきたようなNDVの訪問視察は，次のような示唆を含んでいると思われる。まず，これまで本書を通じて，オランダの学校評価を論じるなかで，学校の自律性や多様性を尊重する鍵は学校自らの質の管理にあるにも関わらず，それを有効に実行することに課題があることを指摘してきた。この点で，各学校それぞれに質の管理を任せてしまうのではなく，ダルトン・プランのように，相互評価的な学校評価の仕組みを構築することで，各学校の自己評価力は高められると考えられる。また，そこで，具体的なダルトン・プランの原理や教育実践に即して立てられた評価指標を用いることで，他校の取り組みを互いに取り入れやすくなり，教師や子どもの姿に即した具体的な改善活動へつなげやすくなると思われる。さらに，学校評価だからこそ評価の対象となる，授業改善を支えるような評価指標も存在することで，学校全体が理事会や保護者と手を取り合って学校づくりを行っていくことも大切にされていた。

　次に，訪問視察では，まずは自らの教育理念や教育実践を第一に置き，ダルトン・プランという独自の教育を維持・改善することを主な目的とした上で，『監督枠組』の評価指標と合った新たな評価指標を加えている様子がうかがえた。それにより，「教育の自由」のもとで，ダルトン・プランという固有の教育の質を守りながら，『監督枠組』の評価指標で示されている子どもの教育的ニーズに応じるというエッセンスを取り入れることが可能となっていた。教育監査局が推奨しているからという理由のもとに，幅広い教育目標や子どもの豊かな理解という視点と切り離された形で，個に応じた指導という指導形態を導入している訳ではない。ダルトン・プランの共働原理なども重視しながら，特に自由原理を確実に達成するための評価指標として個に応じた指導が位置づけられていた。

　もちろん，NDVの訪問視察は，学校が協力し合って質の管理を行う1つの例に過ぎない。しかしながら，このように各学校が適切な自己評価を実施するための仕組み作りができれば，2002年教育監督法が本来目指した，学

校の自己評価を中心とした質の保証という理念に近づきうるように思われる。多様な教育を尊重しながら，教育の質を評価し，保証することに寄与する学校評価の在り方を考える上で，1つの示唆を示していると捉えることができるだろう。

終　章

終章

第1節　本書の結論

　本書では、オランダにおける学校評価は、どのように憲法で保障されている「教育の自由」のもとで各学校に多くの裁量を認めながら、一定水準の教育の質を保証しようとしているのか、そしてその学校評価はどのような議論を生んでいるのかという課題にアプローチしてきた。それにより、成果至上主義・競争主義に対抗しうるような学校評価の在り方を探り、日本への示唆を得ることを目的としていた。

　以下、日本への示唆を念頭におきながら、これまでの論述を通じて本書で明らかになった点と今後の課題を示したい。まず、オランダの学校評価をめぐる社会的な合意や価値という視点から考察してみたい。ここで特筆しておきたいのは、オランダの学校評価をめぐっては、常に複数の立場の人々が参加する議論が重視されていた点である。

　本書では、最初に2002年教育監督法を紹介した。具体的な監査方法を規定する『監督枠組』の設定・修正の際には、様々な教育関係者と監査局との会合が開かれていた。そこには、例えば、イスラム教やヒンドゥー教といったオランダでは少数派にあたる宗教の関係者やオルタナティブ教育の関係者などとの協議も存在していた。全ての学校に共通して重要であると考えられる教育の質を様々な立場の人々が参加する議論を通じて決定していた。決して一面的な成果だけで学校を評価しようとしてはいないようだった。

　しかしながら、2002年教育監督法に対しては、「教育の自由」にもとづく学校の独自性を尊重することにも、一定水準の教育の質を保証することにも課題があることが指摘されていた。こうした指摘が、放置されることなく、その後のオランダの学校評価に引き取られていっていたのは、本書でみてきた通りである。例えば、学校が改善する義務がある法的要求とその他の質の側面が評価指標において統合されているという批判を受け、2009年版『監

261

督枠組』以降は，法的規定とその他の教育の質の側面とがわけて記述されるようになった。また，賛否は大きくわかれるものの，子どもたちの学習達成度を法的要求に加え，主にその学習達成度にもとづいて監査の量や質が決定されるようになることで，「教育の自由」が保障されているにも関わらず，法的要求以外の質のスタンダードが監査されるという問題は解消されたかのようにみえた。

　こうした学習達成度重視の風潮にあっても，成果至上主義的な考え方が無批判に受容された訳では決してなかった。例えば，中央最終試験に関しては，ただ政府の意向に沿ってそのまま実施が開始されてはいなかった。全ての立場の意見を包摂することは容易ではないにせよ，一般の人々も含めて意見が収集され，副次的弊害などに関する議論を通じて法案が分析されていた。結果として，条件つきではあるものの，学校は必ず中央最終試験を受けなくてはならない訳ではなく，他の最終試験を選択することができるようになっている。成果至上主義的な考え方と無関係ではいられなくなってもなお，議論を重ね，いかに弊害を防ぐことができるかが模索されているとみることができるのである。

　新自由主義的な政策のもとでは，特に弱い立場の者に冷たいまなざしが投げかけられ，格差が一層拡大することがしばしば指摘されている。しかしながら，オランダでは，そうした人々に対しても議論の扉を開いた上で，進むべき方向が見定められているといえよう。

　それでは続いて，本書がまさしく中心テーマとして探究してきた学校評価の在り方，すなわち「教育の自由」のもとで各学校に多くの裁量を認めながら一定水準の教育の質を保証するための学校評価の在り方について，本書の論述を振り返りながら3点ほど述べてみたい。

　1点めは，教育プロセスであっても教育成果であっても，特定の側面だけに光をあてて質を保証しようとすると副次的弊害を生みやすいという点である。まず，教育プロセスに関してである。2002年教育監督法では，「教育の

自由」のもと学校が独自の指導方法などを設定できるよう配慮されていた。しかしながら，多くの学校がWMKという監査される評価のポイントを含む自己評価ツールを利用しており，そのツールに含まれる評価指標は具体的な指導方法をも射程に入れていた。WMK自体は学校の状況に即した質の管理が行えることを目指して設計されており，最初の3年間，WMKを使用するための研修などの支援も行われていた。それにより，学校自らが大切にするヴィジョンなどを自覚化することで，教育監査されるポイントを学校が無批判に「改善」するという危険性は減じられていると考えられた。しかしながら，そうした支援がうまく活かされなければ，やはりWMKに含まれる評価指標自体を問い直すことは難しい。そのため，WMKの使い方によっては，教育監査局が推奨しているからという理由のもとに，幅広い教育目標や子どもの豊かな理解という視点とは切り離された形で，個に応じた指導という指導形態が導入される危険性があった。このような形で特定の指導形態が導入されてしまうと，自己評価の結果行われる「改善」は，子どもの豊かな学びと切り離された空洞化したものとなってしまう恐れがあると考えられた。また，第5章で取り上げた「現実的な数学教育」のような，一斉に学ぶ授業の形式を取りながらも，一人ひとりの子どもの理解のレベルに焦点をあてた教育理論や教育実践が軽視される危険性も指摘できた。

　次に，教育成果についてである。2012年教育監督法は，「教育ガバナンス」を背景として改訂されていた。そこでは，児童の学習達成度が法的要求として規定され，質の管理についての学校理事会や内部監督者の役割が強化されていた。こうしたオランダの「教育ガバナンス」は，子どもの特定のテストでの学習達成度を一定水準に保つことを必ず「遵守」しなくてはならないものとして学校に受け止めさせ，それのみにもとづいて管理を行っていく体制を促しうると考えられた。特に，質が（非常に）悪いと判断された場合に，以前のようにサポートではなく，制裁が加えられるようになったことで，副次的弊害が生み出される危険性は増しているといえた。もちろん，子どもた

ちへの学力保障は大切であるが，このような場合，結局子どもに保障しようとする学力は，監査対象となる特定の学力テストで測られる結果へと矮小化されてしまう。必ずしも子どもの豊かな学びの保障になるとは限らない。また，学校が，矮小化された教育の質を高めることを目指す授業を実施するようになれば，「教育の自由」で本来認められているはずの教育を組織する自由にも抵触するといえた。

　これらの点は，日本において学校の自己評価を行う際にも留意が必要な事項である。日本では，アンケートを用いて学校の自己評価を実施することが多い。しかしながら，アンケートの結果，平均だけを算出して，結果が悪かった特定の評価項目のみに光をあてて対処療法的な対応が行われれば，実質的な改善に結びつかず，副次的弊害を生む危険性がひそんでいるといえる。まして，一面的な学力テストの結果だけで教育成果を見取ろうとすることによる副次的弊害の危険性については，改めて述べるまでもないだろう。

　2点めは，学校の自律性や多様性を尊重して学校評価を行う鍵は，学校自らの質の管理にあるという点である。自己評価を通じてこそ，1点めで指摘したような特定の側面に限定されることなく，学校それぞれの文脈において，子どもの学習経験や学力を中心に据えた学校自らの改善を確立することが可能となるといえる。2002年教育監督法が重視していたのは，まさに学校自らの質の管理であった。オルタナティブ教育連盟であるSOVOも，2002年教育監督法自体を批判していた訳ではなかった。SOVOによる学校評価の構想をみてみると，教育理念や児童の特質に応じて学校に独自な教育を認めるとともに，その教育に応じた方法で質の管理をすることを求め，それが適切に機能しているかどうかを監査するという学校評価の在り方を構想していた。SOVOの構想が実現されれば，学校の多様性や自律性がより尊重されるとともに，同一の基準やテストによる結果の比較は行いにくくなり，そこからもたらされる副次的弊害も生じにくくなると思われた。こうした構想は，学校それぞれの文脈において，子どもの学習経験や学力を中心に据えた学校

自らの改善を確立しようとしており，日本の学校における自己評価を考える際にも，示唆に富んでいるといえた。

　こうしたSOVOの構想をもとに公教育として一定の教育水準を保とうと思えば，学校には質の管理をする力が強く求められる。しかし，2002年教育監督法では多くの学校の自己評価は求められる信頼性・妥当性を満たせなかったことなどが指摘されていた。これをふまえれば，個々の学校にその状況に合った質の管理をすることを手放しに委ねるのではなく，信頼性・妥当性があると認められたツールのみを使うのとは異なる方法で，いかに学校が確実に教育の質の維持・改善を行えるのかをサポートする方途までを視野に入れてSOVOは提案をする必要があったように思われた。それが可能になってこそ，教育の質が悪いと判断された学校が自律的に改善を行っていく途が拓かれることになると考えられた。ここから3点めが導かれる。

　3点めは，各学校が適切な自己評価を実施するための仕組み作りが重要であるという点である。本書では，学校の自律性や多様性を尊重して学校評価を行う鍵は学校自らの質の管理にあるにも関わらず，それを有効に実行することに課題があることを指摘してきた。この点で，ダルトン・プランのように，相互評価的な学校評価の仕組みを構築することで，各学校の自己評価力は高められると考えられた。また，その際に，具体的な教育理念や教育実践に即して立てられた評価指標を用いることで，他校の取り組みを互いに取り入れやすくなり，教師や子どもの姿に即した具体的な改善活動へつなげやすくなると考えられた。さらに，学校評価だからこそ評価の対象となる，授業改善を支えるような評価指標も存在することで，学校全体が理事会や保護者と手を取り合って学校づくりを行っていくことも大切にされていた。このように，まずは自らの教育理念や教育実践を第1において質の管理を実施することができれば，「教育の自由」のもとで，具体的な教育活動や指導形態は独自なものとしたままに，『監督枠組』の評価指標で示されているエッセンスを取り入れることも可能となるように思われた。

オランダダルトン協会のように，同じ教育理念・実践を支持する人々同士の相互評価的な学校評価の仕組みで，本当に国として一定水準の質が保てるのかという懸念をもつ人もいるかもしれない。しかし，学校外で設定されるような評価指標を用いて，特定の側面だけに光をあてて質を保証しようとすると副次的弊害を生みやすいことは本書でみてきた通りである。国として一定水準の質の保証を考える際には，各学校が適切な自己評価を実施できる仕組みを作った上で，自己評価にもとづく学校の質の管理をサポートするようにすることも可能であろう。

　日本の『学校評価ガイドライン』においては，各学校の自己評価の結果は，学校関係者によって評価されることとなっている。もちろん，コミュニティ・スクールなどの学校のなかには，学校関係者が学校と手を取り合って，共に評価結果を解釈し，改善方策を考えるといった，学校関係者評価が学校の自己評価の有効な一助となっている学校もあるだろう。しかしながら，学校関係者評価については，学校によっては評価者の専門性といった課題があることも指摘されていることなどから，各学校が適切な自己評価を実施するための仕組み作りとしては弱いように思われる。

　もちろん，オランダダルトン協会の訪問視察は一例に過ぎない。しかしながら，各学校それぞれに自己評価を手放しで委ねるのではなく，各学校が適切な自己評価を実施できるようにするための仕組み作りをすることが鍵となるといえるだろう。

第2節　今後の課題

　最後に，本書が今後の学校評価の在り方にどのように寄与できるか，また研究上の課題は何かについて考えてみたい。

　先に，オランダダルトン協会の事例を紹介しながら，各学校が適切な自己評価を実施するための仕組み作りが重要であることを述べた。今後は，それ

終章

ではどのようにその仕組みを作るのかということが課題となろう。その際に，特に重要となるのは，学校評価が教育評価の一種であるという原点に立ち戻ることであるように思われる。本書の序章において，学校評価は，授業レベルを超えた視点を含み込みながら，教師たちが共働することで，子どもたちに質の高い学力を保障し，教育実践への参加を促す途を拓くためにこそ，実施されなくてはならないと述べた。学校の自己評価に関しては，オランダでも様々な課題が指摘されていた。しかしながら，それでもなお，本書で紹介してきた，オランダの学校で行われていた学校の自己評価の多くは，この点を満たしていたと思われる。これは，オランダダルトン協会の訪問視察に限った話ではない。

例えば，第2章で取り上げたZEBOは，学校評価・カリキュラム評価・授業評価を全体として含んでおり，授業レベルを超えて，評価・改善活動が行えるよう設計されていた。それを用いるE校では，ZEBOの結果，コミュニケーションが促されることで，特定の評価指標の結果を「改善」することがただ目指されるのではなく，「教育の自由」のもと，自由に学校の状況に即した改善案を考えることで，質の管理が行われていた。E校では，ZEBOの良い所として，教師やその指導について子どもが意見を述べる場を提供している点が評価されており，ZEBOを通じて子どもの参加の途が拓かれようとしていた。

また，第3章で取り上げた，監査されるポイントが組み込まれていたWMKは，授業レベルの評価指標だけでなく，内部のコミュニケーションなどの授業レベルにとどまらない評価指標を複数有していた。WMKを使い始めた学校には，最初の3年間研修が行われ，学校がその独自性を大切にしながら質の管理ができるようなサポートが整えられていた。WMKを用いるA校も共働的な質の改善を行っており，あるテーマについて困難を抱える教師がいた場合には，それについて他の教師たちと話し合うことが求められていた。WMKを通じて，子どもや保護者の声を受け止めながら，質の改善に取り組

んでいた。特定のテストの結果がふるわなかったとしても、子どもたちが身につけた知識をすぐに忘れてしまうようなテスト対策はしないことが強調され、子どもたちにとって意味のある教育実践の改善が目指されていた。

　こうした共働的な教育実践の改善の前提となる教師たちの同僚性については、日本においては、これまで授業研究の豊かな蓄積がある。この蓄積から学ぶことなく、オランダで使われているようなツールや相互評価の方法をただ日本の学校へ導入したとしても、それが教育実践の改善に寄与する効果は限定的であろう。教師たちが自主的共働的に取り組んできた授業研究の営みから学びながら、授業レベルを超えた側面も視野に入れて、子どもや保護者の参加を促しながら、教育実践の改善を導ける仕組みを考えることが重要であるように思われる。オランダダルトン協会の訪問視察においては、授業研究とは異なる文脈ではあるものの、同僚性が教職員のなかに育まれていたように思われる。こうした学校評価を研究上・実践上で追い求めることで、いわゆる新自由主義的な教育改革のもとでしばしば強調される成果至上主義や競争主義を乗り越える方途がみえてくるのではないだろうか。

　最後に研究上の課題を3つあげておきたい。第1の課題は、「教育の自由」のもとで質を保証しようとすることが学校にもたらすジレンマについての具体的な検討を行うことである。本書では、各学校が自己評価を実施する際に用いる自己評価ツールや、オルタナティブ教育連盟が提案する学校評価の在り方、オランダダルトン協会が実施する訪問視察と呼ばれる学校評価等に焦点をあてて取り上げてきた。具体的な事例は、それらツールや仕組みを適切に用いることができている学校に限られていた。本書では取り上げきれていない、実際の1つ1つの学校現場で学校評価を行う人々の視点から、オランダの学校評価の在り方を再検討することなどによって、実態におけるせめぎ合いにせまることができるだろう。

　第2の課題は、2014～2015年度から始まった中央最終試験の検討ができていない点である。本書では、中央最終試験の前身にあたるCitoテストの

検討を行い，特定の学力テストで測られる範囲での教育成果のみで教育の質の水準を一定保証しようとすることの危険性を指摘した。しかしながら，2015年にはじめて実施された中央最終試験の検討はできていない。特に，学校評価で学力テストの結果が重視される傾向を鑑みれば，中央最終試験で測られようとしている学力の検討をすることは必要であろう。

　第3の課題は，オランダの学校経営や学校運営に関する側面をほとんど取り上げられていない点である。本書では，主に学校評価政策とそこでの議論，学校評価の実態を取り上げて検討してきた。ただし，本書が重点をおいてきた学校の自己評価は学校運営や学校経営の一環として実施されているはずである。それらをふまえることで，学校における自己評価の位置づけがより明確となるだろう。これらを今後の課題としたい。

［付記］
　本書の内容は，筆者がこれまでに発表してきた以下の論稿をもとにしている。ただし，いずれも加筆・修正を加え，再構成を行っている。

「オランダにおける学校評価―初等教育の自己評価ツールを中心に―」教育目標・評価学会『教育目標・評価学会紀要』第21号，2011年11月，pp.47-56。
「オランダにおけるパフォーマンス評価」田中耕治編著『パフォーマンス評価―思考力・判断力・表現力を育む授業づくり―』ぎょうせい，2011年，pp.201-207。
「オランダの初等教育における学校評価政策の動向―学力テストの位置づけに注目して―」京都大学大学院教育学研究科『京都大学大学院教育学研究科紀要』第59号，2013年3月，pp.583-595。
「オランダにおける『教育の自由』のもとでの学校評価―教育監査とオランダ・ダルトン協会の訪問視察の評価指標に注目して―」日本教育方法学会『教育方法学研究』第38巻，2013年3月，pp.73-83。
「オランダにおける活用を推進する算数・数学教育の動向―「現実的な数学教育」に着目して―」田中耕治（研究代表者）『「活用」を推進する評価と授業の探究』（平成22年度～平成24年度科学研究費補助金基盤研究（C）研究成果最終報告書）2013年，pp.214-226。
「オランダにおける自己評価ツールZEBOの意義と限界―学校の自己評価を充実させる試み―」京都大学大学院教育学研究科『京都大学大学院教育学研究科紀要』第60号，2014年，pp.411-423。
「オランダのオルタナティブ教育連盟による学校評価に関する提案」教育目標・評価学会『教育目標・評価学会紀要』第24号，2014年，pp.85-94。

あとがき

　本書は，筆者が 2015 年 1 月に京都大学大学院教育学研究科に提出した博士学位請求論文「現代オランダにおける学校評価の模索と展開」(2015 年 3 月 博士（教育学）の学位取得）に加筆・修正を加えたものである。出版に際して，書名も『〈教育の自由〉と学校評価──現代オランダの模索』に改めた。

　本書の刊行に当たっては，「京都大学総長裁量経費・若手研究者出版助成事業」による助成を受けた。また，平成 24～26 年度日本学術振興会科学研究費補助金（特別研究員奨励費）やその他にも各種研究助成を受けることで，オランダでの現地調査などが可能となり，本研究活動を充実させることができた。

　本書を刊行するに際し，何よりも感じたのは，本研究は筆者 1 人では到底なしえなかったということである。筆者の拙い研究をこうした形にできるのは，本当に多くの方々からご指導やご協力をいただいたからである。心から感謝申し上げたい。

　指導教官であった田中耕治先生と西岡加名恵先生には，卒業論文，修士論文 2 本，博士論文の主査をしていただいた。修士論文を 2 回書いた分，筆者はおそらく誰よりも長く先生方にお世話になったことと思う。その間 10 年以上も先生方の側で学べたことは，本当に大切な宝物である。いつも筆者をあたたかく見守ってくださったこと，改めてお礼申し上げたい。言葉にできないほど，心から深く感謝している。

　正直にいって，田中先生と出会っていなければ，筆者は研究者を志すことさえなかったように思う。いつも筆者がやりたいことをそっと支えてくださ

りながら，時に厳しく，時に優しくご指導くださった。本当にたくさんのご心配もおかけしたと思うが，いつもまさにその時の筆者に必要な言葉をかけ，進むべき方向へ導いてくださった。田中先生から，物事を論究する上で最も大切なことは，論究する対象に最大限に敬意を払うことだと身をもって教えていただいたことは，決して忘れない。これからもそのような研究ができるよう心掛けていきたい。本当に，ありがとうございます。

また，西岡先生にも，くじけそうな時に何度も支えていただいた。筆者が留学前で不安な時，「もう論文なんて書けない」と苦しい時などにはいつも，多忙であるにもかかわらず，すぐに時間を作ってご指導してくださり，励ましの言葉をかけてくださった。西岡先生の笑顔と優しさに何度励まされたか，どれほど救われたかわからない。先生の人としての真っ直ぐさ，女性としての強さ優しさは，憧れである。本当にありがとうございます。

京都大学大学院教育学研究科比較教育学講座の杉本均先生には，修士論文，博士論文の副査をしていただいた。所属講座が異なるにもかかわらず，杉本先生には，先生のゼミナールで比較教育学的な研究の在り方を学ばせていただいたり，オランダの教育に携わる先生をご紹介していただいたり，大変お世話になった。いつもあたたかく鋭いご助言をくださり，本当にありがとうございます。

研究室の大先輩であり，恩師でもある石井英真先生にも，改めてお礼申し上げたい。論文をみていただくと，いつもすぐには答えが出せないような本質的な問いを投げかけてくださった。そのため，みていただいた論文だけでなくその後の研究につながっていくような視点や切り口をいつもたくさん学ばせていただいている。本書の刊行にあたっても，大変お世話になった。本当にありがとうございます。

京都大学の教育方法学研究室でともに学んだメンバーにも本当に感謝している。先輩方には，これまで何度となく，自分のつたない原稿に真っ赤にペンを入れ，何時間もかけて検討していただいた。同級生や後輩たちからも，

たくさんの刺激を受けた。ゼミや授業での時間はもちろん，自転車に乗りながら授業分析の議論に熱中していたことやお酒を飲みながら研究活動のことを含め色々語り交わしたことなど，様々に思い出される。「自分も頑張らなくては」と思わせてくれる仲間と，たくさんの一喜一憂を共有した時間は，本当に大切な時間であった。

　また，オランダの方々のご協力がなければ，この研究は決して実現しえなかった。何よりもリヒテルズ直子氏との出会いが，筆者をこの研究に導いたといっても過言ではない。筆者が初めてリヒテルズ氏の著作を手にしたのは，学部3回生の時のことである。当時，友人がオランダに留学しており，友人を訪ねてオランダを訪れようと考えていた。日本を発つ前に，偶然入った書店で『オランダの教育』というリヒテルズ氏の著作をみつけた。その時は，「せっかく旅行に行くのだから読んでみよう」くらいの気持ちだったが，結局，この本との出会いが，後の留学，研究につながっていった。リヒテルズ氏との出会いは，このように筆者に夢をもたらしてくれたのである。

　加えて，リヒテルズ氏ご自身には，学校訪問に連れて行ってくださったり，論文について的確なご助言をくださったりと大変お世話になった。リヒテルズ氏の熱く日本の子どもたちを思う優しさに何度胸をうたれたかわからない。その度に，ほんの少しでもリヒテルズ氏に近づけるよう自分は自分にできることに精一杯取り組もうと心を新たにさせられた。本当にありがとうございます。

　本書の特徴であるミクロな視点からの検討が可能になったのは，やはり学校内外で学校評価に携わる方々のご協力があったからに他ならない。ボス（Bos, C.）氏は，WMKについて，詳細な情報を提供してくださり，一定期間筆者が自由にWMKを使えるように取り計らってくれた。また，デルクセン（Derksen, R.）氏やフィクセ（Fikse, L.）氏，ドッペル（Dopper, C.）氏らには，インタビューや学校訪問，メールでの質問等多岐にわたり協力していただいた。本書がたくさんの写真に恵まれているのも，彼らのおかげであ

る。

　また，本書の中に登場するエレン (Ehren, M.C.M.) 先生，ヤンセンス (Janssens, F.J.G.) 先生，スヒルトカンプ (Schildkamp, K.) 先生，ヘンドリックス (Hendriks, M.A.) 先生をはじめとする研究者の先生方は，見ず知らずの日本人である私にいつも優しく研究協力してくださった。先生方が，資料提供やメールでの質問返答，インタビューの時間を取ってくださるなどしたことで，本研究を充実させることができた。Hartelijk dank.

　本書の刊行に際しては，京都大学学術出版会の鈴木哲也氏に大変お世話になった。困難な出版事情の中，若手研究者である筆者の研究を刊行することを快くお引き受けくださったこと，また，筆者の専門の「二回り外」「三回り外」にいる読者にとっていかに魅力的な本にできるかを一緒に丁寧に考えてくださったこと，心よりお礼申し上げたい。

　学会でお世話になった先生方，兵庫教育大学の同僚の先生方やゼミ生たち，オランダ語を教えてくれた先生方，いつも励まし支えてくれた友人など，全ての方々のお名前を記して感謝をお伝えできないのが非常に残念ではあるが，ここに，一人ひとりの顔を思い浮かべながら，心からお礼申し上げたい。本当にありがとうございました。

　本書は，オランダの学校評価という営みを教育方法学的に描こうとしたものである。したがって，制度や経営，運営などの分野からみると，不十分な点も多いであろう。また，オランダ語力の不足による翻訳の問題や至らない点も多々あるだろう。未だ課題の多い本書ではあるが，読者の方々には，どうか忌憚のないご意見，ご批正をいただければ幸いである。ようやくまだスタート地点に立ったばかりの本研究をこれからも進めていく上での道標とさせていただきたい。多くの方々への感謝を忘れず，少しでも子どもたちの笑顔につながるような研究に今後も取り組んでいきたい。

　最後に，私事で恐縮であるが，いつもあたたかく見守り支えてくれた家族に感謝の意を伝えることをお許しいただきたい。教育へ携わるきっかけをく

れた祖父母，私がやりたいことに取り組めるよういつも応援してくれた両親，たくさん話を聞いてくれた妹に，改めて感謝の気持ちを伝えたい。本当に，ありがとう。

2015 年 3 月

奥村好美

引用・参考文献一覧

日本語による論文

青木栄一「法改正と今後の学校評価推進上の課題」『教職研修』第36巻第4号，2007年，pp.115-119。

秋山陽太郎「学校評価基準の変遷とその考察」『学校経営』第15巻第6号，1970年，pp.85-91。

秋山陽太郎「学校評価基準の変遷とその考察（2）」『学校経営』第15巻第7号，1970年，pp.70-78。

石井英真「教育実践の論理から『エビデンスに基づく教育』を問い直す―教育の標準化・市場化の中で―」『教育学研究』第82巻第2号，2015年，pp.216-228。

磯村篤範「教育行政の改革と学校評価の導入」(『行財政研究』第49巻，2002年，pp.16-26。

伊藤伸也「H．フロイデンタールの『教授学的現象学』における教授原理『追発明』の位置」『筑波数学教育研究』第24号，2005年，pp.47-56。

伊藤伸也「H．フロイデンタールの数学観とその背景―人間の活動としての数学の検討を中心に―」『筑波数学教育研究』第26巻，2007年，pp.47-56。

伊藤伸也「『現実の数学化』をなぜ教授すべきなのか―H．フロイデンタールの数学教授論の分析―」『年会論文集』第31巻，2007年，pp.495-496。

伊藤伸也「OECD-PISAの『数学的リテラシー』評価枠組みの背景―H．フロイデンタールの数学教授論との関わりから―」『科学教育研究』第33巻第4号，2009年，pp.321-329。

植田（梶間）みどり「イギリスにおける学校評価研究と研究者の役割（課題研究Ⅱ外部評価・第三者評価の導入と教育経営研究）」『日本教育経営学会紀要』第50巻，2008年，pp.182-186。

太田和敬「社会的統合と学力向上への模索―オランダ―」啓林館『学校経営CS研レポート』第48巻，pp.38-44。

太田和敬「オランダにおけるイスラム問題」『人間科学研究』第27号，2005年，pp.65-75。

太田和敬「オランダの教育の自由の構造―国民の教育権論の再検討のために―」2005年〔http://wakei-education.sakura.ne.jp/asahi-net/homepage/nedelandsonderwijsrecht-5.pdf〕（2015年11月22日確認）

太田和敬「オランダ教育制度における自由権と社会権の結合」文教大学人間科学部『人間科学研究』第31号，2009年，pp.5-31。

沖清豪「イギリスにおける中央集権的視学・監察制度の機能変容」『教育制度学研究』第10号，2003年，pp.6-19。

大谷実「オランダの算数・数学教科書」『日本数学教育学会誌』第92巻第8号，2010年，pp.24-27。

岡田襀雄「H. Freudenthalの数学教育論（Ⅱ）」『広島大学学校教育学部紀要第2部』第1巻，1978年，pp.103-111。

岡田襀雄「H. Freudenthalの数学教育論（Ⅲ）」『広島大学学校教育学部紀要第2部』第2巻，1979年，pp.81-87。

角田元良「学校リニューアルの取組―小学校―」（第1分科会　経営部会　学校評価を活用した学校運営の改善）『教育展望』第56巻第6号，2010年，pp.44-49。

加治佐哲也「学校評価をめぐる動向と課題」『教育行財政研究』第34巻，2007年，pp.94-98。

梶間みどり「オランダにおけるオルタナティブな教育の取り組みと行政の関わりについて―教育監査制度の視点から―」国際オルタナティブ教育研究会『オルタナティブな教育実践と行政の在り方に関する国際比較研究（最終報告書）』平成12〜14年度科学研究費補助基盤研究（B）（2），2002年，pp.137-148。

勝野正章「学校評価論の予備的考察」『東京大学教育行政学研究室紀要』第13号，1993年，pp.37-49。

勝野正章「教員評価・学校評価の本質的問題とはなにか（特集　学校評価・教員評価制度の実施状況分析）」『教育』第57巻第9号，2007年，pp.79-86。

勝野正章「教員評価・学校評価のポリティクスと教育法学」『日本教育法学会年報』第37巻，2008年，pp.19-30。

勝野正章「学校評価は学校教育の何を評価するのか（特集　学校評価）」『学校運営』第52巻第5号，2010年，pp.6-11。

加藤崇英「これまでの学校評価研究の成果・課題と外部評価・第三者評価（課題研究Ⅱ　外部評価・第三者評価の導入と教育経営研究）」『日本教育経営学会紀要』第50巻，2008年，pp.170-174。

加藤崇英「学校評価システムの展開過程に関する研究〈日本の場合〉（学校評価システムの展開過程に関する研究―日本・英国・NZでの学校評価システムの運用における支援とその特質に着目して―）」『教育制度学研究』第17巻，2010年，pp.74-78。

加藤崇英「学校評価システムにおける参加とその問題性―学校と保護者・地域住民を結び付ける評価の現状―」『学校経営研究』第35巻，2010年，pp.10-19。

加藤崇英「〈討論とまとめ〉わが国の学校評価システムにおける今後の可能性―指導主事機能と第三者評価，それぞれの強化のあり方をめぐって―（学校評価システムの展開過程に関する研究Ⅱ―事例を通してみる学校評価が有効に機能するための要因の検討―）」『教育制度学研究』第18巻，2011年，pp.134-136。

木岡一明「戦後日本における学校評価論の系譜論的検討」『学校経営研究』第6号，1981

年，pp.39-60。
木岡一明「戦後期学校評価構想における文部省試案の位置」『日本教育経営学会紀要』第25号，1983年，pp.55-68。
木岡一明「学校組織開発を目指す学校評価制度の在り方」『教育制度学研究』第10号，2003年，pp.132-135。
グリーク・リークレ，大野亜由未「世界の教育事情　PISA調査の結果で世界はどう動いたか⑭　オランダ編　知識経済トップ5をめざす」『週刊教育資料』No.1289，2014年，pp.22-23。
黒川直秀「オランダの教育と学校選択制」『レファレンス』No.768，2015年，pp.79-99。
高妻紳二郎「学校評価システムの展開過程に関する研究〈英国の場合〉（学校評価システムの展開過程に関する研究―日本・英国・NZでの学校評価システムの運用における支援とその特質に着目して―）」『教育制度学研究』第17巻，2010年，pp.67-71。
高妻紳二郎「学校評価システムの到達点―福岡県を事例として―（学校評価システムの展開過程に関する研究Ⅱ―事例を通してみる学校評価が有効に機能するための要因の検討―）」『教育制度学研究』第18巻，2011年，pp.118-122。
高野桂一「学校評価の戦後史と学校経営評価」『教職研修』第4巻第37号，1975年，pp.53-56。
小林小百合「多文化社会をつなぐことば，分けることば―オランダの学校言語教育から―」『天理大学学報』第56巻第1号，2004年，pp.35-48。
小林廉「現実的な文脈を取り入れた数学科授業の設計に関する研究―Realistic Mathematics Educationにおける『モデル』のアイデアを手がかりに―」『数学教育論文発表会論文集』第40巻，2007年，pp.181-186。
坂野慎二「世界の教育事情　徹底研究・諸外国における『学力調査』と学校評価（11）ドイツ編（上）PISA，TIMSSの結果を受け，各種調査が過剰実施」『週刊教育資料』No.1000，2007年，pp.14-15。
坂野慎二「世界の教育事情　徹底研究・諸外国における『学力調査』と学校評価（12）ドイツ編（下）オランダを参考にして各校の課題を明らかにする『学校評価』」『週刊教育資料』No.1001，2007年，pp.14-15。
佐藤博志「コミュニティ・スクールの現在と未来―学校ガバナンス空間のグローバリゼーション―」『学校経営研究』第35巻，2010年，pp.1-9。
佐貫浩「教育目標の数値管理の問題性―学力テストと教員評価・学校評価の方法について―」『学校運営』第49巻第1号，2007年，pp.6-11。
猿田祐嗣『オランダの初等教育学校・中等教育学校の学校要覧例』平成17～18年度科学研究費補助金（特定領域研究）研究資料，2007年。
澤田裕之「オランダにおける私学助成制度の現状と課題」『教育制度学研究』第18巻，2011年，pp.224-229。
澤田裕之「19世紀中葉のオランダ公教育における私立学校の位置づけ―『初等教育法』

（1857年）の制定に着目して―」『教育制度研究紀要』第6巻，2011年，pp.23-34。
澤田裕之「資料解題　教育審議会報告書『憲法第23条の在り方』（2002年）―オランダにおける私学の自由に着目して―」筑波大学教育制度研究室編『教育制度研究紀要』第7巻，2012年，pp.119-130。
澤田裕之「〈調査報告〉オランダにおける学校間の人種的分離に関する調査」筑波大学教育制度研究室編『教育制度研究紀要』第8号，2013年，pp.49-56。
杉浦恭「オランダの近代初等教育は何だったのか―その目的と実像を探る―」『日蘭学会会誌』第33巻第1号，2008年，pp.53-67。
瀬沼花子「欧米の算数・数学科　カリキュラムの最近の動向―アメリカ，イギリス，オランダ―」『教育と情報』第413号，1992年，pp.40-43。
瀬沼花子「現実的な数学教育の背景と実際―オランダの数学試験，授業，学力―」『日本数学教育学会誌』第90巻第7号，2008年，pp.27-37。
曽余田浩史「学校評価の基盤としての『組織の有効性』モデルの検討」中国四国教育学会編『教育学研究紀要』第54巻，2008年，pp.312-317。
高橋望「学校関係者評価：協同的な学校評価システムづくり―長崎県西海市を事例として―（学校評価システムの展開過程に関する研究Ⅱ―事例を通してみる学校評価が有効に機能するための要因の検討―）」『教育制度学研究』第18巻，2011年，pp.126-130。
武田信子「オランダにおける教員の資質向上策―コンピテンシーモデル形成のプロセスとその後の活用成果について―」『武蔵大学人文学会雑誌』第42巻第3・4号，2011年，pp.155-184。
田村知子「カリキュラムマネジメント・モデルを利用した自校分析の提案」『日本教育工学会研究報告集』第1巻，2012年，pp.325-332。
寺崎千秋「学校評価を活用した学校運営の改善」（第1分科会　経営部会　学校評価を活用した学校運営の改善）『教育展望』第56巻第6号，2010年，pp.40-43。
東京都港区立御成門小学校「学校リニューアルに向け，見えにくいものを見えやすくする学校経営」（第1分科会　経営部会　学校評価を活用した学校運営の改善）『教育展望』第56巻第6号，2010年，pp.56-61。
中嶋哲彦「教育基本法『改正』後の新自由主義教育―PDCAサイクルに包摂される教育現場―」『教育』第57巻第8号，2007年，pp.27-32。
永田佳之「オルタナティブ・スクールと教育行政の在り方」国際オルタナティブ教育研究会『オルタナティブな教育実践と行政の在り方に関する国際比較研究（最終報告書）』平成12～14年度科学研究費補助金（基盤研究（B）（2）），2003年，pp.287-355。
永田佳之「オランダにおけるオルタナティブ教育の〈揺らぎ〉「教育の自由」とクオリティ・コントロールの狭間で」国際オルタナティブ教育研究会『オルタナティブな教育実践と行政の在り方に関する国際比較研究（最終報告書）』平成12～14年度科学研究費補助金（基盤研究（B）（2）），2003年，pp.121-136。
永田佳之「標準化政策の中で揺らぐオルタナティブ教育」『オルタナティブ教育―国際比

較に見る 21 世紀の学校づくり―』新評論，2005 年，pp.105-126。
橋本是浩「幾何教育への試み（第 1 報）―Van Hiele の理論について―」『大阪教育大学紀要　第Ⅴ部門』第 36 巻第 2 号，1987 年，pp.199～211。
葉養正明「学校関係者評価を生かす『質の高い学校づくり』と校内研修・研究の活性化」（第 1 分科会　経営部会　学校評価を活用した学校運営の改善）『教育展望』第 56 巻第 6 号，2010 年，pp.50-55。
福本みちよ「学校評価に関する研究動向―教育改革を背景とした学校評価論の展開―」『教育制度学研究』第 9 号，2002 年，pp.255-258。
福本みちよ「学校評価システムの展開過程に関する研究〈ニュージーランドの場合〉（学校評価システムの展開過程に関する研究―日本・英国・NZ での学校評価システムの運用における支援とその特質に着目して―）」『教育制度学研究』第 17 巻，2010 年，pp.71-74。
フローリック・ヤン（Jan Vrolijk）著，福留東土訳「オランダの高等教育と大学の自己評価（21 世紀型高等教育システム構築と質的保証：報告 3：オランダ）」『COE 研究シリーズ』第 2 巻，2003 年，pp.25-34。
松浦真理「オランダにおける宗教立学校の存在意義に関する一考察」『京都精華大学紀要』第 18 巻，2000 年，pp.149-169。
松下佳代「『全国学力テスト』は学力形成をどう変えるか？」『学校運営』第 49 巻第 5 号，2007 年，pp.12-17。
松下佳代「教育評価としての問題点―学力調査にかかわってきた立場から―」『教育』第 57 巻第 8 号，2007 年，pp.41-48。
見原礼子「オランダにおける『教育の自由』原理の特徴と変容」『日本教育政策学会年報』第 13 号，2006 年，pp.108-121。
宮内雅史「フロイデンタール研究所の自己発達モデルに関する一考察―数学中学校用第一類の分析を通して―」『数学教育論文発表会論文集』第 41 巻，2008 年，pp.807-812。
宮本健市郎「ドルトン・プランの普及と変質―教育の個別化と学校の社会化―」『兵庫教育大学研究紀要　第 1 分冊，学校教育・幼児教育・障害児教育』第 19 巻，1999 年，pp.29-39。
宮本健市郎「ヘレン・パーカーストの教育思想の展開とイギリスにおけるドルトン・プランの変容」『兵庫教育大学研究紀要　第 1 分冊，学校教育・幼児教育・障害児教育』第 20 巻，2000 年，pp.21-32。
山下晃一「総括　学校評価の展開と教育経営研究の課題」『日本教育経営学会紀要』第 50 巻，2008 年，pp.187-191。
結城忠「教育法制の自治・分権改革と学校の自律性（15）～（20）オランダにおける教育の自由と学校の自律性の法的構造（1）～（5）」『教職研修』第 32 巻第 9 号，2004 年，pp.128-132，第 10 号，2004 年，pp.148-152，第 12 号，2004 年，pp.138-142，第 33 巻第 1 号，2004 年，pp.140-143，第 2 号，2004 年，pp.138-141。

結城忠「オランダにおける親の教育の自由と学校の自律性（1）～（2）」『季刊教育法』第150巻，2006年，pp.82-88，第151巻，2006，pp.78-83。
湯籐定宗「〈討論とまとめ〉学校評価システムにおける支援機能に関する課題と展望（学校評価システムの展開過程に関する研究—日本・英国・NZでの学校評価システムの運用における支援とその特質に着目して—）」『教育制度学研究』第17巻，2010年，pp.78-80。
吉田重和「複線化する日本におけるフリースクールとメインストリームとの関係性—イギリスタイプからオランダタイプへ—」『早稲田大学大学院教育学研究科紀要』別冊第12号-1，2004年，pp.203-213。
吉田重和「オランダの初等教育における教育監査報告書の検討—都市部のある小学校を事例として—」『早稲田大学大学院教育学研究科紀要』別冊第14号-1，2006年，pp.111-120。
吉田重和「オランダにおける『教育の質の維持』のメカニズム—オルタナティブスクールから見た教育監査と全国共通学力テスト—」『比較教育学研究』通号35号，2007年，pp.147-165。
吉田重和「オランダにおける中等教育への進学プロセス—全国共通学力テストと学校アドバイスに着目して—」『早稲田大学大学院教育学研究科紀要』別冊第16号-2，2009年，pp.62-69。
吉田重和「オランダにおける教育監査局の史的展開と法的位置づけ—教育監査局の機能と役割に着目して—」『関東教育学会紀要』第36巻，2009年，pp.49-60。
吉田重和「オランダのオルタナティブスクールの社会的受容—教育思想と教育成果をめぐる新たな展開に着目して—」『早稲田大学教育学会紀要』第11巻，2009年，pp.157-164。
吉田重和「オランダの教育監査を規定するフレームワーク—学校評価と評価者の特性に着目して—」『早稲田教育評論』第24巻第1号，2010年，pp.147-185。
吉田重和「公教育制度をめぐるオルタナティブスクールの葛藤—オランダの事例を中心に—」『早稲田大学教育学会紀要』第15巻，2013年，pp.91-98。
吉田重和「オランダの教育監査制度における重点実施の原則」『国際教育評論』第10巻，2013年，pp.35-46。
リヒテルズ直子「オランダにおける第三者評価制度」株式会社三菱総合研究所『学校の第三者評価の評価手法に関する調査研究—最終報告書—』2007年。
リヒテルズ直子「〈世界の教育事情〉徹底研究・諸外国における『学力調査』と学校評価⑤オランダ編㊤　個別発達援助と進路指導のための2つの『学力調査』」『週刊教育資料』No.994，2007年，pp.14-15。
リヒテルズ直子「〈世界の教育事情〉徹底研究・諸外国における『学力調査』と学校評価⑥オランダ編㊦　学校を診断し改善を支援する『学校評価制度』」『週刊教育資料』No.995，2007年，pp.14-15。
リヒテルズ直子「オランダの学校に認められた『高い自由裁量権』」『週刊教育資料』No,

1021，2008 年，pp.14-15。
リヒテルズ直子「教育財政の効率化と教育委員会設置の動向」『週刊教育資料』No.1023，2008 年，pp.24-25。
リヒテルズ直子「オランダの教育と日本の教育」『人間と教育』第 66 巻，2010 年，pp.56-67。

外国語による論文

Blok, H., Sleegers, P., & Karsten, S., "Looking for a balance between internal and external evaluation of school quality: evaluation of the SVI model", *Journal of Education Policy*, Vol.23, No.4, 2008, pp.379-395.
Boes, A., "Zicht op toezicht", *Mensen Kinderen : Tijdschrift voor en over jenaplanonderwijs*, Extra nummer, 2005.
Boes, A.W. (Both, K. (Ed.)), "Toetsen, zin en onzin", *Jeugd in School en Wereld*, jaargang 87, nummer 4, 2002.
Creemers, B., "Administration and Educational Effectiveness", *Paper presented at the Annual Meeting of the American Educational Research Association* (SanFrancisco, CA, April 20-24), 1992.
De Jonge, J., "Evaluatie van de Wet op het Onderwijstoezicht", *Nederlands Tijdschrift voor Onderwijsrecht en Onderwijsbeleid*, Jrg.20, Nr.1, 2008, pp.3-17.
De Wolf, I.F., & Janssens, F.J.G., "Effects and side effects of inspections and accountability in education: an overview of empirical studies", *Oxford Review of Education*, Vol.33, No.3, 2007, pp.379-396.
De Wolf, I.F., & Verkroost, J.J.H., "Summary evaluation of theory and practice of risk-based school inspections in the Netherlands", Utrecht: The Netherlands Inspectorate of Education, 2011.
Ehren, M.C.M., Leeuw, F.L., & Scheerens, J., "On the Impact of the Dutch Educational Supervision Act: Analyzing Assumptions Concerning the Inspection of Primary Education", *American Journal of Evaluation*, Vol.26, No.2, 2005, pp.60-76.
Ehren, M.C.M., & Visscher, A.J., "Towards a Theory on the Impact of School Inspections", *British Journal of Educational Studies*, Vol.54, No.1, 2006, pp.51-72.
Ehren, M.C.M., "Riscogestuurd toezicht en de Wet op het Onderwijstoezicht ; Match of mismatch?", *Nederlands Tijdschrift voor Onderwijsrecht en Onderwijsbeleid*, Jrg.20, Nr.1, 2008, pp.19-33.
Ehren, M.C.M., & Visscher, A.J., "The Relationships Between School Inspections, School Characteristics and School Improvement", *British Journal of Educational Studies*, Vol.56, No.2, 2008, pp.205-227.
Ehren, M.C.M., "Effecten van toezicht op het basisonderwijs", *Pedagogische studiën*,

Jrg.87, Nr.3, 2010, pp.165-182.

Ehren, M.C.M., & Honingh, M.E., "Risk-based inspections in the Netherlands: A critical reflection on intended effects and causal mechanisms", *Studies in Educational Evaluation*, Vol.37, 2011, pp.239-248.

Ehren, M.C.M., Honingh, M.E., Hooge, E.H., & O'Hara, J., "Changing school board governance in primary education through school inspections", *Educational Management Administration & Leadership*, In Press.

Freudenthal, H., "Why to teach Mathematics so as to be useful", *Educational Studies in Mathematics*, Vol.1, No.1/2, 1968, pp.3-8.

Freudenthal, H., "Geometry between the Devil and the Deep Sea", *Educational Studies in Mathematics*, Vol.3, No.3/4, 1971, pp.413-434.

Freudenthal, H., "Change in Mathematics Education Since the Late 1950's Ideas and Realisation the Netherlands", *Educational Studies in Mathematics*, Vol.9, No.3, 1978, pp.261-270.

Freudenthal, H., "Major Problems of Mathematics Education", *Educational Studies in Mathematics*, Vol.12, No.2, 1981, pp.133-150.

Hendriks, M.A., Doolaard, S., & Bosker, R.J., "Using School Effectiveness as a knowledge Base for Self-evaluation in Dutch Schools: the ZEBO-project", Visscher, A. J., & Coe, R. (Eds.), *School improvement through performance feedback*, Lisse/Abingdon/Exton/Tokyo: Swets & Zeitlinger, 2002, pp.115-142.

Hendriks, M.A., "Schooleffectiviteitsonderzoek en kwaliteitszorg in scholen", *Nederlands Tijdschrift voor Onderwijsrecht en Onderwijsbeleid*, jrg.15, nr.4, 2003, pp.195-216.

Hofman, R.H., Dukstra, N.J., & Hofman W.H.A., "School Self-evaluation instruments: An assessment Framework", *International Journal of Leadership in Education*, Vol.8, No.3, 2005, pp.253-272.

Hofman, R.H., Dijkstra, N.J., & Hofman W.H.A., "Internal versus external quality management", *International Journal of Leadership in Education : theory and practice*, Vol.11, No.3, 2008, pp.281-300.

Hofman, R.H., de Boom, J., & Hofman W.H.A., "Quality control in primary schools: progress from 2001-2006", *School Leadership and Management*, Vol.30, No.4, 2010, pp.335-350.

Janssens, F.J.G., & Leeuw, F.L., "Schools Make a Difference, but Each Difference Is Different: On Dutch Schools and Educational Equality: Trends and Challenges", *Peabody Journal of Education*, Vol.76, No.3 & 4, 2001, pp.41-56.

Janssens, F. en Visscher, A., "Naar een Kwaliteitskaart voor het primair onderwijs", *Pedagogische studiën*, Jrg.81, nr.5, 2004, pp.371-383.

Janssens, F.J.G., "Supervising the quality of education", Böttcher, W., & Kotthoff, H.G. (Eds.), *Schulinspektion : Evaluation, Rechenschaftsleging und Qualitätsentwicklung*, Münster : Waxman, 2007. (Janssens, F.J.G. に提供を受けた資料 (2009.4.13) であるためページ数未定)

Janssens, F.J.G., & van Amelsvoort, G.H.W.C.H., "School self-evaluation and school inspections in Europe : An exploratory study", *Studies in Educational Evaluation*, Vol.34, 2008, pp.15-23.

Janssens, F.J.G., & de Wolf, I.F.,"Analyzing the Assumptions of a Policy Program : An Ex-Ante Evaluation of "Educational Governance" in the Netherlands", *American Journal of Evaluation*, Vol.30, No.3, 2009, pp.411-425.

Janssens, F.J.G., "An Evaluation of the Impact of the Publication of School Performance Indicators in the Netherlands", *International Journal of Educational Policies*, Vol.5, No.2, 2011, pp.55-73.

Karsten, S., "Neoliberal education reform in the Netherlands", *Comparative Education*, Vol.35, No.3, 1999, pp.303-317.

Paas, T., & Mulder, L., "Dalton doet het beter dan doorsnee school", *Didaktief*, No.6, 2010.06.

Scheerens, J., & Creemers, B. (Eds.), "Developments in school effectiveness research", *International Journal of Education Research*, Vol.13, No.7, 1989.

Scheerens, J., "School Effectiveness Research and the Development of Process Indicators of School Functioning", *School Effectiveness and School Improvement*, Vol.1, No.1, 1990, pp.61-80.

Scheerens, J., "School Self-Evaluation : Origins, Definition, Approaches, Methods and Implementation", *School-Based Evaluation : An International Perspectives*, Vol.8, 2002, pp.35-69.

Scheerens, J., & Hendriks, M., "School self-evaluation in the Netherlands", *Advances in Program Evaluation*, Vol.8, 2002, pp.113-143.

Schildkamp, K., & Teddlie, C, "School performance feedback systems in the USA and in The Netherlands : a comparison", *Educational Research and Evaluation*, Vol.14, No.2, 2008, pp.255-282.

Schildkamp, K., Visscher, A., & Luyten, H., "The effect of the use of a school self-evaluation instrument", *School Effectiveness and School Improvement*, Vol.20, No.1, 2009, pp.69-88.

Schildkamp, K., Luyten, H., & Folmer, E., "Cognitive Development in Dutch Primary Education, the Impact of Individual Background and Classroom Composition," *Educational Research and Evaluation*, Vol.15, No.3, 2009, pp.265-283.

Schildkamp, K., & Visscher, A., , "Factors Influencing the Utilisation of a School Self-

Evaluation Instrument", *Studies in Educational Evaluation*, Vol.35, No.4, 2009, pp.150-159.
Schildkamp, K., & Visscher, A., , "The Utilisation of a School Self-Evaluation Instrument", *Educational Studies*, Vol.36, No.4, 2010, pp.371-389.
Schildkamp, K., & Visscher, A., "The Use of Performance Feedback in School Improvement in Louisiana", *Teaching and Teacher Education: An International Journal of Research and Studies*, Vol.26, No.7, 2010, pp.1389-1403.
Van Galen, F., & Feijs, E., "A mathematics lesson on videodisc", Streefland (Ed.), *Realistic Mathematics Education in Primary School*, Utrecht: CD-β Press/Freudenthal Institute, Utrecht University, 1991.
Verkroost, J.J.H., "Risicogestuurd toezicht: de Wet op het Onderwijstoezicht zoals deze feitelijk bedoeld is", *Nederlands Tijdschrift voor Onderwijsrecht en Onderwijsbeleid*, Jrg.20, Nr.3, 2008, pp.191-200.
Vlug, K.F.M., "Because every pupil counts: the success of the pupil monitoring system in The Netherlands", *Education and Information Technology*. Vol.2, 1997, pp.287-306.

日本語による本／報告書／ウェブサイト等
尾木直樹，リヒテルズ直子『いま，「開国」の時，日本の教育』ほんの木，2009年。
金子郁容編著『学校評価―情報共有のデザインとツール―』ちくま新書，2005年。
金子照基，中留武昭編『教育経営の改善研究事典』学校運営研究会，1994年。
木岡一明（研究代表者）『学校評価の促進条件に関する開発的研究（中間報告書（2））』平成11～14年度　科学研究費補助金基盤研究（B）（2），2002年。
木岡一明（研究代表者）『学校評価の促進条件に関する開発的研究（最終報告書）』平成11～14年度　科学研究費補助金基盤研究（B）（2），2003年。
木岡一明『学校評価の「問題」を読み解く―学校の潜在力の解発―』教育出版，2004年。
窪田眞二，木岡一明編著『学校評価のしくみをどう創るか―先進5カ国に学ぶ自律性の育て方―』学陽書房，2004年。
グラント・ウィギンズ（Wiggins, G.），ジェイ・マクタイ（McTighe, J.）著，西岡加名恵訳『理解をもたらすカリキュラム設計―「逆向き設計」の理論と方法―』日本標準，2012年。
高妻紳二郎『イギリス視学制度に関する研究：第三者による学校評価の伝統と革新』多賀出版，2007年。
小島宏『学校の外部評価と説明責任―担任，主幹・主任，管理職必携―』明治図書，2004年。
小島弘道編『時代の転換と学校経営改革―学校のガバナンスとマネジメント―』学文社，2007年。

佐貫浩『イギリスの教育改革と日本』高文研，2002 年。
佐貫浩，世取山洋介編『新自由主義教育改革―その理論・実態と対抗軸―』大月書店，2008年。
田中耕治『教育評価』岩波書店，2008 年。
田中統治編『"信頼される学校づくり"に向けたカリキュラム・マネジメント　第 1 巻　カリキュラム評価の考え方・進め方（教職研修 12 月号増刊号）』教育開発研究所，2006 年。
永田佳之「オランダ―標準化政策の中で揺らぐオルタナティブ教育―」『オルタナティブ教育―国際比較に見る 21 世紀の学校づくり―』新評論，2005，pp.105-126。
長尾彰夫，大脇康弘，和佐真宏『学校評価を共に創る―学校・教委・大学のコラボレーション―』学事出版，2004 年。
中留武昭『アメリカの学校評価に関する理論的・実証的研究』第一法規，1994 年。
西岡加名恵，石井英真，田中耕治編『新しい教育評価入門―人を育てる評価のために―』有斐閣，2015 年。
西村文男，天笠茂，堀井啓幸『新・学校評価の論理と実践―外部評価の活用と内部評価の充実―』教育出版，2004 年。
パーカースト著，赤井米吉訳，中野光編『ドルトン・プランの教育』明治図書，1974 年。
ピーター M センゲ（Senge, P.M.）他著，リヒテルズ直子訳『学習する学校―子ども・教員・親・地域で未来の学びを創造する―』英治出版，2014 年。
ペーター・ペーターゼン著，長尾十三二監修，三枝孝弘，山崎準二著訳『学校と授業の変革―小イエナ・プラン―』明治図書，1984 年。
見原礼子『オランダとベルギーのイスラーム教育』明石書店，2009 年。
村川雅弘，野口徹，田村知子，西留安雄『「カリマネ」で学校はここまで変わる！―続・学びを起こす授業改革―』ぎょうせい，2013 年。
八尾坂修『現代の教育改革と学校の自己評価』ぎょうせい，2001 年。
結城忠「オランダにおける教育の自由と学校の自律性の法的構造」『教育の自治・分権と学校法制』東信堂，2009 年，pp.330-364。
リヒテルズ直子『オランダの教育』平凡社，2004 年。
リヒテルズ直子『オランダの個別教育はなぜ成功したのか―イエナプラン教育に学ぶ―』平凡社，2006 年。
リヒテルズ直子「オランダにおける第三者評価制度」株式会社三菱総合研究所『学校の第三者評価の評価手法に関する調査研究―最終報告書―』2007 年。
リヒテルズ直子『残業ゼロ授業料ゼロで豊かな国オランダ―日本と何が違うのか―』光文社，2008 年。
リヒテルズ直子『オランダの共生教育―学校が〈公共心〉を育てる―』平凡社，2010 年。
リヒテルズ直子『祖国よ，安心と幸せの国となれ』ほんの木，2011 年。
リヒテルズ直子『世界一子どもが幸せな国に学ぶ愛をもって見守る子育て―わが子を「かまう」から「寄りそう」へ―』カンゼン，2014 年。

外国語による本／報告書／ウェブサイト等

Alexander, R. (Ed.), *Children, their World, their Education, Final report and recommendations of the Cambridge Primary Review*, Routledge： London, 2010.

Amelsvoort, G. (et al.), "The supervision of education in the Netherlands", SICI Newsletter, No. 32, 2006, pp.3-12.

Boes, A., *Elke school is er een*, Valthe： Network SOVO, 2007. [http：//www.netwerksovo.nl/cms/upload/docs/elke_school_is_er_een.pdf] (2015 年 11 月 22 日確認)

CITO, *Ouderkrant： Final Primary Education Test： Newspaper for parents*, 2008. [http：//www.cito.nl/po/lovs/eb/bestanden/Cito_Eindtoets_ouderkrant_eng.pdf] (2009 年 12 月 30 日最終確認)

CITO, *End of Primary School Test for parents 2008： End of Primary School Test Group8*, 2008. [http：//www.cito.nl/po/lovs/eb/bestanden/Cito_EB08_Eindtoets OudersEngels.pdf] (2009 年 12 月 30 日最終確認)

CITO, *Inhoud en samenstelling van de Eindtoets*, 2009. [http：//www.cito.nl/po/lovs/eb/bestanden/Cito_Inhoud_en_samenstelling_Eindtoets.pdf] (2009 年 12 月 30 日最終確認)

Cito, *Eindtoets voor ouders*, 2013. [http：//www.cito.nl/nl/onderwijs/primair%20onderwijs/eindtoets_basisonderwijs/eindtoets_ouders.aspx] (2013 年 1 月 25 日最終確認)

Cito, *Eindtoets voor ouders*, 2012. [http：//www.cbs-de-rank.nl/media/bestanden/cito_eindtoets_ouders1.pdf] (2015 年 11 月 22 日確認)

Cremers-van Wees, L.M.C.M., Rekveld, I.J., Brandsma, H.P., & Bosker, R.J., *Instrumenten voor Kwaliteitszorg： Inventarisatie en beschrijving*, Enschede： Universiteit Twente, Onderzoek Centrum Toegepaste Onderwijskunde, 1996.

Cremers-van Wees, L.M.C.M., Rekveld, I.J., Brandsma, H.P., & Bosker, R.J., *Instrumenten voor zelfevaluatie： Beschrijving van 31 instrumenten*, Enschede： Universiteit Twente, Onderzoek Centrum Toegepaste Onderwijskunde, 1996.

De Lange, J., *Framework for classroom assessment in mathematics*, Freudenthal Institute & National Center for Improving Student Learning and Achievement in Mathematics and Science, September 1999.[http://www.fisme.science.uu.nl/catch/] (2015 年 11 月 22 日確認)

De Vijlder, F.J., *Dutch Education： a closed or an open system?*, Undated government report, Ministry of Education, Culture and Science, The Netherlands. [http：//www.oecd.org/dataoecd/1/33/1917370.pdf] (2015 年 01 月 03 日最終確認)

Dijkstra, N., van der Linde, A., & Majoor, D., *Kiezen voor Kwaliteit： Instrumenten de maat genomen*. Den Haag： Q*Primair, 2004.

Dijkstra, N., van der Linde, A., & Majoor, D., *Kiezen voor Kwaliteit： tweede versie 2005. Instrumenten de maat genomen*, Q*Primair, 2005.

Dekker, T., Querelle, N., & van den Boer, C., *The Great Assessment Picture Book*, 2000. [http://www.fi.uu.nl/catch/] (2015 年 11 月 22 日確認)

Dekker, T., & Feijs, E. with contributions from Martin van Reeuwijk & CATCH Team, *Research Report of the Classroom Assessment as a basis for Teacher Change (CATCH) project*, Utrecht, Freudenthal Institute, The Netherlands & University of Wisconsin-Madison, 2003. [http://www.fisme.science.uu.nl/catch/] (2015 年 11 月 22 日確認)

Ehren, M.C.M., *Toezicht en Schoolverbetering*, Delft: Uitgeverij Eburon, 2006.

Engelen, R., Frowijn, R., Hendriks, M., Moelands, H.A., Ouborg, M.J., & Scheerens, J., (Scheerens, J. (Ed.)), *Schoolzelfevaluatie in het basisonderwijs: interimrapportage van het gezamenlijk project van Cito, SLO en OCTO (periode mart 1995-december 1996)*, Enschede, Netherlands: Universiteit Twente, OCTO, 1997.

Eurydice, A., *School Autonomy in Europe Policies and Measures*, Belgium: Eurydice, 2007. [http://eacea.ec.europa.eu/education/eurydice/documents/thematic_reports/090EN.pdf] (2015 年 11 月 22 日確認)

Freudenthal, H., *Mathematics as an educational task*, Dordrecht: Reidel Publishing Company, 1973.

Freudenthal, H., *Revisiting Mathematics Education. China Lectures*, Dordrecht: Kluwer Academic Publishers, 1991.

Hendriks, M., & Bosker, R., *ZEBO instrument voor zelfevaluatie in het basisonderwijs. Handleiding bij een geautomatiseerd hulpmiddel voor kwaliteitszorg in basisscholen*, Enschede, The Netherlands: Twente University Press, 2003.

Honingh, M.E., & Hooge, E.H., *Goed Bestuur in het primair onderwijs Eindrapportage; Monitor Goed Bestuur primair onderwijs 2010–2012*, 2012. [http://www.poraad.nl/sites/www.poraad.nl/files/book/bestand/eindrapportage_monitor_goedbestuur_in_het_primair_onderwijs_2010_2011.pdf] (2015 年 01 月 03 日最終確認)

Inspectie van het Onderwijs, *Onderwijsverslag over het jaar 2001*, Den Haag: SDU, 2002.

Inspectie van het Onderwijs, *Toezichtkader Primair Onderwijs: Inhoud en werkwijze van het inspectietoezicht conform de WOT*, 2003. [http://www.onderwijsinspectie.nl/binaries/content/assets/Actueel_publicaties/2003/Toezichtkader+primair+onderwijs+2003.pdf] (2015 年 01 月 03 日最終確認)

Inspectie van het Onderwijs, *2005 Supervisory Framework for Primary Education-Content and working method of the inspection supervision*, Utrecht: Inspectie van het onderwijs, 2005. [http://akhmadsudrajat.files.wordpress.com/2008/05/kepengawasan-di-belanda.pdf] (2009 年 12 月 30 日最終確認)

Inspectie van het Onderwijs, *Toezichtkader Primair Onderwijs 2005: Inhoud en werk-*

wijze van het inspectietoezicht, Utrecht : Inspectie van het onderwijs, 2005. [http ://www.onderwijsinspectie.nl/binaries/content/assets/publicaties/2005/Toezichtkader+primair+onderwijs+2005.pdf]（2015 年 11 月 22 日確認）。

Inspectie van het Onderwijs, *Toezichtkader 2009 Primair Onderwijs Voortgezet Onderwijs*, Utrecht : Inspectie van het onderwijs, 2009. [http ://www.avs.nl/sites/default/files/documenten/artikelen/6546/Toezichtkader-2009-po-vo.pdf]（2015 年 11 月 22 日確認）

Inspectie van het Onderwijs, *Risk-based Inspection as of 2009 Primary and Secondary Education*, Utrecht : Inspectie van het Onderwijs, 2010. [http ://www.onderwijsinspectie.nl/binaries/content/assets/publicaties/2010/Risk-based+Inspection+as+of+2009.pdf]（2015 年 11 月 22 日確認）

Inspectie van het Onderwijs, *De Staat van het Onderwijs : Onderwijsverslag 2007/2008*, Utrecht : Inspectie van het Onderwijs, 2009.

Inspectie van het Onderwijs, *Toezichtkader PO/VO 2012*, Utrecht : Inspectie van het Onderwijs, 2012. [http ://www.onderwijsinspectie.nl/binaries/content/assets/publicaties/2012/brochure-toezichtkader-po-vo-2012.pdff]（2015 年 11 月 22 日確認）

Inspectorate of Education, *The state of education in the Netherlands 2008-2009*, Utrecht : Inspectie van het Onderwijs, 2010. [http ://www.onderwijsinspectie.nl/binaries/content/assets/Onderwijsverslagen/2010/the-state-of-education-in-the-netherlands-2008_2009-printversion.pdf]（2015 年 11 月 22 日確認）

Janssens, F.J.G., *Toezicht in discussie : Over onderwijstoezicht en Educational Governance*, Enschede : Universiteit Twente, 2005.

Luginbuhl, R., Webbink, D., & de Wolf, I. "Do School Inspections Improve Primary School Performance?", *CPB Discussion Paper*, No.83, 2007. [http ://www.cpb.nl/en/publication/do-school-inspections-improve-primary-school-performance]（2015 年 11 月 22 日確認）

Lynch, A.J., *Individual Work and the Dalton Plan*, London : George Philip & Son, 1924.

Ministerie van Onderwijs, Cultuur en Wetenschap, *Varieteit en waarborg*, 1999. [http ://www.minocw.nl/documenten/varieteitwaarborg.pdf]（2009 年 12 月 30 日最終確認）

Ministerie van Onderwijs, Cultuur en Wetenschap, *The education system in the Netherlands 2007*, 2007. [http ://www.minocw.nl/documenten/en_2006_2007.pdf]（2009 年 12 月 30 日最終確認）

Ministerie van het Onderwijs, Cultuur en Wetenschap, *Primair Onderwijs 2009-2010 : Gids voor ouders en verzorgers*, 2009. [http ://www.minocw.nl/documenten/PO%20onderwijsgids%202009-2010.pdf]（2009 年 12 月 30 日最終確認）

Ministerie van Onderwijs, Cultuur en Wetenschap, *core objectives primary education*. [http ://www.minocw.nl/documenten/core%20objectives%20primary%20education.

pdf〕（2009 年 12 月 30 日最終確認）
Moelands, H., Engelen, R.J.H., Ouburg, M., Hendriks, M.A., Dookaard, S., Lam, J.F., Bosker, R.J., Frowijn, R., Goffree, F., & Scheerens, J., *Zelfevaluatie basisonderwijs (ZEBO) Naar een geintegreerd instrumentarium. Eindrapport van het gezamenlijke project van Cito, OCTO en SLO*, Enschede, Netherlands： Universiteit Twente, OCTO, 2000.
Nederlandse Dalton Vereniging, *Dalton : 75 jaar modern*, Den Haag： Nederlandse Dalton Vereniging, 2007.
Nederlands Dalton Vereniging, *Daltonschool worden en blijven : Informatiebrochure primair onderwijs*, Den Haag： Nederlands Dalton Vereniging, 2009.〔http：//www.dalton.nl/docs/literatuur/INFORMATIEBROCHURE_PO_NDV_juni09.pdf〕（2011 年 04 月 22 日最終確認）
Nederlands Dalton Vereniging, *Visitatie lidscholen primair onderwijs : een handleiding voor scholen en visiteurs*, Den Haag： Nederlands Dalton Vereniging, 2011.02.〔http：//www.dalton.nl/html/schoolleiding/page_6_2.php〕（2011 年 09 月 26 日最終確認）
Onderwijsraad, *De markt meester? Een verkenning naar marktwerking in het onderwijs*, Den Haag： Onderwijsraad, 2001.
Onderwijsraad, *Degelijk Onderwijsbestuur*, Den Haag： Onderwijsraad, 2004.〔http：//www.onderwijsraad.nl/upload/documents/publicaties/volledig/website_degelijk_bestuur.pdf〕（2015 年 11 月 22 日確認）
Onderwijsraad, *Een stevige basis voor iedere leerling*, Den Haag： Onderwijsraad, 2011.〔http：//www.onderwijsraad.nl/upload/documents/publicaties/volledig/een-stevige-basis-voor-iedere-leerling.pdf〕（2015 年 11 月 22 日確認）
Parkhurst, H., *Education on the Dalton Plan*, London： G. Bell & Sons, 1922.
Röhner, R., & Wenke, H., *Dalton-onderwijs : Een blijvende inspiratie*, Nieuwegein： Arko, the Netherlands, 2004, 2e.
Sanders, L.J.M., *'Scholen met losser klasseverband' : de introductie van het Daltononderwijs in Nederland*.〔http：//www.daltonplan.nl/uploads/media/De_Toekomst_van_ons_volksonderwijs_Boekbespreking.pdf〕（2015 年 11 月 22 日確認）
Sanders, L.J.M., *Daltonplan, een tweedehands plan?*, 2007.〔http：//www.daltonplan.nl/uploads/media/Daltonplan_tweedehands_01.pdf〕（2015 年 11 月 22 日確認）
Scheerens, J., *Effective Schooling : Research, Theory and Practice*. London： Cassell, 1992.
Scheerens, J., "The School Effectiveness Knowledge Base as a Guide for School Improvement", Hargreaves, A. (et al.) (Eds.), *International Handbook of Educational Change : Part 1*, The Netherlands： Kluwer Academic Publishers, 1998, pp.1096-1115.

Schildkamp, K., *The utilization of a self-evaluation instrument for primary education*, Enschede: Ph.D thesis for Universiteit Twente, 2007.
SICI, *Effective School Self-Evaluation*, SICI, 2003, p.95. [http://www.edubcn.cat/rcs_gene/extra/05_pla_de_formacio/direccions/primaria/bloc1/1_avaluacio/pluginessereport.pdf]（2015年11月22日確認）
SICI, *The Inspectorate of Education in the Netherlands: SICI inspectorate profiles*, SICI, 2009. [http://www.sici-inspectorates.eu/Members/Inspection-Profiles/The-Netherlands]（2015年01月03日最終確認）
SICI, *The Inspectorate of Education in the Netherlands: SICI inspectorate profiles*, SICI, 2012. [http://www.sici-inspectorates.eu/Members/Inspection-Profiles/The-Netherlands]（2015年11月22日確認）
Treffers, A. *Three Dimensions. A Model of Goal and Theory Description in Mathematics Instruction-the Wiskobas Project*, Dordorecht: Reidel Publishing Company, 1987.
Van den Heuvel-Panhuizen, M., *Assessment and realistic mathematics education*, Utrecht: CD-β Press, Center for Science and Mathematics Education, 1996.
Van den Heuvel-Panhuizen, M., Mathematics education in the Netherlands: A guided tour, *Freudenthal Institute Cd-rom for ICME9*, Utrecht: Utrecht University, 2000.
Van den Heuvel-Panhuizen, M. (Ed.), *Children Learn Mathematics: A Learning-Teaching Trajectory with Intermediate Attainment Targets for Calculation with Whole Numbers in Primary School*. The Netherlands: Sense Publishers, 2008.
Van der Ploeg, P.A., *Daltonplan onderwijspedagogiek*, 2007. [http://www.daltondeventer.nl/literatuur/titels/01_daltonplan%20Onderwijspedagogiek.pdf]（2015年11月22日確認）
Van der Ploeg, P.A., *Daltonplan-verantwoorde verbetering van onderwijs*, 2007. [http://www.daltonplan.nl/uploads/media/Dalton_en_onderzoek.pdf]（2015年11月22日確認）
Van der Ploeg, P.A., *Kanttekeningen bij evaluatie/visitatie in het daltononderwijs*, 2009. [http://www.daltononderzoek.nl/onderzoek/feedback-en-visitatie/kanttekeningen-bij-visitatie]（2015年11月22日確認）
Van der Ree, R., *Evaluation of Schools providing Compulsory Education in Europe: Approaches to the evaluation of schools which provide compulsory education: the Netherlands*, Eurydice, 2000/01. [http://eacea.ec.europa.eu/ressources/eurydice/pdf/021DN/021_NL_EN.pdf]（2009年12月30日最終確認）
Van der Ree, R. (Eds.), *The Education System in the Netherlands 2007*, Dutch Eurydice Unit: The Hague, 2007.
Voogt, J.C., Louis, K.S., & van Wieringen, A.M.L., "Decentralization and Deregulation in the Netherlands: The Case of the Educational Support Services System", *Pa-

per presented at the Annual Meeting of the American Educational Research Association (Chicago, IL, May 24-26), 1997. [http://files.eric.ed.gov/fulltext/ED461549.pdf] （2015年11月22日確認）

Wenke, H., & Röhner, R., *Leve de School : Daltononderwijs in de praktijk*, Nieuwegein : Arko, 2006（Vierde herzine druk）.

法令／議会資料

憲法（Grondwet）に関して［http://wetten.overheid.nl/BWBR0001840/geldigheidsdatum_16-01-2015］（2015年11月22日確認）

質の法(Wet van 18 juni 1998 tot wijziging van een aantal onderwijswetten in verband met onder meer de invoering van het schoolplan, de schoolgids en het klachtrecht, Staatsblad 1998, nr.398) に関して［https://zoek.officielebekendmakingen.nl/stb-1998-398.html］（2015年11月22日確認）

2002年教育監督法（Wet op het onderwijs toezicht）に関して［http://wetten.overheid.nl/BWBR0013800/geldigheidsdatum_18-12-2009］（2009年12月18日最終確認）

2012年教育監督法（Wet op het onderwijs toezicht）に関して［http://wetten.overheid.nl/BWBR0013800/geldigheidsdatum_16-01-2015］（2015年11月22日確認）

良い教育良いガバナンス法（Staatsblad 2010, nrs.80 en 282）に関して［https://zoek.officielebekendmakingen.nl/stb-2010-80.html］［https://zoek.officielebekendmakingen.nl/stb-2010-282.html?zoekcriteria=%3fzkt%3dUitgebreid%26pst%3dStaatsblad%26vrt%3d2010%2bnr.%2b282%26zkd%3dInDeGeheleText%26dpr%3dAlle%26sdt%3dDatumPublicatie%26ap%3d%26pnr%3d1%26rpp%3d10&resultIndex=1&sorttype=1&sortorder=4］（2015年11月22日確認）

Kamerstuk（1994-1995）: *Kwaliteitszorg in primair en voortgezet onderwijs*, 24248, nr.2.

ウェブサイト

オランダ政府ウェブサイト：
http://www.rijksoverheid.nl/（2015年11月22日確認）
オランダダルトン協会ウェブサイト：
http://dalton.nl/（2015年11月22日確認）
オランダモンテッソーリ協会ウェブサイト：
http://www.montessori.nl/（2015年11月22日確認）
教育文化科学省ウェブサイト：
http://www.rijksoverheid.nl/ministeries/ocw（2015年11月22日確認）
WMKウェブサイト：
http://www.wmkpo.nl/（2015年11月22日確認）

索　引

■憲法・法令・制度
憲法
　　1848年版第194条　6, 40-42
　　1917年版第192条　6, 42-44, 47, 26, 230
　　現行第23条　7, 42, 62, 184
2002年教育監督法　21-24, 28-29, 53-69, 110, 130, 151-152, 154-155, 158, 192-193, 196, 200, 215, 219, 256, 261, 264-265
2003年版『監督枠組』　56, 119, 201
　　2003年版『監督枠組』の評価指標　58-59
2005年版『監督枠組』, 199-201, 203-204, 206, 211-215, 220
　　2005年版『監督枠組』の評価指標　202
2009年版『監督枠組』　152-153, 261-262
2012年教育監督法　23, 27, 29, 151, 153-157, 196, 263
質の法（kwaliteitswet）　49-52
良い教育良いガバナンス法　9, 27, 137, 148-149, 153, 188

■人名
イタール, J.M.　130
エァズ, I.　138-140, 142, 144
エレン, M.C.M.　54, 61-65, 156
カイペル, A.　42
コンスタム, P.H.　227-228, 233
サッチャー, M.　17
サンデルス, L.J.M.　228
スヒルトカンプ, K.　94-96
スヘーレンス, J　80-84
セガン, E.O.　130
デ・ヴィンター, M.　70
ドールンボス, K.　45
パウ, L　70
パーカースト, H.　225-226, 228, 232-235, 241, 243, 254-255
ファン・デン・ヘーベル—パンハイズン, M.　165-167
ファン・ヒーレ, P.M.　165
ファン・ベイステルフェルト, M.　179-180
ブース, A.　214
フリードマン, M.　16
ブレイスウェイト, J.　138, 142
フレーベル, F.W.A.　194
フロイデンタール, H.　164-167
フロイデンタール, S.　194-195
ペーターセン, P.　194
ボス, C.　111
モンテッソーリ, M.　107, 130, 254
ヤンセンス, F.J.G.　54, 65-67, 143, 146, 148-150
リヒテルズ直子　45, 71, 207-209
リンチ, A.J.　227-228
レーガン, R.　17
ローズ, K.　229

■事項
Cito テスト　33, 123, 163, 174-178, 189-191, 210, 214→「中央最終試験」も参照
DIS　109→「自己評価ツール」も参照
INK モデル　109
KMPO　109→「自己評価ツール」も参照
PDCA サイクル　3, 19
WMK　96, 第3章（107-129）, 192, 267→「自己評価ツール」も参照
　　WMK の質問項目　112, 114
　　WMK の評価指標　118
　　WMK の報告書　115
ZEBO　第2章（75-104）, 128, 267→

「自己評価ツール」も参照
ZEBO の質問項目　86
ZEBO の評価指標　88-89
ZEBO の報告書　92-93

あ行

アカウンタビリティ（説明責任）　16, 18-19, 25, 30-31, 52, 109, 137-138, 145-147, 151, 159, 186-187
イエナプラン教育　45-46, 194, 199, 207-214, 251→「オルタナティブ教育」も参照
応答的規制　138-139
オランダダルトン協会の訪問視察　第7章（225-257）→「ダルトン・プラン」も参照
オランダの学校の自己評価→「学校の自己評価（オランダ）」を見よ
オルタナティブ教育　8, 10, 22, 45-47, 231, 261
　イエナプラン教育　45-46, 194, 199, 207-214, 251
　シュタイナー教育　232-233
　ダルトン・プラン　199, 第7章（225-257）, 265
　モンテッソーリ教育　45, 107, 120, 130, 199, 251
オルタナティブ教育連盟　199, 216, 220, 264-265

か行

改善　25-26, 30-31, 103, 109, 119-120, 128, 145, 147, 149, 155, 159, 187, 221, 253, 256, 263-264, 267-268
外部監督　144-147, 150→「内部監督」も参照
外部評価　25, 28, 31→「内部評価」も参照
学力評価　12-13→「教育評価」も参照
学校ガバナンス　19
学校効果研究　75, 81, 83-84, 91, 102-103
学校闘争（schoolstrijd）　40-42
学校の自己評価
　学校の自己評価（オランダ）　28, 49-51, 69, 126, 149, 193
　学校の自己評価（日本）　10, 14-21, 266

学校評価　12-13, 84, 102, 266→「教育評価」も参照
『学校評価ガイドライン』（日本）　266→「学校の自己評価（日本）」
カリキュラム評価　12-13, 84, 102→「教育評価」も参照
監査報告書　55, 64, 155, 206
教育ガバナンス　27, 137-138, 143-145, 148, 150, 157, 263
教育監査　21, 44, 46, 52, 109, 110, 219, 250
教育監査局　8-9, 21
教育の自由（vrijheid van onderwijs）　4, 6-10, 21, 26, 28, 30, 39-43, 67-68, 91, 102-103, 116, 119, 127, 128, 151, 156-158, 184-185, 187-188, 191-193, 261-262, 264, 267
教育評価　12-13
　学力評価　12-13
　学校評価　12-13, 84, 102, 266
　カリキュラム評価　12-13, 84, 102
　授業評価　84, 102
強制ピラミッド　138-139, 144
現実的な数学教育（Realistic Mathematics Education: RME）　60, 128, 163, 172, 192, 195
　現実的な数学教育の実践　167-171
　現実的な数学教育の理論　163-167
コミュニティ・スクール　19
コンティンジェンシー理論　83
自己評価ツール　10, 75-76, 96, 101, 108-109→「WMK」「ZEBO」も参照

さ行

シチズンシップ教育　70, 201
質のカード　65, 67
質の管理　51, 55, 76, 98, 104, 116-117, 120, 126-127, 144, 150, 159, 201, 221-222, 256, 263-265, 267
授業研究　268
授業評価　84, 102→「教育評価」も参照
シュタイナー教育　232-233→「オルタナティブ教育」も参照
新自由主義　3, 7, 8, 16-21, 47, 68

索　引

信頼性→「評価の信頼性」を見よ
制裁　54, 68, 137, 140, 148-149, 153, 158, 206, 263
説明責任→「アカウンタビリティ」を見よ
相互評価　225, 253, 256, 266, 268

た 行

妥当性→「評価の妥当性」を見よ
ダルトン・プラン　199, 第7章（225-257）, 265→「オルタナティブ教育」も参照
中央最終試験　163, 178, 181-184, 186-189, 191→「Cito テスト」も参照
中核目標　48-49, 163, 172-174, 176, 202, 219
特別支援教育　188-189

な 行

内部監督　144-147, 150, 158→「外部監督」も参照
内部評価　25, 28, 31→「外部評価」も参照
日本の学校の自己評価→「学校の自己評価（日本）」を見よ

は 行

ピースフル・スクール　70

評価
　──の信頼性　29, 77, 80, 97, 101, 109, 126, 196, 216, 221, 225, 265
　──の妥当性,　29, 77, 80, 97, 101, 109, 126, 196, 216, 221, 225, 265
開かれた学校づくり　20
比例重点制　54-55, 63, 153, 196
付加価値　62, 181, 187
副次的弊害　68, 151, 157-158, 185, 187-188, 193, 214, 219-221, 262-264, 266

ま 行

モンテッソーリ教育　45, 107, 120, 130, 199, 251→「オルタナティブ教育」も参照

ら 行

リスクにもとづいた教育監査　23, 151, 153

わ 行

ワールド・オリエンテーション　174, 176, 178, 209-210, 213

[著者紹介]

奥村　好美（おくむら　よしみ）

兵庫教育大学講師
1985年生まれ，京都大学大学院教育学研究科博士課程修了，博士（教育学）。
主な著書に，『パフォーマンス評価——思考力・判断力・表現力を育む授業づくり』（共著，ぎょうせい，2011年），『パフォーマンス評価入門——「真正の評価」論からの提案』（共著，ミネルヴァ書房，2012年），『グローバル化時代の教育評価改革』（共著，日本標準，2016年）など。

（プリミエ・コレクション　63）

〈教育の自由〉と学校評価
現代オランダの模索

©Yoshimi Okumura 2016

2016年3月30日　初版第一刷発行

著　者　　奥村好美
発行人　　末原達郎

発行所　　京都大学学術出版会

京都市左京区吉田近衛町69番地
京都大学吉田南構内（〒606-8315）
電　話　（075）761-6182
FAX　（075）761-6190
URL　http://www.kyoto-up.or.jp
振　替　01000-8-64677

ISBN 978-4-8140-0011-1

印刷・製本　亜細亜印刷株式会社
装幀　谷なつ子

Printed in Japan

定価はカバーに表示してあります

本書のコピー，スキャン，デジタル化等の無断複製は著作権法上での例外を除き禁じられています。本書を代行業者等の第三者に依頼してスキャンやデジタル化することは，たとえ個人や家庭内での利用でも著作権法違反です。